토마스 보스톤의 보석들

토마스 보스톤의 보석들 (1권)

초판 1쇄 발행 2023년 5월 20일

지은이 | 토마스 보스톤
옮긴이 | 홍상은 · 김균필

발행인 | 김선권
발행처 | 도서출판 언약
등 록 | 제 2021-000022호
주 소 | 경기도 고양시 덕양구 동세로 138 삼송제일교회 1층(원흥동)
전 화 | 010-2553-7512
이메일 | covenantbookss@naver.com

ISBN | 979-11-978793-4-0 (03230)

편 집 | 김균필
디자인 | 참디자인

토마스 보스톤의 보석들

1권

토마스 보스톤 지음 | 홍상은 · 김균필 옮김

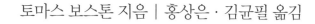

언야
THE PURITAN HERITAGE

서문

스코틀랜드 교회사와 신학사를 장식한 여러 위대한 인물들 가운데 토마스 보스톤(Thomas Boston)은 가장 위대한 인물 중 하나이다. 『토마스 보스톤: 그 생애와 시대』(*Thomas Boston: His Life and Times*)를 저술한 앤드류 톰슨(Andrew Thomson) 박사는 다음과 같이 말한다. "만일 18세기 초 스코틀랜드를 조사한다면 인격적 성품과 목회적 직무 수행에 있어서 이 하나님의 사람보다 더 사도적 모범에 가까이 접근한 그리스도의 사역자는 없을 것이다."

토마스 보스톤은 1676년 버윅셔(Berwickshire)의 던스(Duns)에서 태어났다. 그는 자신의 회고록에서 7살 때의 일을 소개한다. 그는 그 나이에 '성경 읽기에 특별한 기쁨을 느끼기 시작'했고 약 4년 후, 헨리 어스킨(Henry Erskine)의 설교를 통해 자기 영혼의 '영원한 운명에 대한 깊은 자각을 하기' 시작했다. 고향 마을 문법학교에서 기초 교육을 받은 후, 에딘버러 대학에 진학했다. 3년의 일반 과정이 끝날 무렵, 그는 신학을 체계적으로 공부하기 시작했고, 1697년 던스와 키

언사이드(Chirnside) 노회에서 설교권을 얻었다. 이 즈음에 고전이 된 작품인『사람 낚는 기술에 대한 독백』(*A Soliloquy on The Art of Men-fishing*)을 쓰기 시작하였다. 그는 개인적으로 성경을 읽는 동안 마태복음 4장 19절 말씀, "나를 따라오라 내가 너희를 사람을 낚는 어부가 되게 하리라"라는 구절에 깊이 사로잡혔고 그 일의 성취를 위해 마음으로 '부르짖었다.'

1699년 보스톤은 목사 안수를 받은 후 심프린(Simprin)의 작은 회중교회에서 목회를 시작하였다. 그 마을은 그의 고향 마을에서 불과 몇 마일 떨어진 곳이었다. 적은 수의 회중으로 인하여 낙심할 만도 하였지만, 그는 겸손하여 심프린이나 보다 작은 지역이라 하더라도 자신처럼 '능력이 부족한' 사람에게는 '과분하고' 적합한 곳이라고 생각했다. 하지만 그의 기름부음 받은 사역 아래서 그 광야는 장미처럼 피어났다. 보스톤은 1707년 에트릭(Ettrick)으로 사역지를 옮길 때까지 심프린에서 사역했다. 그는 1732년 에트릭에서 57세의 나이로 숨을 거두었다. 그의 전기 작가는 보스톤이 숨을 거두기 직전까지도 젊은이나 노인들에게 그의 이름이 존경심을 가지고 불렸다고 말한다. 그 이름은 '거룩한 삶과 동의어(a synonym for holy loving)'였다.

보스톤은 심프린에서 에드워드 피셔(Edward Fisher)의『현대 신학의 진수』(*Marrow of Modern Divinity*)를 접하게 되었다. 그 책은 그에게 깊은 영향을 끼쳤고, 그는 이렇게 말한다. "저는 그 책을 기뻐했습니다. 그것은 주님께서 나의 어두움을 완전하게 깨뜨린 빛과 같은 것이었습니다." 이 무렵 보스톤은 사람들을 위한 그리스도의 값없고 우주적인 은혜를 선포하는 일에 주저함이 조금 있었다. 그것은 모든 인류를 향한 구원이 차별 없이 제공되지만 선택 받은 자에게 제한된다는 논리적 모순으로 비롯된 것이었다. 그러나 그가 『현대 신학의 진수』의 가르침에 따라 '예수 그리스도는 성부께서 주신 선물이요 모든 잃어버린 인류에게 제공 되는 것'이라는 원리를 붙잡게 된 후, 그러한 주저함은 사라지기 시작했다. 그는 이전까지 알지 못했던 확신과 자유로움을 가지고 설교하기 시작했고, 그의 교구 동료 목사들은 보스톤의 사역 안에 나타나는 깊은 변화를 깨달을 수밖에 없었다.

보스톤의 절친한 동료 중 하나인 브룬티(Bruntee)의 존경 받는 토마스 데이빗슨(Thomas Davidson) 목사는 그의 설교를 들을 기회를 자주 가졌다는 것이 자신이 얻은 은혜 중 가장 특별한 특권으로 여겼다고 힘주어 말했다(토마스 데이빗슨은 브룬티에서 사역하였고, 보스톤의 절친한 동료 중 하나이자 존경을 받았던 자였다). 그는 보스톤의 설교에 대해 '놀라운 힘(majestic energy)'을 지녔다고 기록했다. 보스톤은 명성에 연연하지 않았지만, '그가 가는 곳마다 인기가 그림자처럼 그를 따라다녔다.'

보스톤의 명성은 지금까지도 그리스도 안에 있는 진리를 사랑하는 사람들 속에 여전히 살아 있다. 그는 언제나 손에 펜을 쥐고 연구했고 설교하기 전에 완전한 원고를 작성했다. 이러한 사실들은 하나님의 섭리 아래 그의 저술들이 영속하는 데 기여했다. 자신을 드러내기를 원치 않는 그의 성향 때문에 보스톤은 출판을 매우 꺼려했지만, 설교자요 신학자로서의 그 천재성을 알아본 이들의 성화에 못이겨 출판하게 되었다. 그의 가장 기념비적인 책은, 단연, 『인간 본성의 4중 상태』(*Human Nature in Its Fourfold State*)[1]이다. 이 책은 하나님께서 수천의 사람들을 그리스도께로 인도하기 위해 계획하신 것이었다. 그러나 『인간 본성의 4중 상태』와 『설교집』(*a Collection of Sermons*), 그리고 그가 『개혁 신앙의 정수』[2](『신학의 정수』에 해설을 단 에디션)을 제외하고는 그의 생전에 출판된 책은 없었다. 그의 사후 출간된 책들은 『행위 언약과 은혜 언약 이해』(*View of the Covenant of Works and of Grace*), 『신자의 삶』(*The Christian Life*), 『신학의 체계』(*A Body of Divinity*) 그리고 『고통 속에 감추인 은혜의 경륜』[3](*The Crook in the Lot*) 정도이다. 1720년과 1776년 사이에 보스톤이 저술한 책 16권이 출판되었다.

오늘날 소수의 사람들만이 보스톤 저작 전집을 소유히는 축복을 누리고 있다. 본서 『토마스 보스톤의 보석들』은 1831년에 처음 출판되었는데, 사무엘 맥밀란(Samuel M'Millan) 목사가 보스톤 신학의 개요를 대중들에게 소개할 귀한 목적으로 편집한 것이다. 그는 이 책이 '알미니안 체계의 누룩'을 제거하고 많은 영적 유익을 끼칠 것으로 기대했다. 이 책 서문에서 맥밀란은 다음과 같이 썼다. "보스톤은 그의 위대한 지식을 사용할 줄 아는 귀한 재능을 타고난 복을 받은 사람이었다. 그 재능은 모든 경건한 목사가 반드시 활용해야 할 것인데, 하늘을 나는 웅변술이나 계산된 화려함이나 깜짝쇼가 아닌, 복

---

1 역자 주: 『인간본성의 4중 상태』(토마스 보스톤 저, 스데반 황 역, 부흥과개혁사, 2015)
2 역자 주: 『개혁 신앙의 정수』(에드워드 피셔 저, 황준호 역, 부흥과개혁사, 2018)
3 역자 주: 『고통 속에 감추진 은혜의 경륜』(토마스 보스톤 저, 서문강 역, 청교도신앙사, 2013)

음의 고차원적 신비들을 보통의 수준으로 끌어내리고 그것들을 가장 단순한 이해력으로도 이해할 수 있는 것으로 바꾸는 능력을 말한다."이 책의 편집자의 기도는 이것이었다. 하나님께서 이 책을 크게 복 주셔서 죄인들을 어두움에서 빛으로, 사탄의 권세에서 하나님께로 돌이키는 것이다. 현재 출판자들의 기도가 바로 이것이라는 말을 덧붙이고 싶다.

보스톤은 그의 마지막 편지에 자신의 사랑하는 이들을 주님과 그의 친구들의 돌봄에 맡긴다고 썼다. 우리가 신뢰하는 하나님의 돌보심 아래, 그의 글들을 다시금 높이 들고 그 글들의 위대한 저자에 대한 랄프 어스킨(Ralph Erskine)의 예언을 한 번 더 언급하는 일은 우리에게 큰 기쁨이다.

미래 세대를 위한 그의 황금 펜은 그의 명성을 드높일 것이다.
그의 주님이 구름을 타고 나타나실 때까지.

이안 R. 탈라취(Ian R. Tallach)

퍼스(Perth), 1979년 2월

추천사

스코틀랜드 언약도의 후예이자 목회자였던 토마스 보스톤(1676-1732)의 『인간 본성의 4중 상태』를 읽고 나서 조나단 에드워즈는 그 책을 매우 좋아하게 되었을 뿐 아니라 "그가 진정 위대한 신학자임을 보여 주고 있다고 생각"한다고 고백하기도 했다. 에딘버러 대학을 졸업한 후, 보스톤은 일평생 단 두 교회(심프린 교회, 1699-1707; 에트릭 교회, 1707-1732)에서 목회에 전념하되, 성경과 청교도적인 유산에 견고하게 서서 설교하고 목숨을 아끼지 않는 목양 사역에 전념하다 56세의 나이에 소천한 목회자였다. 그뿐만 아니라 그의 깊이 있는 사유와 현장 경험에서 나온 신학 저술들은 사후 총 12권으로 편찬되어 오늘까지도 영인본이 공급되고 있을 정도이다. 국내에는 이미 그의 여러 저술들이 출간되어 있지만, 현대 독자들은 방대한 그의 저작 전집을 다 읽을 여유를 가지지 못하는 것이 안타까운 현실이다. 이러한 시점에 보스톤 신학의 개요를 대중들에게 맛보여 주기 위해 편집 출간된 『토마스 보스톤의 보석들』이 청교도를 사랑하고 그 노선에서 목양하고 있는 유능한 두 번역자에 의해 번역 소개되는 것을 환영하며, 보스톤과 청교도 문헌에 대한 관심을 가지고 있는 독자들에게 추천하는 바이다. 본 선집을 통해 성경적인 주요 교리들에 대한 견고하고 심오한 해설들을 만끽할 수가 있을 것이다.

_ **이상웅 교수** (총신대학교 신학대학원, 조직신학)

19세기 사무엘 맥밀란이 편집한 이 책은 스코틀랜드 장로교회의 가장 탁월한 인물들 가운데 한 명인 토마스 보스톤의 작품 가운데 주제별로 요긴한 내용을 정리한 책입니다. 보스톤은 스코틀랜드 장로교회가 가장 어려운 시기를 맞이하던 때에 태어났습니다. 이 시기는 왕정이 복고되고 스코틀랜드의 언약도들에게 심각한 핍박이 가해지던 죽음의 시기 직전이었습니다. 그러므로 보스톤의 신앙은 찰스 2세와 제임스 2세의 탄압에도 불구하고 개혁파 신앙과 장로교회를 지키려고 했던 이들의 신앙에 그 뿌리를 두고 있습니다.

하지만 그가 신앙적인 책임을 감당해야 했던 시기는 전혀 다른 시기였습니다. 명예혁명 이후 공적인 탄압은 줄어들었습니다. 하지만 그 이후에는 또 다른 마귀의 심각한 공격이 있었는데, 바로 계몽주의 사상이었습니다. 이로 말미암아 스코틀랜드 장로교회는 18세기에 들어서면서 바로 한 세대 전의 경건하고 굴하지 않는 신앙을 급속도로 잃어가고 이성적인 신앙으로 변하고 있었습니다. 보스톤은 바로 이와 같은 시기에 스코틀랜드 장로교회에 나타난 보배와 같은 존재였습니다. 그는 신학적으로나 경건에 있어서나 참으로 탁월한 사람으로서 스코틀랜드 장로교회를 향해 주어진 하나님의 선물이었습니다. 그의 작품을 보면 언약도들의 경건과 하나님에 대한 사랑으로 가득 차 있으며, 17세기에 발전된 개혁파 정통주의 신학의 정교함과 엄밀함이 작품의 곳곳에 심어져 보석처럼 광채를 발합니다. 그는 하나님의 은혜와 그리스도의 공로를 특히 강조했던 것으로 널리 알려져 있으며, 목회자의 심정을 품은 신학자(pastor-theologian)를 대표하는 인물 중 한 사람입니다.

이와 같은 보스톤의 탁월성은 그가 남긴 작품에 대단히 잘 나타나 있습니다. 하지만 12권의 전집으로 출간되어 있는 보스톤의 작품을 다 읽는 것은 여러 면에서 쉽지 않기에 맥밀란의 이 책은 보스톤을 알아가고자 하는 이들에게 큰 도움을 줄 것입니다. 이 책은 보스톤 신학의 핵심을 요약하는 깃보다는 하나님의 백성들이 하니님을 바르게 섬기기 위해서 반드시 알아야 할 핵심적인 사항과 주제를 선정하여 설명하는 데 초점을 두고 있습니다. 그런데 그 주제들이 하나 같이 귀중하고 소중합니다. 동시에 각 주제에 대한 설명은 신학적인 엄밀함은 물론이고 무엇보다 보스톤 특유의 목회적 따뜻함과 친절함이 더해져서 성도들의 영혼을 하늘 높이 고양시킵니다. 또한 오늘날 신학자들이나 목회자들의 작품에서 발견하기 어려운, 하지만 우리의 눈을 하늘로 열어주는 통찰(insights)이 곳곳에 숨겨져 있습니다.

신학과 경건이 자신의 성도들의 삶 속에서 입맞추도록 하기를 원하는 목회자들, 그리고 자신의 영혼 안에서 그 일이 일어나기를 원하는 모든 성도들에게 이 책을 강력하게 권합니다. 당연히 이 책이 출간되면 제가 섬기는 교회의 성도들에게 가장 먼저 읽게 하고 함께 나눔을 가지고 싶습니다.

_ **김효남 교수** (총신대학교 신학대학원, 역사신학)

제임스 패커는 토마스 보스톤을 평가하되 비록 스코틀랜드의 장로교 목사지만, 조나단 에드워즈와 더불어 순수한 청교도 정신을 18세기까지 이어간 주역으로 간주한다. 에드워즈 자신도 보스톤을 "대단히 위대한 성직자"로 평가했다. 『토마스 보스톤의 보석들』은 보스톤의 신학을 주제별로 재구성한 책으로서 대중의 눈높이에 맞춘 신학 안내서이다. 목차에 있어서 성경과 기도를 신학의 원리인 것처럼 전면에 내세운 점이 특이하다. 모든 진리의 지식이 성경에 근거하고 성령의 가르침을 따라 받아야 한다는 편집자의 바람이 반영되어 있는 구성이다. 이후에 하나님과 예배 항목이 이어진다. 이 항목은 계시에 근거한 하나님 지식과 그 지식에 대한 인간의 도리로서 예배를 소개한다. 그리고 하나님이 행하신 세 가지의 일들, 즉 작정과 창조와 섭리를 소개한다. 신학의 전통적인 체계를 벗어난 희귀한 구성이라 나에게는 대단히 신선하다.

보스톤의 문체는 따뜻하고 성경 텍스트의 해석은 예리하고 사람의 심연에 대한 이해는 깊고 정교하다. 각각의 주제에 대한 설명은 이성에서 시작하지 않고 성경에서 시작된다. 성경의 선언을 이성의 틀에 구겨 넣지 않고 이성을 계시에 굴복시켜 따르게 하는 지성적 겸손이 곳곳에서 감지된다. 이 책에는 특별히 18세기의 스코틀랜드 개혁주의 신학이 목회의 현장에서 어떤 방식으로 선포되고 교회 공동체는 어떤 신학적 무장을 했는지가 생생하게 소개되어 있다. 신앙의 교리적 뼈대가 다소 약해진 오늘날 교회 공동체의 신학적 상태를 점검하게 할, 쉬운 글쓰기에 깊고 체계적인 신학을 담아낸 『토마스 보스톤의 보석들』의 일독을 강하게 추천한다.

_ **한병수 교수** (전주대학교, 교의학)

토마스 보스톤은 스코틀랜드가 낳은 탁월한 목사였습니다. 그는 유능한 언어학자, 신학자, 저술가였습니다. 고전어와 프랑스어와 네덜란드어에 능통했던 그는 많은 작품을 통해 사람들에게 큰 유익을 주었습니다. 그는 가는 곳마다 사람들의 큰 환영을 받았습니다. 하지만 그는 언제나 겸손하게 자신을 낮추었고, 인기나 영예에 연연하지 않았습니다. 그가 남긴 작품들은 사후에 더욱 많이 읽혔습니다. 하지만 그는 삶의 고통이 무엇인지 아는 사람이었습니다. 부모님이 비교적 일찍 돌아가셨고, 결혼생활도 순탄치 않았습니다. 10명의 자녀 중에 6명은 그보다 먼저 세상을 떠났습니다. 하지만 그는 언제나 주님께 충성하였고, 사역에 결실이 별로 없어 보이는 때에도 여전히 하나님께서 주신 사명을 놓지 않았습니다. 무엇보다 보스톤은 경건의 사람이었습니다. 그는 일주일 내내 기도와 묵상에 시간을 쏟았습니다. 특히 하나님과 깊이 교제하기 위해 따로 시간을 떼어놓았습니다. 이 책에는 보스톤의 신학이 아주 명료하게 진술되어 있습니다. 이미 신앙이 있는 분들에게 이 책은 성경의 깊은 진리를 더욱 선명하게 이해하는 데 도움을 줄 것입니다. 기독교 신앙에 대해 회의적이거나 아직 성경을 잘 모르는 분들은 이 책에서 기독교 진리에 대한 위대한 성경적 변호와 상세한 설명을 발견하실 것입니다. 성경과 기도에 대한 보스톤의 글은 그의 경건이 잘 녹아 있습니다. 하나님에 대한 가르침과 예배에 대한 가르침은 우상숭배와 무신론에 대한 적절한 경고가 됩니다. 하나님의 작정과 창조에 대한 내용은 구원역사 전체를 조망하는 눈을 줍니다. 특히 하나님의 섭리에 대한 보스톤의 설명들은 자신의 인생 경험과 떼려야 뗄 수 없어 보입니다. 하나님께서 죄를 허용하시지만 결국 모든 일을 통해 주님의 선한 목적이 이뤄지도록 총체적으로 다스리신다는 가르침은 우리 마음에 큰 위로를 줍니다. 이 책을 읽는 분들은 하나님의 영광에 휩싸이는 경험을 하게 되실 것입니다.

우병훈 교수 (고신대학교, 신학과)

조나단 에드워즈가 일찍이 "진정으로 위대한 신학자"라고 격찬했던 토마스 보스톤의 주옥같은 글이 한글로 번역되고 있는 현 상황은 참으로 한국교회를 향한 하나님의 은혜이며 축복입니다.

수백 편의 설교와 주요 저작들이 방대하게 포함되어 있는 보스톤의 12권짜리 전집(*The Whole Works of Thomas Boston*)은 한글 완역도 요원할 뿐만 아니라 그 시도 자체도 거의 불가능에 가까운 일입니다. 하지만 아직 실망하기에는 이릅니다. 이제 우리에게는 친절한 사무엘 맥밀란 목사님께서 보스톤의 설교와 글 가운데 가장 핵심적인 내용을 선별한『보스톤의 보석들』이란 제목의 선집이 드디어 한글로 주어졌기 때문입니다.

보스톤은 절대로 핵심을 놓치지 않은 채 복음의 고차원적인 신비들을 남녀노소 누구나 이해하기 쉽게 설명하는 탁월한 달란트를 가진 분입니다.『토마스 보스톤의 보석들』이 바로 그 뚜렷한 증거입니다. 원고를 읽어 내려가며 깜짝 놀랐습니다. 저도 신학교에서 교리를 가르치고 있지만 어떻게 이렇게 핵심을 놓치지 않은 채 어려운 교리들을 평이하게 잘 설명할 수 있을까라는 생각과 더불어 보스톤을 향한 거룩한 질투심마저 갖게 되었습니다.

성경, 기도, 하나님, 예배, 작정, 섭리 등에 대해 보다 더 정확히 알고 싶은 분이라면 이 책은 필독서입니다. 이 책 이후로 그리스도, 은혜 언약, 행위 언약, 타락, 심판에 대한 주제로 역간 될 후속 작품도 벌써부터 한껏 기대됩니다. 저는 이 책을 신학교 수업 교재로 삼을 것입니다. 그 정도로 신학교육적 차원에서 가치가 농후하고 또 농후한 책입니다.

_ **박재은 교수** (총신대학교 신학과, 교목실장 및 섬김리더교육원장)

먼저 이 귀한 책이 우리말로 옮겨져 말씀을 사모하는 이들에게 읽혀져 은혜 받게 하신 성삼위 하나님께 찬미와 영광을 돌려 드립니다. 그리고 이 책이 호주에서 순전한 말씀을 전파하기 위하여 진력하시는 홍상은 목사님과 같은 영성을 지닌 김균필 목사님의 협력으로 한국교회에 소개되니 그 또한 감사한 일입니다. 저자와 동일한 은혜의 샘에서 마시는 이가 책을 번역하는 것은 매우 중요한 일입니다. 번역은 단순한 근로가 아니라 저자의 영성과 의도를 우리말로 표현하기 위한 정성과 두려움과 성실한 근면이 서린 제 2의 저작과도 같기 때문입니다.

저도 토마스 보스톤 목사님의 책『고통 속에 감추인 은혜의 경륜』(청교도신앙사)을 번역하였습니다. 그래서 저자의 철저한 성경의 복음과 그 은혜와 진리에 기반을 둔 영적인 실상을 접할 기회를 가졌습니다. 그런데 그 기가 막히는 어려운 상황을 복음의 은혜와 진리를 따라 역사하시는 성삼위 하나님을 의존하여 극복하시고 목양의 달려갈 길을 다 달려가신 토마스 보스톤 목사님을 이 책을 통하여 다시 보게 됩니다. 그분의 신앙과 신학의 영적인 기반이 이 책으로 정돈이 되었으니 말입니다. 그 목사님의 것은 그분 자신의 개성의 산물이 아닙니다. 성령님의 가르치심이기에 그 가르치심의 요점들을 정돈해 놓은 이 책은 오늘 이 시대 택한 백성들에게 매우 적절하다 여겨집니다.

이 책은 토마스 보스톤 목사님의 신앙과 신학과 목양적 안목이 성경과 기도와 하나님을 아는 지식의 기반 위에 서 있음을 보여줍니다. 그 가치는 성령님께 사로잡힌 사도들이 말씀 사역과 목양의 돌봄 속에서 실천하던 바로 그것이었습니다. 그러므로 그 가치는 하나님의 자녀들 모두, 곧 성도들과 목회자들 모두가 견지해야 할 가치입니다.

오늘날은 '신앙적인 정서의 발흥'을 강조하면서도 '그 신앙적인 정서'의 기반은 무시하는 시대입니다. 조나단 에드워즈 목사님이 말한 신앙적인 정서(religious affections)가 단순한 종교적 감정의 터치가 아닙니다. 도리어 성경의 복음 진리와 은혜를 부어주시는 성령님의 가르침에 따른 '교리적인 사랑'입니다. 그래서 조나단 웨드워즈 목사님은 제가 번역한 『신앙과 정서』(지평서원)의 마지막 16장에서 하늘나라의 영적인 정서의 극치로 '그리스도를 믿고 소망하여 원성에 이른 사랑'을 소개하고 있습니다. 이 책은 복음적인 교리가 택한 백성의 구원신앙을 견지하는 골격임을 분명하게 보여주고 있습니다.

이 언약출판사가 바로 이와 같은 책들을 앞으로 계속 출간하여 한국교회 성도들과 목회자들에게 영적인 양식을 풍성하게 제공하는 '신령한 떡집'이 되게 하시기를 주님께 기원합니다. 감사합니다.

_ **서문 강 목사** (중심교회 원로목사)

성경 야고보서는 사람을 외모로 판단하는 것의 위험성에 대해서 경고하고 있다. 이 말씀은 실로 우리가 옛날 시골 작은 장로교회 목회자였던 토마스 보스톤의 책과 설교를 대할 때 적용해야 할 권면이 아닐 수 없다. 보스톤은 옥스퍼드나 케임브리지 출신도 아니었고, 큰 교회 목회자도 아니었다. 더욱이 그는 17세기 사람도 아니기에 엄밀한 의미에서 청교도주의를 대표하는 인물도 될 수 없다. 그러나 그가 남긴 작품들과 그 영향력은 그 어떤 위대한 신학자나 설교자에게도 뒤떨어지지 않는다고 할 수 있다. 그는 18세기 초 급진주의자들의 율법폐기론과 리차드 백스터의 신율법주의 사이에서 균형을 잡지 못하고 갈팡질팡하던 스코틀랜드 장로교회를 깨웠던 매로우 논쟁의 중심에 있었던 신학자답게, 행위언약과 은혜언약의 대립관계가 율법과 복음과의 관계를 설명하는 데에 직접적인 관련이 있다는 사실을 이론만이 아니라 실제 신앙생활에 적용할 수 있도록 탁월하게 풀어낸 설교자였다. 이처럼 중요한 인물이면서도 상대적으로 저평가되어왔던 토마스 보스톤의 핵심적인 가르침을 주제별로 정리하여 제시한 본서의 발간을 환영한다. 현재 목회 일선에 있는 사람으로서 필자는 본서가 목회와 설교에 실제적인 기여를 할 수 있으리라고 생각한다. 이러한 양서를 번역하여 소개해주신 홍상은, 김균필 두 분에게도 감사의 인사를 전한다.

_ **권경철 박사** (전 총신대학교 개혁신학연구센터 연구원, 현 열린교회 부목사)

목차

제1장 : 성경

제2장 : 기도

제3장 : 하나님에 대하여

제4장 : 공예배에 대하여

제5장 : 하나님의 작정에 대하여

제6장 : 창조주 하나님

제7장 : 하나님의 섭리

제1장 : 성경

성경이 가르치는 믿음과 순종의 본질

가장 먼저 믿음에 대해 말하고자 합니다. 참된 믿음이란 하나님께서 계시하신 것을 믿는 믿음입니다. 왜냐하면 하나님께서 말씀하셨고 또한 나타내셨기 때문입니다. 사람들은 성경을 진리로 믿을 수 있습니다. 하지만 그들이 말씀 안에서 말씀하시는 하나님의 권위라고 하는 참된 근거 위에서 성경을 믿는 것이 아니라면, 참된 믿음이라고 할 수 없습니다. 이 참된 믿음은 성령께서 죄인의 마음속에 일으키시는 열매입니다. 성령께서는 그 마음속에 믿음의 습관 또는 원리를 심으십니다. 하나님께서 말씀 안에서 계시하시는 것은 무엇이든지 굳게 믿고 기꺼이 받아들이려는 열심을 일으키십니다.

또한 성경이 가르치는 믿음이란 사람이 하나님에 관하여 믿어야 하는 내용을 말합니다. 이것은 다음 네 가지 주제로 정리될 수 있습니다. 1. 하나님은 어떤 존재인가? 2. 하나님의 위격들, 3. 이루어질 모든 일들에 관한 하나님의 작정, 4. 하나님의 창조와 섭리 사역을 통해 나타나는 하나님 작정의 실행입니다. 창조와 섭리 사역이 하나님의 존재를 드러낸다고 해도 근본적인 진리, 즉 하나님이 어떤 분이신지, 삼위일체 안에서 삼위의 관계에 대한 교리는 무엇인지, 하나님의 사역과 사역의 목적, 만물의 창조와 창조된 인간의 상태, 그리고 인간의 타락, 그리스도의 중보와 만족케 하심으로 인한 인간의 회복과 같은 내용이 무엇인지는 오직 성경을 통해서만 배울 수 있습니다. 그러므로 이상의 내용 속에서 우리가 끌어낼 수 있는 교훈은 다음과 같습니다.

1. 성경이 없이 일반적인 방식으로는 하나님을 아는 바른 지식을 얻을 수 없습니다. 예수님은 사두개인들에게 '성경을 알지 못하므로' 오해하였다고 말씀하십니다(마 22:29).[4] 빛이 사라지면 어둔 밤이 찾아와서 이 땅의 여러 지역들이 캄캄해지는 것처럼, 하나님의 구원의 지식이 없는 곳에는 성경에 대한 결핍이 있습니다. 그래서 사도는 에베소 교회 성도들에게 복음의 빛을 받아들이기 전, 그들이 "그리스도 밖에 있었고 이스라엘 나라 밖의 사람이라 약속의 언약들에 대하여는 외인이요 세상에서 소망이 없고 하나님도 없는 자"였다고 말합니다.[5]

2. 성경에 대해 무지한 경우에 구원하는 믿음이 있을 수 없습니다. 왜냐하면 사도가 로마서에서 이렇게 말하고 있기 때문입니다. "그런즉 그들이 믿지 아니하는 이를 어찌 부르리요 듣지도 못한 이를 어찌 믿으리요 전파하는 자가 없이 어찌 들으리요 보내심을 받지

---

4 마 22:29 예수께서 대답하여 이르시되 너희가 성경도, 하나님의 능력도 알지 못하는 고로 오해하였도다

5 엡 2:12 그때에 너희는 그리스도 밖에 있었고 이스라엘 나라 밖의 사람이라 약속의 언약들에 대하여는 외인이요 세상에서 소망이 없고 하나님도 없는 자이더니

아니하였으면 어찌 전파하리요 기록된 바 아름답도다 좋은 소식을 전하는 자들의 발이여 함과 같으니라 … 그러므로 믿음은 들음에서 나며 들음은 그리스도의 말씀으로 말미암았느니라"(롬 10:14-15, 17).

3. 성경이 가르치는 것 외에 그 무엇도, 그것을 제안한 사람들이 누구이든지 또는 확실한 근거가 있는 것처럼 보일지라도, 믿음의 한 부분으로 받아들여야 할 이유는 결코 없습니다. "마땅히 율법과 증거의 말씀을 따를지니 그들이 말하는 바가 이 말씀에 맞지 아니하면 그들이 정녕 아침빛을 보지 못하고"(사 8:20). 그 어떤 사람도 이러한 일에 있어서 우리의 주가 되어서는 안 됩니다. "너희의 지도자는 한 분이시니 곧 그리스도시니라"(마 23:10). 그분이 우리의 믿음의 주이십니다. 우리는 그분이 자신의 말씀 안에 계시하신 것만을 믿기로 작정해야 합니다.

둘째로, 하나님께서 인간에게 요구하시는 의무, 곧 순종에 대해 말하고자 합니다. 의무와 순종이란 하나님이 가진 우주적인 탁월한 지위와 인간에 대한 전능한 권위를 고려할 때, 그의 뜻과 율법에 대해 인간이 하나님께 마땅히 드려야 할 것을 말합니다. 또한 그것은 사랑과 감사의 마음으로 드려야 합니다. 성경은 우리의 의무가 무엇인지 가르쳐주는 거룩한 계시(oracle)입니다. 다윗은 시편에서 이렇게 말합니다. "또 주의 종이 이것으로 경고를 받고"(시 19:11). 성경은 우리가 주의를 기울여야 할 빛으로서, 성경 안에서 우리는 우리의 길과 다양한 걸음을 어떻게 조정하고 어떻게 질서 있게 만들 것인지를 배울 수 있습니다. 시편 기자는 말합니다. "주의 말씀은 내 발에 등이요 내 길에 빛이니이다." 이상의 내용 속에서 우리가 끌어낼 수 있는 교훈은 다음과 같습니다.

1. 성경을 제외하고 우리가 하나님께 드려야할 마땅한 의무에 대한 충분한 지식을 얻을 수 있는 곳은 없습니다. 자연의 빛이 하나님께 대한 우리의 의무를 어느 정도 보여주기도 합니다. 하지만 그 빛은 너무 흐려서 구원에 관한 하나님의 뜻을 충분히 알게 할 수 없습니다.

2. 성경이 없이는 하나님께 드려야 할 올바른 순종도 있을 수 없습니다. 어둠 속을 걷는 사람은 반드시 넘어지게 됩니다. 또한 어둠 속에서 행해진 일들은 빛 가운데 드러날 수 없습니다. 왜냐하면 어림짐작만으로 올바르게 이루어지는 일은 없기 때문입니다. 하나님께 드리는 모든 온전한 순종은 반드시 성경에서 배워야 합니다.

3. 성경이 가르치는 깃 외에 이떤 것도 우리가 부름받은 의무의 핵심이 될 수 없습니다. 앞서 인용한 이사야 8장 20절이 말하듯이, 인간은 말씀에 맞지 않는 의무를 자신이나 타인에게 주어서는 안 됩니다. 오직 하나님께서 만드신 의무여야 합니다. 시편 19편이 말하듯이 하나님의 법은 심히 넓어 인간의 모든 대화와 내면과 외면 모두를 포괄합니다. 그래서 인간은 그 법만을 자신이 해야 할 일의 규칙으로 삼아 자신을 일치시켜 나가야 합니다.

세 번째로, 믿음과 순종, 이 둘의 관계에 대해 말하고자 합니다. 믿음과 순종은 서로 연결되어 있습니다. 순종이 함께하지 않는 믿음은 참된 믿음이라고 할 수 없으며, 믿음에서 나오지 않는 순종은 참된 순종이 아닙니다. 야고보서 2장이 말하듯이, 믿음은 순종의 이정

표(loadstone)이고 순종은 믿음의 시금석(touchstone)입니다. 믿음이 결핍된 사람들은 거룩해질 수 없습니다. 또한 참된 믿음을 가진 사람들에게 그 믿음은 사랑으로 역사할 것입니다. 그러므로 우리는 다음과 같은 내용을 깨닫습니다.

1. 믿음이란 의무 또는 순종의 근원이지만 순종이나 의무가 믿음의 근원은 아닙니다. "이 말이 미쁘도다 원하건대 너는 이 여러 것에 대하여 굳세게 말하라 이는 하나님을 믿는 자들로 하여금 조심하여 선한 일을 힘쓰게 하려 함이라 이것은 아름다우며 사람들에게 유익하니라"(딛 3:8). 믿어야 할 내용은 실천해야 할 내용보다 앞에 옵니다. 은혜 언약과 행위 언약 아래에서 이 둘 사이의 순서는 구분됩니다.

행위 언약 아래서 율법에 대한 완전한 순종은 약속된 생명의 특권을 얻는 기초가 되지만, 은혜 언약 아래서 약속은 믿어야 할 것이며 약속된 생명은 값없이 얻는 것입니다. 그 뒤를 이어 율법에 대한 신자의 순종은 자신이 받은 긍휼에 대한 감사와 사랑으로부터 흘러나오게 됩니다. 이러한 사실은 시내산에서 도덕법을 주실 때 하나님께서 친히 세우신 질서에도 나타납니다. 하나님은 무엇보다 먼저 믿음의 기초를 놓으셨습니다. "나는 너의 하나님 여호와라."[6] 이 내용은 은혜 언약의 본질이며 요약입니다. 그 후 십계명의 율법이 주어졌습니다. 그것은 이러한 전능한 은혜와 사랑의 선언 위에 세워진 것으로 출애굽기 20장 2-18절의 내용이 그것입니다. 또한 바울 사도가 복음적 순종을 믿음의 순종이라고 불렀던 것을 기억해야 합니

---

6 출 20:2 나는 너를 애굽 땅, 종 되었던 집에서 인도하여 낸 네 하나님 여호와라

다. 그 순종이 믿음 위에 세워지고 믿음으로부터 나오는 순종이라는 뜻입니다.[7] 바울 사도의 모든 서신들 안에 담긴 교리의 순서를 살펴본다면, 먼저 믿음의 교리, 혹은 인간이 믿어야 하는 내용이 제시되고 그 기초 위에 실천해야 할 의무들을 권면한다는 사실을 발견할 수 있습니다.

2. 믿음이 없는 모든 행위들은 죽은 것에 불과하기 때문에 하나님을 기쁘시게 할 수 없습니다. 왜냐하면 믿음으로 행하지 않는 모든 것이 죄이기 때문입니다. 그리스도 없이, 혹은 그리스도로부터 분리되어서 우리는 아무것도 할 수 없습니다. 믿음은 모든 거룩과 받으실 만한 순종의 원리입니다.

3. 참된 순종을 위한 근원으로 거듭남과 그리스도와의 연합이 필요하다는 것을 깨닫지 못하는 사람들이 있습니다. 그들이 제시하는 도덕적 의무는 모래 위에 기초를 세우는 것과 같으며 그들은 어리석은 건축자들입니다. 그들이 세운 든든한 구조물들은 곧 무너지게 될 것이며, 그들은 그리스도의 복음을 왜곡시킵니다. 사도가 갈라디아서에서 말하는 것을 주의하여야 합니다. "우리가 전에 말하였거니와 내가 지금 다시 말하노니 만일 누구든지 너희가 받은 것 외에 다른 복음을 전하면 저주를 받을지어다"(갈 1:9).[8]

---

7 롬 1:5 그로 말미암아 우리가 은혜와 사도의 직분을 받아 그의 이름을 위하여 모든 이방인 중에서 믿어 순종하게 하나니

8 복음 교리라는 일반적 수단은 성경 안에서 우리에게 전달되는 것으로서, 가장 먼저 우리의 마음을 위로하고, 이로써 모든 선한 말과 행위 안에서 우리를 온전케 하기 위한 것이다. "그리하면 모든 지각에 뛰어난 하나님의 평강이 그리스도 예수 안에서 너희 마음과 생각을 지키시리라"(빌 4:7). 또한 이 방법이 다양한 형태로 조정되어 나타났다는 사실이 매우 확실하다. 사도들이 기록한 여러 서신들은 그리스도 예수 안에서 그들을 향한 하나님 은혜의 부요함과 그들이 참여하게 된 영적 축복들을 교회들에 가장 먼저 친숙히 알게 한다. 강력한 위로를 제공하기 위해서이다.

성경에 대한 참된 해석을 얻는 방법

1. 성경에 대한 해석은 하나이며 다양하지 않습니다. 하나의 해석이 여러 부분에서 서로를 보완할 수는 있습니다. 마치 어떤 예언들이 바벨론으로부터의 구원과 관련된 내용인 동시에 그리스도로 말미암는 영적인 구원과 하늘의 영원한 구원을 나타내는 것처럼 말입니다. 또한, 어떤 구절들이 다른 구절의 예표가 되기도 합니다. 이것들은 두 가지로 해석되지만, 온전한 해석은 한 가지입니다. 하나는 단순하고 다른 하나는 복합적입니다.

어떤 성경 말씀은 한 가지 단순한 해석만을 가지며 한 내용에 대한 선언만을 담고 있습니다. 그것은 문자 그대로의 뜻이거나 비유적일 수 있습니다. 문자 그대로의 해석은 직접적인 단어로부터 옵니다. "하나님은 영이시라", "하나님이 천지를 창조하시니라"와 같은 구절이 그 예입니다. 이 내용들은 그 단어들 자체의 타당성에 따라 이해되어야 합니다. 한편 어떤 구절들은 비유적인 의미를 지닙니다. "나는 참 포도나무요 내 아버지는 농부라 무릇 내게 붙어 있어 열매를 맺지 아니하는 가지는 아버지께서 그것을 제거해 버리시고"(요 15:1-2)와 같은 경우입니다. 이 내용은 단순하게 하나의 의미만을 갖

그 후 그 서신들은 거룩한 대화나 그러한 특권에 합당한 응답의 삶을 권면한다. 이러한 방식은 모든 서신서들의 방식일 뿐 아니라, 의무에 대한 여러 특정 권면들이 취하는 방식이기도 하다. 그리스도 안에 있는 하나님 은혜가 주는 따뜻한 유익들은 성도들을 거룩한 실천적 삶에 힘을 내게 하는 논증과 동기부여의 수단으로 사용된다. 그러한 따스한 유익들은 무엇보다 먼저 믿음으로 받아들여져야 하며, 그 평안함이 우리 자신의 영혼에 적용되어야만 한다. 만일 그렇지 않으면 그 내용들은 본래 의도된 실천적 삶에 우리를 헌신하도록 고무시키는 힘을 제공할 수 없을 것이다. 이러한 사실에 대한 증거로 다음 성경 구절들을 읽으라. 로마서 6장 11, 14절, 8장 9, 11절, 고린도전서 6장 15, 19절, 고린도후서 5장 21절 등이다.

지만, 비유이기 때문에 그 단어의 타당성을 따라 이해해서는 안 됩니다. "그리스도는 나무였다"라고 해석할 수 없는 것처럼 말입니다. 단순한 해석은 이와 같습니다.

반면에 복합적이고 혼합적인 해석은 어떤 하나가 다른 것의 예표가 되는 것에서 발견됩니다. 따라서 그 구절은 두 부분으로 구성되는데, 예표와 관련된 부분과 그 대상이 되는 부분입니다. 거기에 두 해석이 있는 것은 아닙니다. 성령께서 의도하신 것은 하나이며 전체적인 해석의 두 부분이 있는 것입니다. 예를 들면, 모세가 광야에서 놋뱀을 들었고 불뱀에 물린 자들이 그것을 바라볼 때 살게 했습니다. 이 구절에 대한 온전한 해석은 "모세가 광야에서 뱀을 든 것 같이 인자도 들려야 하리니 이는 그를 믿는 자마다 영생을 얻게 하려 하심이니라"(요 3:14-15)입니다. 여기에 문자적이면서 비유적인 해석이 있습니다. 그 둘 사이에서 한 가지 완전한 해석이 만들어집니다.

이러한 복합적인 해석을 지닌 성경 구절들은 때때로 예표와 예표의 대상 모두 사실 그대로 성취됩니다. 호세아 11장 1절에서 "내 아들을 애굽에서 불러냈거늘"이라는 내용이 이스라엘과 그리스도[9] 양자 모두에게 문자적으로 이루어진 것과 같습니다. 때로는 예표가 비유적이고 예표의 대상이 문자적인 경우도 있습니다. "목마를 때에는 초를 마시게 하였사오니"(시 69:21).[10] 때로는 예표가 사실적이고 그 대상이 비유적인 경우도 있습니다. "네가 철장으로 그들을 깨뜨림이

---

9 마 2:15 참조
10 역자 주: 마 27:48에서 예수님께 성취되었다.

여"(시 2:9). 사무엘하 12장 31절도 비교해 보십시오.[11] 때로는 양자 모두가 비유적인 경우도 있습니다. 시편 41편 9절 같은 경우입니다. "나의 가까운 친구도 나를 대적하여 그의 발꿈치를 들었나이다." 이 경우는 아히도벨과 가룟 유다를 가리킵니다. 이처럼 성경의 해석은 반드시 한 가지여야 합니다. 다양하지 않습니다. 즉, 완전히 다르거나 결코 하나가 다른 것에 종속되지 않습니다. 진리의 통합성과 성경의 명료성 때문에 그렇습니다.

2. 성경의 올바른 해석에 관해 의문이 생기는 경우, 반드시 그 내용을 분명하게 말하는 다른 구절들을 찾아서 해결해야 합니다. 성경은 성경 자체로 해석해야 하는, 오류 없는 규칙을 갖고 있습니다. 이러한 원리는 다음과 같은 내용을 통해서 드러납니다.

(1) 성령께서는 이것을 원리로 친히 주셨습니다. 베드로후서에서 사도는 신자들이 성경에 주의할 것을 요청한 후, 이해를 돕기 위해 이 규칙을 그들에게 제시합니다. "먼저 알 것은 성경의 모든 예언은 사사로이 풀 것이 아니니 예언은 언제든지 사람의 뜻으로 낸 것이 아니요 오직 성령의 감동하심을 받은 사람들이 하나님께 받아 말한 것임이라"(벧후 1:20-21). 이 가르침대로 성경은 해석되어야 합니다. 성경이 인간의 의지를 따라 주어진 것이 아니기 때문입니다. 그러므로 우리는 성경 해석을 인본주의적으로 해서는 안 됩니다. 성령의 감동을 받아 말하는 사람들을 의지해야 합니다. 그렇게 할 때 오류가 결코 생기지 않습니다. 따라서 우리는 다른 곳에서 동일하신

---

11 삼하 12:31 그 안에 있는 백성을 끌어내어 톱질과 써레질과 철도끼질과 벽돌구이를 그들에게 하게 하니라

성령께서 진술하시는 내용을 살펴보아야 합니다.

(2) 성령께서 주시는 의미를 발견하기 위해 한 구절을 다른 구절과 비교하는 여러 가지 실례들이 있습니다. 사도행전 15장 15절의 경우입니다. "선지자들의 말씀이 이와 일치하도다." 베뢰아 사람들은 사도행전 17장 11절에서 이러한 태도 때문에 칭찬을 받았습니다.[12] 그리스도께서도 마귀를 대적하시며 성경에 대한 바른 해석을 보여주시려고 이 규칙을 친히 사용하십니다. 마태복음 4장에서 마귀가 "뛰어내리라 기록되었으되 그가 너를 위하여 그의 사자들을 명하시리니"라고 말했을 때 그리스도께서는 이렇게 대답하셨습니다. "기록되었으되 주 너의 하나님을 시험하지 말라 하였느니라"(마 4:7). 이로써 우리 주님은 그 구절이 하나님을 시험하여 뛰어내리지 않는 자들과 연관해서 이해해야 하는 것이 바른 해석임을 알려주셨습니다.[13]

이성은 신앙 논쟁들에 대한 최고의 재판관이 아니다

1. 거듭나지 못한 사람의 이성은 하나님과 관련된 일에 있어서 소경입니다. "육에 속한 사람은 하나님의 성령의 일들을 받지 아니하나니 이는 그것들이 그에게는 어리석게 보임이요, 또 그는 그것들을 알 수도 없나니 그러한 일은 영적으로 분별되기 때문이라"(고전

---

12 행 17:11 베뢰아에 있는 사람들은 데살로니가에 있는 사람들보다 더 너그러워서 간절한 마음으로 말씀을 받고 이것이 그러한가 하여 날마다 성경을 상고하므로

13 성경 해석의 오류 없는 규칙은 성경 자체이다. 그러므로 어떤 성경 구절에 대해 다양하지 않고 하나뿐이며 참되고 완전한 해석에 의문이 생길 때, 반드시 그것을 더욱 명백히 말하는 다른 구절을 살펴봐야 한다. 벧후 1:20-21; 행 15:16(웨스트민스터 신앙고백 제1장).

2:14). 에베소서 4장 17-18절과 5장 8절도 보십시오.[14]

반론: 이것은 하나님의 계시로 깨달음을 얻지 못한 이성인 경우에만 해당하는 것입니다.

대답: 하나님의 계시에 의한 이성의 깨달음이라고 할 때, 주관적이거나 객관적인 깨달음을 말합니다. 만일 주관적인 깨달음을 말하는 것이라면, 그것은 신앙의 중심 조항을 포기하는 것입니다. 그들은 인간의 지성이 성령의 조명하심 없이 스스로의 능력으로 성경에 계시된 하나님의 생각을 아는 충분한 지식을 얻을 수 있다고 믿기 때문입니다. 또한, 만일 이 진리들에 대한 순수한 계시로 인한 객관적인 깨달음을 말하는 것이라면, 그 주장은 틀린 것입니다. 사도는 여기서 자연인과 영적인 사람을 대조하고 있기 때문입니다. 자연인이라는 말은 모든 거듭나지 않은 사람을 가리키는 것이고, 그에게 이 진리들은 계시된 상태에 있습니다. 왜냐하면 사도는 "그것들이 그에게 어리석게 보인다"라고 말하기 때문입니다. 만일 그 진리들이 계시되지 않았다면 그가 그것들을 어리석은 것이라고 어떻게 판단할 수 있겠습니까?

2. 인간의 이성은 오류가 있기 때문에 영혼과 관련된 문제들을 판단하는 것이 허용될 수 없습니다. 이성은 속을 수 있습니다(롬 3:4

---

14 엡 4:17-18 그러므로 내가 이것을 말하며 주 안에서 증언하노니 이제부터 너희는 이방인이 그 마음의 허망한 것으로 행함 같이 행하지 말라 그들의 총명이 어두워지고 그들 가운데 있는 무지함과 그들의 마음이 굳어짐으로 말미암아 하나님의 생명에서 떠나 있도다
엡 5:8 너희가 전에는 어둠이더니 이제는 주 안에서 빛이라 빛의 자녀들처럼 행하라

참조).[15] 그렇다면 이성이 신앙의 기초를 뒤흔들고 회의론과 무신론으로 가는 길을 낼 수 있겠습니까?

반론: 건전한 이성이 판단하도록 허용하는 것을 두려워해서는 안 됩니다.

대답: 하지만 이성이 건전하다는 것이 무엇을 의미하는 것입니까? 반대자들 스스로가 대부분의 사람들의 이성이 건전하지 않다는 것을 인정할 것입니다. 우리가 말하는 바는 이 세상이 온전히 건전하지 않다는 것입니다. 왜냐하면 가장 탁월한 사람이 무엇인가를 안다고 해도 그것은 부분적으로 아는 것에 불과할 뿐이기 때문입니다. 모든 인간의 생각 속에는 어두움이 상당 부분 남아 있습니다.

3. 이성은 반드시 성경에 복종해야 합니다. 또한, 성경에서 말씀하시는 하나님이 판단하시도록 자신을 의탁해야 합니다. "우리의 싸우는 무기는 육신에 속한 것이 아니요 오직 어떤 견고한 진도 무너뜨리는 하나님의 능력이라 모든 이론을 무너뜨리며 하나님 아는 것을 대적하여 높아진 것을 다 무너뜨리고 모든 생각을 사로잡아 그리스도에게 복종하게 하니"(고후 10:4-5). 믿음의 문제는 이성의 영역을 넘어선 것들입니다. 감각이 그 너머에 있는 것들을 판단하는 것이 허용되지 않듯이, 이성 역시 그 너머에 있는 것들을 판단하는 것이 허용되지 않습니다. "크도다 경건의 비밀이여, 그렇지 않다 하는 이 없도다 그는 육신으로 나타난 바 되시고 영으로 의롭다 하심을 받으

---

15   롬 3:4 그럴 수 없느니라 사람은 다 거짓되되 오직 하나님은 참되시다 할지어다

시고 천사들에게 보이시고 만국에서 전파되시고 세상에서 믿은 바 되시고 영광 가운데서 올려지셨느니라"(딤전 3:16).

4. 이성이 믿음에 대한 논란거리들의 최고 재판관이 된다면, 우리는 믿음의 중심을 우리 자신에게 두는 것이 됩니다. 곧 신앙의 모든 원리들을 믿는 가장 큰 이유는 우리가 어떻게 보는가에 달려있게 되는 것입니다. 그것은 가장 바보 같은 짓입니다. 성경은 이와 매우 다르게 가르칩니다. 데살로니가전서 2장 13절은 이렇게 말합니다. "너희가 우리에게 들은 바 하나님의 말씀을 받을 때에 사람의 말로 받지 아니하고 하나님의 말씀으로 받음이니 진실로 그러하도다" 우리 주님께서는 이 점을 분명하게 가르치십니다. "그러나 나는 사람에게서 증언을 취하지 아니하노라"(요 5:34). "너희가 성경에서 영생을 얻는 줄 생각하고 성경을 연구하거니와"(요 5:39).

전통적 성경의 가르침은 논쟁에 대한 최고 재판관이 성경에서 말씀하시는 성령이 되어야 한다고 주장합니다. 이 사실은 다음과 같은 주장을 통해 입증됩니다.

1. 신구약 성경에서 주님께서는 이 판단을 위해 우리를 보내십니다. 따라서 우리는 그분이 말씀하시는 것에서 좌로나 우로나 치우쳐서는 안 됩니다(신 5:32).[16] "곧 그들이 네게 가르치는 율법의 뜻대로"(신 17:11). "마땅히 율법과 증거의 말씀을 따를지니"(사 8:20). "그들에게 모세와 선지자들이 있으니 그들에게 들을지니라"(눅 16:29). "성

---

16 신 5:32 그런즉 너희 하나님 여호와께서 너희에게 명령하신 대로 너희는 삼가 행하여 좌로나 우로나 치우치지 말고

경을 연구하거니와"(요 5:39). 이상의 내용들은 다음 구절과 연관되어 있습니다. "내가 진실로 너희에게 이르노니 세상이 새롭게 되어 인자가 자기 영광의 보좌에 앉을 때에 나를 따르는 너희도 열두 보좌에 앉아 이스라엘 열 두 지파를 심판하리라"(마 19:28). 즉, 이 같은 점에서 이 구절은 성령께서 그들에게 알려주신 그대로 그들이 가르친 교리로 이해해야 합니다.[17]

2. 성경에서 성령께서 말씀하신다는 사실에 호소하는 것은 그리스도와 그의 사도들의 습관이었습니다. 마태복음 4장에서 그리스도께서 사탄에게 답변하실 때 "기록된 바"라고 하십니다. 또한 부활에 관하여 사두개인들과 논쟁하실 때에도 그렇게 하십니다. 마태복음 22장 31-32절,[18] 요한복음 5장, 10장, 누가복음 24장 44절 등에서도 등장합니다. 다른 이들도 마찬가지입니다. 사도행전 17장 11절, 26장 22-23절, 베드로후서 1장 19절, 사도행전 15장 15-16절 등입니다. 진리 안에서의 성장을 위해 이상의 구절들을 신중히 살펴볼 것을 권면합니다.

3. 성경 안에서 말씀하시는 하나님의 영, 오직 그분께만 최고의 재판관에게 요구되는 다음과 같은 조건들이 해당됩니다. (1) 우리는 그분이 선언하시는 말씀의 내용이 참되다는 사실을 확신할 수 있습니다. 왜냐하면 그분은 하나님으로서 오류가 없는 분이기시 때문입

---

17 역자 주: 사도들이 마지막 날 얻을 그들의 권위를 생각할 때 그들의 가르침이 성령께서 주신 그대로의 가르침으로 인정해야 한다는 의미이다.

18 마 22:31-32 죽은 자의 부활을 논할진대 하나님이 너희에게 말씀하신 바 나는 아브라함의 하나님이요 이삭의 하나님이요 야곱의 하나님이로라 하신 것을 읽어 보지 못하였느냐 하나님은 죽은 자의 하나님이 아니요 살아 있는 자의 하나님이시니라 하시니

니다. ⑵ 우리가 호소할 대상은 그분 외에 없습니다. 왜냐하면 그분보다 더 위에 있는 자가 없기 때문입니다. ⑶ 그분은 누군가를 더 편애하여 어떤 사람은 존중하고 다른 사람은 외면하는 분이 아니시기 때문입니다.

성경을 살피고 연구하는 것은 모든 인간의 의무

성경이 사람의 손에 들어온 것은 하나님의 긍휼로 말미암은 일입니다. 어떤 이들은 성경을 가지지 못했으므로 그것을 함부로 대하는 것에 대해 정죄받지는 않을 것입니다. 로마서 2장 12절을 보십시오.[19] 나라의 지도자들은 그 말씀을 읽고 그것에 친숙해져야 했습니다. "이 율법책을 네 입에서 떠나지 말게 하며 주야로 그것을 묵상하여 그 안에 기록된 대로 다 지켜 행하라"(수 1:8). "그가 왕위에 오르거든 이 율법서의 등사본을 레위 사람 제사장 앞에서 책에 기록하여 평생에 자기 옆에 두고 읽어 그의 하나님 여호와 경외하기를 배우며 이 율법의 모든 말과 이 규례를 지켜 행할 것이라"(신 17:18–19). 목회자들은 특별한 방식으로 그것을 연구해야 합니다. "읽는 것…에 전념하라"(딤전 4:13). "모든 성경은 하나님의 감동으로 된 것으로 교훈과 책망과 바르게 함과 의로 교육하기에 유익하니"(딤후 3:16–17).

목회자들뿐만이 아닙니다. 교회 안의 모든 신자들에게도 같은 명령이 주어졌습니다. "너희가…성경을 연구하거니와"(요 5:39). "오늘

---

19 롬 2:12 무릇 율법 없이 범죄한 자는 또한 율법 없이 망하고 무릇 율법이 있고 범죄한 자는 율법으로 말미암아 심판을 받으리라

내가 네게 명하는 이 말씀을 너는 마음에 새기고 네 자녀에게 부지런히 가르치며 집에 앉았을 때든지 길을 갈 때든지 누워 있을 때든지 일어날 때든지 이 말씀을 강론할 것이며"(신 6:6-7).

"너희는 여호와의 책에서 찾아 읽어보라"(사 34:16)[20]는 말씀이 가진 중요한 전제

1. 인간은 길을 잃었고 그것을 스스로 찾을 수 없기에 말씀의 인도가 절실히 필요합니다. "잃은 양 같이 내가 방황하오니 주의 종을 찾으소서"(시 119:176). 불쌍하게도 인간은 헛된 세상에서 눈이 흐려진 상태입니다. 그곳은 어두운 곳입니다. 그들에게 성경은 어둠 속에서 빛이 필요한 만큼이나 절박한 필요입니다. 베드로후서 1장 19절을 보십시오.[21] 세상 어느 지역에 성경이 없는 상황만큼 불행한 일이 있겠습니까? 그들은 상상 속에서 헛되이 살아가고 어둠 속에서 더듬거리지만 구원의 길을 찾지 못하고 있습니다. 그리고 그들에게 구원의 능력이 임하고 있지 않다는 사실은 더없이 불행한 일입니다.

2. 인간은 점점 더 멀리 방황할 위험 속에 있습니다. 이는 신부로 "내 마음으로 사랑하는 자야 네가 양 치는 곳과 정오에 쉬게 하는 곳을 내게 말하라 내가 네 친구의 양 떼 곁에서 어찌 얼굴을 가린

---

20 사 34:16 너희는 여호와의 책에서 찾아 읽어보라 이것들 가운데서 빠진 것이 하나도 없고 제 짝이 없는 것이 없으니 이는 여호와의 입이 이를 명령하셨고 그의 영이 이것들을 모으셨음이라

21 벧후 1:19 또 우리에게는 더 확실한 예언이 있어 어두운 데를 비추는 등불과 같으니 날이 새어 샛별이 너희 마음에 떠오르기까지 너희가 이것을 주의하는 것이 옳으니라

자 같이 되랴"(아 1:7)라고 말하게 만들었습니다. 인간의 내면에는 부패한 욕망이 있고 외면에는 마음을 바른 길에서 벗어나게 만들려는 간교한 마귀도 있습니다. 따라서 우리는 성경에 자신을 의탁하고 그 말씀의 지도를 받아야만 합니다. 세상에는 많은 거짓 빛들이 있고 그것을 따르면 수렁에 빠져 버림받게 될 것입니다.

3. 인간은 말씀 안에 담긴 하나님의 마음을 이해하는 데 더디기 때문에 그것을 깨달을 수 있도록 부지런히 살피는 수고를 해야 합니다. "너희가 성경에서 영생을 얻는 줄 생각하고 성경을 연구하거니와 이 성경이 곧 내게 대하여 증언하는 것이니라"(요 5:39). 하나님의 일들에 대하여 우리의 눈은 흐리고, 우리의 이해는 무디며, 우리의 판단은 약합니다. 그렇기에 우리는 무뎌진 날을 가는 것과 같은 많은 수고를 반드시 쏟아야만 합니다. 우리는 아담 안에서 영적인 일들에 대한 예리한 시각을 잃었습니다. 우리의 부패한 의지와 육신적 감정들은 하나님의 일들을 좋아하지 않습니다. 도리어 우리의 판단을 더욱 흐리게 만듭니다. 그러므로 구원을 위해 필요한 것이 무엇인지 찾는 일은 우리에게 수고스러운 일입니다.

4. 주님의 책은 쉽게 풀 수 없는 난제들을 담고 있습니다. 그래서 시편 기자는 "내 눈을 열어서 주의 율법에서 놀라운 것을 보게 하소서"(시 119:18)라고 기도합니다. 빌립은 내시에게 읽는 것을 깨닫느냐고 물었습니다. 그때 내시는 "지도해 주는 사람이 없으니 어찌 깨달을 수 있느냐"(행 8:31)라고 대답합니다. 그 말씀은 코끼리도 헤엄칠 수 있을 만큼 깊이가 있고, 가장 강한 그의 힘도 단련시킬 수 있어서 많은 유익을 얻을 수 있습니다. 하나님께서는 거룩한 섭리 속에

서 말씀을 깨닫도록 허락하셔서 자기 백성들이 더욱 특별한 성실함으로 말씀을 살피게 하셨습니다. 그리하여 모든 영광의 빛도 무색하게 하시고, 우리가 완전하게 알 수 없는 하나님 자신의 특성을 우리로 가지도록 하셨습니다.

5. 그렇다고 해도 우리는 그것을 더욱 온전히 이해할 필요가 있습니다. 그렇지 않다면 성경이 우리에게 그것을 살피라고 요구하지도 않았을 것입니다. 사도는 "형제들아 때와 시기에 관하여는 너희에게 쓸 것이 없음은"(살전 5:1)이라고 말합니다. 사도는 때와 시기에 대해 쓰지 않았습니다. 땅속에 보화가 묻혀 있고, 그것을 파내도록 우리는 요청받고 있습니다. 그것이 감추어져 있다고 해도 그것을 얻게 된다면, 우리의 영적 가난을 청산해버릴 수 있기 때문입니다.

6. 우리가 부지런히 살피면 말씀으로부터 유익을 얻을 수 있습니다. 거룩하고 겸손한 마음이 구원의 샘에서 물을 길 때, 아무것도 얻지 못하고 돌아서는 일은 없을 것입니다. 성소의 물가는 얕은 곳도 있어서 어린 양들도 건널 수 있습니다.

하나님의 책을 부지런히 읽고 연구해야 하는 엄숙한 이유

1. 그 이유는 구원의 길이 오직 하나님의 책 안에서만 발견되기 때문입니다. "너희가 성경에서 영생을 얻는 줄 생각하고 성경을 연구하거니와 이 성경이 곧 내게 대하여 증언하는 것이니라"(요 5:39). 이 책은 어두운 세상에 떠오르는 별과 같아서 우리를 그리스도가 계신 곳으로 인도합니다. 세상 지혜자들의 모든 연구와 발견은 우리

를 임마누엘의 땅으로 결코 인도할 수 없습니다. "본래 하나님을 본 사람이 없으되 아버지 품속에 있는 독생하신 하나님이 나타내셨느니라"(요 1:18). 인간의 구원에 대한 하나님의 계획은 오직 성경을 통해서만 발견될 수 있으며, 구원은 인간의 삶에서 가장 절박한 문제이기에 성경을 연구하는 일 역시 가장 절실한 수고가 필요한 것입니다. 그것을 소홀히 여기는 것은 영생을 우리 스스로 무가치하게 여기는 것입니다.

2. 하나님의 말씀은 우리 믿음과 삶의 유일한 원리를 보여줍니다. "마땅히 율법과 증거의 말씀을 따를지니 그들이 말하는 바가 이 말씀에 맞지 아니하면 그들이 정녕 아침 빛을 보지 못하고"(사 8:20). "너희는 사도들과 선지자들의 터 위에 세우심을 입은 자라 그리스도 예수께서 친히 모퉁잇돌이 되셨느니라"(엡 2:20). "내가 이 두루마리의 예언의 말씀을 듣는 모든 사람에게 증언하노니 만일 누구든지 이것들 외에 더하면 하나님이 이 두루마리에 기록된 재앙들을 그에게 더하실 것이요 만일 누구든지 이 두루마리의 예언의 말씀에서 제하여 버리면 하나님이 이 두루마리에 기록된 생명나무와 및 거룩한 성에 참여함을 제하여 버리시리라"(계 22:18-19). 성경은 시내 산 위에서 보여진 것의 원형이며, 하나님을 기쁘시게 하고자 한다면 우리 믿음과 삶을 성경의 말씀에 일치시켜야 합니다. 주께서는 "내가 오늘 너희에게 명령하는 그 말씀을 떠나 좌로나 우로나 치우치지 아니하고"(신 28:14)라고 말씀하십니다. 말씀을 지키지 않고는 누구도 올곧게 길을 걸어갈 수 없습니다. 그렇다면 말씀을 알지 못하는 사람이 어떻게 그것을 지킬 수 있겠습니까? "예수께서 대답하여 이르시되 너희가

성경도, 하나님의 능력도 알지 못하는 고로 오해하였도다"(마 22:29). 하나님은 우리를 교훈하시기 위해 각 사람에게 편지를 써서 전해 주셨습니다. 그것이 바로 성경입니다. 그런데도 그것을 연구하지 않을 수 있습니까? 법률가는 법률 서적을 연구합니다. 의사들도 의료 서적을 연구합니다. 그런데 그리스도인이 주님의 책인 성경을 어찌 연구하지 않을 수 있습니까?

3. 주님께서는 그 책을 친히 저술하시고 우리에게 다음의 목적을 주셨습니다. "모든 성경은 하나님의 감동으로 된 것으로 교훈과 책망과 바르게 함과 의로 교육하기에 유익하니 이는 하나님의 사람으로 온전하게 하며 모든 선한 일을 행할 능력을 갖추게 하려 함이라"(딤후 3:16-17). "무엇이든지 전에 기록된 바는 우리의 교훈을 위하여 기록된 것이니"(롬 15:4). 주의 영께서 그것을 기록하셨는데 읽지 않을 것입니까? 우리에게 연구하라고 주신 책인데 그것을 무시하겠습니까? 증인이 있는데도 하나님께 배은망덕한 것은 하나님을 멸시하는 행위임이 명백합니다. 성경에 기록된 이 형상과 표식이 누구의 것입니까? 주님의 것이 아닙니까? 그렇다면 들고 읽으십시오.

4. 마지막 날에 우리는 반드시 성경에 의해 판단받게 될 것입니다. "나를 저버리고 내 말을 받지 아니하는 자를 심판할 이가 있으니 곧 내가 한 그 말이 마지막 날에 그를 심판하리라"(요 12:48). "또 내가 보니 죽은 자들이 큰 자나 작은 자나 그 보좌 앞에 서 있는데 책들이 펴 있고 또 다른 책이 펴졌으니 곧 생명책이라 죽은 자들이 자기 행위를 따라 책들에 기록된 대로 심판을 받으니"(계 20:12). 여기에서 말하는 책이 바로 주의 율법과 규례가 적힌 책입니다. 주님은 이 책을

들고 오셔서 우리를 사면하시거나 저주하실 것입니다. 성경을 한 번도 본 적이 없는 사람들은 하나님께서 다른 방식으로 다루실 것이라고 생각합니다. 로마서 2장 12절이 그것을 말하고 있습니다.[22] 여러분은 일상의 삶 속에 성경을 한 절도 읽지 않고 살아갈 수 있습니다. 그러나 모든 인생과 나라들은 성경에 의해 심판받을 것이라는 점을 기억하십시오. 이것이 여러분들에게 성경을 읽을 만한 좋은 이유가 되지 않습니까?

하나님의 책을 읽으라는 간절한 호소와 그 일을 하기 위한 동기

1. 읽을 수 없다면 읽기를 배우도록 하십시오. 자녀를 지닌 여러분은 그들이 성경을 읽게 함으로 그들의 영혼을 돌보는 것입니다. 그러므로 자녀들이 세례를 받을 때 여러분이 했던 맹세와 주님께서 친히 주신 의무를 기억하십시오. ,"또 아비들아 너희 자녀를 노엽게 하지 말고 오직 주의 교훈과 훈계로 양육하라"(엡 6:4). 디모데후서 3장 15절도 보십시오.[23] 디모데는 어려서부터 성경을 알았습니다. 여러분이 어린 시절 제대로 교육을 받지 못한 사람이라면 지금이라도 배우려고 애쓰십시오. 안타깝게도 어떤 부모들이나 어린아이를 키우는 사람들 중에는 타조가 자기 새끼를 방치하듯 아이들의 영혼을 방치하는 사람들이 있습니다. 그들은 자녀들이 어떻게 일을 해야

---

22 롬 2:12 무릇 율법 없이 범죄한 자는 또한 율법 없이 망하고 무릇 율법이 있고 범죄한 자는 율법으로 말미암아 심판을 받으리라

23 딤후 3:15 또 어려서부터 성경을 알았나니 성경은 능히 너로 하여금 그리스도 예수 안에 있는 믿음으로 말미암아 구원에 이르는 지혜가 있게 하느니라

하는지 가르쳐왔습니다. 하지만 읽기를 가르치는 일에는 전혀 수고하지 않습니다. 그 결과 하나님을 아는 지식을 얻을 수 있는 일반적인 수단조차 지니지 못한 채, 영혼을 삼키려고 하는 사단의 먹잇감으로 자녀들을 세상에 내몰아 왔습니다. 그리하여 그들은 끔찍한 어둠과 무지 속에서 방향을 잃고 영적인 파멸을 겪습니다.

하지만 여러분을 기른 분들이 여러분의 영혼을 긍휼히 여기지 않았다 하더라도, 여러분은 스스로 자신의 영혼을 긍휼히 여겨야 하지 않겠습니까? 그들이 한 것을 그대로 답습하여 여러분 스스로가 그 죄의 상속자가 되지는 마십시오. 그들이 여러분에게 먹고 살 수 있는 것을 아무것도 남겨주지 않았다고 해도, 아마 여러분은 살기 위해 스스로 애써왔을 겁니다. 그런데 여러분은 자신의 영혼을 위해서는 아무것도 행하지 않으려고 합니다.

여러분이 종이라는 사실이 하나님 앞에 변명거리가 되지 않는다는 사실을 생각하십시오. 왜냐하면 여러분의 영혼은 주인의 영혼만큼이나 정말 위태로운 상황 속에 있고 신앙에 대한 무지는 영혼을 파멸시킬 것이기 때문입니다. 이사야 27장 11절을 보십시오.[24] 종들의 가난을 해결하기 위해 품삯을 얼마나 올려줘야 할지 관심을 가지는 사람은 극소수입니다. 하지만 여러분은 그런 조건 속에서도 스스로 읽는 법을 배움으로써 자신의 상태를 개선할 수 있습니다. 그러한 유익을 얻을 수 있는 가정들을 찾으십시오. 창세기 17장 10절[25]과

---

24 사 27:11 가지가 마르면 꺾이나니 여인들이 와서 그것을 불사를 것이라 백성이 지각이 없으므로 그들을 지으신 이가 불쌍히 여기지 아니하시며 그들을 조성하신 이가 은혜를 베풀지 아니하시리라

25 창 17:10 너희 중 남자는 다 할례를 받으라 이것이 나와 너희와 너희 후손 사이에 지킬 내 언약

같이 아브라함의 가족과 같은 이들이 있을 것입니다. 그렇게 하지 않으려거든 차라리 한동안 일하는 것을 멈추고 읽기를 배우십시오.

현재 자신에게 가족이 있다는 사실도 핑곗거리가 되지 못할 것입니다. 왜냐하면 여러분은 여전히 영원한 영혼을 소유하고 있고 성경에 계시된 하나님 뜻에 대한 무지는 영원한 파멸을 가져올 것이기 때문입니다. "하나님을 모르는 자들과 우리 주 예수의 복음에 복종하지 않는 자들에게 형벌을 내리시리니"(살후 1:8). 여러분이 가족이 있다면 더욱 성경을 읽어야 할 필요가 있습니다. 그렇게 함으로 여러분 자신도 주의 뜻을 알 수 있고 가족들에게 가르칠 수 있기 때문입니다. 나뭇잎으로 자신을 가리는 일이 타오르는 불꽃으로부터 여러분을 지켜 줄 수 없는 것처럼, 그러한 핑계는 영원한 멸망으로부터 여러분을 지켜 줄 수 없습니다.

배우기에는 나이가 너무 많다는 말도 하지 마십시오. 여러분의 영원한 구원을 위한 바른 일을 하기 위하여 배우는 것에는 너무 늦은 시간은 없습니다. 여러분의 눈이 배우는 것을 도울 수 있다면 자신의 나이가 어떠하든지 배우기를 힘쓰셔야만 합니다. 그러나 만일 눈이 보이지 않아서 배우고 싶어도 그럴 수 없다면 여러분에게서 시력을 가져가신 하나님의 두려운 심판을 두려움으로 떨며 묵상하십시오. 눈이 잘 보일 때 그것을 하나님의 영광을 위하여 사용하지 않았고 자기 영혼의 선을 위해 쓰지 않았다는 사실도 생각하십시오.

이니라
역자 주: 원문에는 창세기 18장 10절로 쓰여 있지만, 내용상 17장 10절로 번역하는 것이 적절해 보인다.

스스로 겸손한 마음을 품고 자신이 무시해온 그리스도의 피를 적용하여 그 죄가 자신을 영원히 멸망시키지 못하도록 하십시오. 또한 다른 사람은 여러분에게 읽어줄 수 있으니 성경을 가르쳐달라고 요청하십시오. 만일 이렇게 한다면 구원을 등한시해 온 무모한 노인이라도 긍휼을 얻을 수 있을 것입니다.

2. 글을 읽을 줄 아는 분들은 성경을 구해 손에 넣으십시오. 제가 확신 있게 말씀드릴 수 있는 것은, 성경(주를 사랑하는 모든 사람은 이 책을 소유합니다)을 사랑하는 사람은 그것을 손에 넣기 전에 그것을 대신하는 용지들을 많이 만들 것이라는 것입니다. 물론 합법적인 용지들입니다. 성경을 훔치거나 빌린 것을 돌려주지 않는 일은 자신을 목매달 노끈을 훔치는 도둑질과 같습니다. 음식을 절약하거나 편안함을 줄어서라도 성경을 원하지만 말고 구입하십시오.

3. 성경을 손에 넣은 사람들은 부지런히 그것을 읽으시고, 주님의 책과 친숙해지십시오. 아침, 저녁으로 가족들과 함께 읽고 홀로 있을 때 은밀히 읽으십시오. 은밀한 중에 행하는 의무 중 하나가 되게 하십시오. 여행할 때나 집에 있을 때, 방 안에 있을 때나 들에 있을 때에도 성경을 언제나 곁에 두십시오. 얼마나 많은 사람이 성경과 친밀하지 않으며, 얼마나 많은 사람 마음에 그것이 자리 잡고 있지 않은지를 생각하는 것은 참으로 슬픈 일입니다. 많은 사람에게 유행가 책들이 성경의 자리를 대신 차지하고 있습니다. 많은 사람은 성경을 활용하지 않고 일주일에 한 번 주일에만 펼쳐봅니다. 그것은 마치 그 책이 자기 영혼의 필요가 아니라 구경거리인 것처럼 여기는 것입니다.

4. 그것을 읽을 뿐 아니라 진지하게 살피고 연구하십시오. 그 속

에서 하나님의 뜻을 발견하고자 하십시오. 그러면 그것을 얻게 될 겁니다. 성경을 피상적으로만 읽지 마십시오. 그것을 적용하고 아파하면서 읽고 성실하게 읽으십시오. 모든 도구를 활용하여 이해하면서 읽으십시오. 표면을 뚫고 들어가 그 안에 숨겨진 보화를 캐내어 가지고 나오도록 읽으십시오. 기도하는 일뿐 아니라 판에 박힌 듯 기계적으로 성경을 읽는 일은 하나님을 기쁘시게 할 수 없고 여러분 자신의 영혼에 은혜를 끼칠 수도 없습니다.

저는 이제 성경 읽기와 같은 중요한 임무를 잘 수행하도록 몇 가지 동기를 제공하겠습니다.

동기 1. 우리에게 그것을 요구하시는 분은 하나님이십니다. 그분은 요한복음 5장 39절에서 그것을 명하십니다. "성경을 연구하거니와." 유대인들은 한때 성경을 위탁받았습니다. 그런데 그들이 그 책들을 오직 성전에만 모셔두도록 하는 것이 하나님의 의도였습니까? 결코 그렇지 않습니다. 그들의 집에도 두도록 하셨습니다. 법궤 안에만 두게 하셨습니까? 그렇지 않습니다. 하나님은 그 책들을 위한 또 다른 서랍을 준비하셨습니다. 곧 그들의 마음입니다. 앞에서 인용한 신명기 6장 6-7절을 보십시오.[26] 하나님의 권위에 떠는 사람이 되십시오. 여러분이 그런 일에 조금이라도 관심을 기울인다면 성경을 연구하십시오.

---

26 신 6:6-7 오늘 내가 네게 명하는 이 말씀을 너는 마음에 새기고 네 자녀에게 부지런히 가르치며 집에 앉았을 때에든지 길을 갈 때에든지 누워 있을 때에든지 일어날 때에든지 이 말씀을 강론할 것이며

동기 2. 우리 안에 있는 성경이 우리를 영원히 서게도 하고 넘어지게도 한다는 측면은 우리가 성경을 연구할 동기를 갖는 충분한 이유가 됩니다. 율법의 공적인 선포는 율법 아래 있는 자들에게 복종을 강력하게 요구합니다. 그들이 그 내용의 사본을 하나씩 가지고 있지 않다 하더라도 그들은 몰랐다고 발뺌할 수 없습니다. 왜냐하면 각 사람은 자기 의무에 관한 규칙을 반드시 알아야 하기 때문입니다. 따라서 죄인들이 율법에 순종하지 않았다면 그 내용을 알았든 몰랐든 그 율법에 의해 정죄를 받을 것입니다. "그 정죄는 이것이니 곧 빛이 세상에 왔으되 사람들이 자기 행위가 악하므로 빛보다 어둠을 더 사랑한 것이니라"(요 3:19).

동기 3. 성경을 연구하는 일은 하나님을 매우 기쁘시게 하는 훈련입니다. 따라서 올바른 방식, 즉 믿음으로 그 일을 수행해야 합니다. 왜냐하면 하나님께서는 성경을 통해 우리에게 말씀하시므로 우리는 그 말씀을 듣고 받으며 순종해야 하고, 하나님은 이를 기뻐하시기 때문입니다.

1. 하나님의 영께서는 성경을 연구하는 일을 칭찬하십니다. 베뢰아 사람들에 대한 칭찬이 바로 그것이었습니다. "베뢰아에 있는 사람들은 데살로니가에 있는 사람들보다 더 너그러워서 간절한 마음으로 말씀을 받고 이것이 그러한가 하여 날마다 성경을 상고하므로"(행 17:11). 사도행전 18장 24절[27]에는 아볼로에 대해, 디모데후서

---

27 행 18:24 알렉산드리아에서 난 아볼로라 하는 유대인이 에베소에 이르니 이 사람은 언변이 좋고 성경에 능통한 자라

3장 15절에서는 디모데에 대해 칭찬합니다. "또 어려서부터 성경을 알았나니 성경은 능히 너로 하여금 그리스도 예수 안에 있는 믿음으로 말미암아 구원에 이르는 지혜가 있게 하느니라." 하나님께서 성경을 우리에게도 추천하시는 것은 성경을 읽는 우리들을 하나님의 영께서 칭찬하시기 위함입니다.

2. 성경을 연구하는 훈련과 관련하여 특별한 축복이 있습니다. "이 예언의 말씀을 읽는 자는 복이 있나니"(계 1:3). 모든 시대 하나님의 자녀들은 그 복된 진액을 빨아먹었습니다. 그들은 하나님의 말씀 안에서 그분과 달콤한 교제를 하였고, 성경은 그들의 영혼을 깨어나게 하고 깨달음을 주고 열매 맺게 하였습니다. 그들은 또한 이를 통해 위로를 주시는 성령의 감동을 누렸습니다.

동기 4. 오늘 우리가 성경을 소유하고 그것을 연구하는 일이 얼마나 큰 특권인지를 생각해보십시오. 만일 그리스도께서 우리 구원을 위해 죽지 않으셨다면 세상은 이 영광스러운 빛을 누리는 복을 얻지 못했을 겁니다. 여전히 어두움 가운데 있을 것이며 그것은 영원한 어두움의 보증이 될 것입니다. 다른 사람들의 경우와 비교하면서 우리의 특권을 생각해보십시오.

1. 홍수 이전 역사 속 최초의 교회, 또는 모세 시대를 돌아보십시오. 하나님의 뜻은 그들 중 여러 사람에게 환상, 음성, 꿈 등으로 계시되었습니다. 하지만 "우리에게는 더 확실한 예언"(벧후 1:19)이 있다고 말할 수 있습니다. 그러나 그것은 모두가 아니라 소수의 사람들에게 해당되는 일이었습니다. 나머지 사람들은 전통을 통해 배우는

수밖에 없었습니다. 그러나 지금 우리는 모두 하나님 계시의 말씀을 가까이 접하고 있습니다.

2. 구약 시대 교회의 경우들을 생각해보십시오. 다윗 시대에는 모세 5경 정도만 알려졌습니다. 하지만 시편 119편을 읽어 보십시오. 그 거룩한 영혼이 최종 완성이 되기 전 제한적으로 계시되었던 성경을 높이면서 얼마나 가슴 벅차합니까? 이 영광스러운 구조물을 세우는 데 기초만 놓였던 시대에 말입니다. 그 시대 교회는 이 점에 있어서 최고라고 할 수 있습니다. 신약의 빛을 아직 보지 못한 시대, 구약의 정경이 완성되었을 때입니다. 지금은 성경 전체의 책들이 우리 손에 들어와 있고, 이 영광스러운 하나님의 형상[28]은 최종 완성된 상태입니다. 그 이후로 더 이상 영원토록 추가되지 않습니다. 신약 성경은 구약의 예표, 그림자, 흐릿한 예언들에 빛을 던져 줍니다.

3. 이러한 사실과 비교하면서 이 시대 이방 세상을 둘러보십시오. 성경의 작은 부분조차 찾기가 어렵고 그들 중 대다수가 성경에 대해 들어본 적도 없다는 사실을 생각하면서 말입니다. 이 고귀한 보화는 아직도 그들에게 공개되지 않았습니다. 그들은 하나님에 대해 결코 알 수 없고 단지 자연의 빛에서 나오는 침침한 어두움으로부터 배운 것뿐입니다. 아, 우리는 다음과 같이 말해야 하지 않겠습니까? "그가 그의 말씀을 야곱에게 보이시며 그의 율례와 규례를 이스라엘에게 보이시는도다 그는 어느 민족에게도 이와 같이 행하지 아니하셨나니 그들은 그의 법도를 알지 못하였도다 할렐루야"(시

---

28 역자 주: 성경을 가리킨다.

4. 지금으로부터 몇 년 전을 돌아보십시오. 아직 인쇄술이 발명되기 전, 손으로 쓴 필사본들 외에는 성경을 찾을 수 없었던 시절, 교황주의자들로부터 종교개혁이 일어나기 직전의 시절이 있었습니다. 그때 그 책이 얼마나 필요했으며 얼마나 사랑스러웠는지 우리가 쉽게 알 수 있습니다. 그러나 지금은 성경이 얼마나 흔하며 가지기 쉽습니까?

5. 교황주의자들의 압제 아래 살았거나 여전히 살고 있는 사람들을 생각해보십시오. 그곳에서는 특별한 허가 없이 성경을 가지거나 읽는 것은 범죄입니다. 영어로 된 성경을 읽을 자유를 법적으로 허용받기 전까지 이 교회의 개혁자들이 얼마나 고통을 겪었습니까? 오늘날까지도 교황이 통치하는 국가들에서, 사람들이 성경을 손에 넣기란 얼마나 어렵습니까? 그에 반하여 여러분은 제발 좀 읽고 연구하라는 재촉을 받고 있습니다. 교황의 박해가 있던 시절, 신약 한 권은 정말 귀했습니다. 성경 한 이파리를 위해 건초 더미 한 상자를 주어야 하던 시절이었습니다. 누군가 프랑스 개신교도들에 대해 "그들이 성경을 읽은 죄로 우리를 불태울 때 우리는 그 책을 읽는 열심으로 불타올랐다"라고 말했지만, 오늘 우리의 자유는 안타깝게도 하나님 말씀에 대한 게으름과 멸시만 기르고 있을 뿐입니다.

6. 예전과 비교하면 성경의 이해를 돕는 도구들이 얼마나 많은지 생각해보십시오. 많은 사람이 여러 설교나 가르침으로 인해 지식이 늘어나고 있습니다. 성경의 많은 부분을 다루는 유용한 강좌들은 결코 작은 도움이라 할 수 없습니다. 만일 이 큰 특권을 등한시한다면

우리가 주님께 무슨 대답을 할 수 있겠습니까?

동기 5. 성경에 깊이 빠져 그것에 정통했던 하나님의 사람들이 걸어온 길을 깊이 생각해보십시오. 참으로 지혜는 그 자녀들에게서 옳다 인정함을 받습니다.[29] 오, 양무리들이 믿음의 선조의 발자취를 따라가도록 주의를 기울이십시오. 그러면 여러분은 그들이 하나님의 말씀을 업신여기는 자리가 아닌 그것을 칭송하는 자리에서 만날 것입니다. 다음 내용을 생각해보십시오.

1. 여러분은 성도들이 말씀을 높이 칭송했다는 사실을 알게 될 것입니다. 시편 19편과 119편을 보십시오. 말씀에 대한 얼마나 큰 칭송이 거기에 있습니까! 예레미야에게도 그것은 얼마나 달콤한 것이었습니까? "내가 주의 말씀을 얻어 먹었사오니 주의 말씀은 내게 기쁨과 내 마음의 즐거움이오나"(렘 15:16). 베드로는 산 위에서 음성을 들었지만, 그는 성경을 하늘에서 들린 그 음성보다 더 좋아했습니다. 베드로후서 1장 19절을 보십시오.[30] 바울은 성경을 높이 칭송합니다. "모든 성경은 하나님의 감동으로 된 것으로 교훈과 책망과 바르게 함과 의로 교육하기에 유익하니"(딤후 3:16). 순교자들도 그것을 높이 칭송했고 그것을 위해 기꺼이 자기 목숨을 드리고자 했습니다. 어떤 사람이 바다에 던져졌는데 살기 위해 헤엄쳐 돛대를 붙잡았습니다. 5파운드 정도 되는 돛대입니다. 한 손에는 그것을 붙잡고

---

29 마 11:19 인자는 와서 먹고 마시매 말하기를 보라 먹기를 탐하고 포도주를 즐기는 사람이요 세리와 죄인의 친구로다 하니 지혜는 그 행한 일로 인하여 옳다 함을 얻느니라

30 벧후 1:19 또 우리에게는 더 확실한 예언이 있어 어두운 데를 비추는 등불과 같으니 날이 새어 샛별이 너희 마음에 떠오르기까지 너희가 이것을 주의하는 것이 옳으니라

있었고, 다른 손에는 성경이 들려 있었습니다. 둘 중 하나를 버려야 할 상황이 되었을 때, 그는 성경을 붙들고 그 5파운드 돛대를 손에서 놓았습니다.

2. 여러분은 믿음의 선배들이 얼마나 성경 연구에 매료되었는지 알 수 있을 것입니다. 시편 119편 97절[31]이 말하는 것처럼, 주의 말씀은 다윗의 친구요 사랑의 계시였습니다. 바벨론에서 다니엘은 선지자들의 글을 살펴보았습니다(단 9:2).[32] 고귀한 베뢰아 사람들, 아볼로, 그리고 디모데 역시 그러한 사람들이었습니다.

3. 그렇습니다. 하나님의 영께서는 그러한 자세가 경건한 사람의 성품이 되게 하십니다. "오직 여호와의 율법을 즐거워하여 그의 율법을 주야로 묵상하는 자로다"(시 1:2). 그것은 얼마나 합당한 태도입니까! 하나님으로부터 난 사람이 말씀을 찾는 것은 자연스러운 욕구입니다. 그것은 마치 어린 아기가 어머니의 젖을 찾는 것과 같습니다. 베드로전서 2장 2절을 보십시오.[33] 새로운 본성은 하나님과의 교제를 바랍니다. 그 영혼이 그분과 교제를 나누는 일은 말씀을 통해서입니다. 왜냐하면 하나님께서 우리들에게 말씀하시는 곳이 바로 성경이기 때문입니다. 따라서 말씀을 부지런히 읽는 사람들이 아주 소수인 것은 참 그리스도인이 적다는 슬픈 증거입니다.

---

31 시 119:97 내가 주의 법을 어찌 그리 사랑하는지요 내가 그것을 종일 작은 소리로 읊조리나이다

32 단 9:2 곧 그 통치 원년에 나 다니엘이 책을 통해 여호와께서 말씀으로 선지자 예레미야에게 알려 주신 그 연수를 깨달았나니 곧 예루살렘의 황폐함이 칠십 년만에 그치리라 하신 것이니라

33 벧전 2:2 갓난 아기들 같이 순전하고 신령한 젖을 사모하라 이는 그로 말미암아 너희로 구원에 이르도록 자라게 하려 함이라

동기 6. 성경의 뛰어남을 생각해보십시오. 그 안에는 탁월한 영광이 있습니다. 누구든지 그것을 발견하는 사람은 그 말씀을 끌어안고 품지 않을 수 없습니다. 여러분에게 성경을 소개하기 위해 다음 8가지 사실을 말하고자 합니다.

1. 성경은 책 중의 책입니다. 여러분은 사람들이 좋은 책을 많이 가지고 있다고 생각할 수 있습니다. 하지만 여러분은 성경을 가지고 있습니다. 그 책은 세상에서 가장 뛰어난 책입니다. 그 책은 주님의 책입니다. 오류 없이, 무한한 지혜로 쓴 책입니다. 그 황금에는 불순물이 전혀 없으며 그 옥수수에는 오물이 전혀 묻어 있지 않습니다. 모든 하나님의 말씀은 순결합니다. 다른 책에는 우리의 구원이 전혀 담겨 있지 않습니다. 오직 이 책으로부터만 얻을 수 있습니다. 다른 책들은 이 산에서 흘러나오는 개울들일 뿐입니다. 그 안에 담긴 모든 빛도 성경으로부터 가져간 것들입니다. 성경 안에는 다른 어떤 책도 가지지 못한 축복이 담겨 있고 영광과 위엄, 효력을 지니고 있습니다. 그래서 루터는 사람들을 성경을 읽지 못하게 하기보다는 차라리 자신이 쓴 모든 책을 불태우겠다고 고백했습니다.

2. 성경은 이 세상에 드러난 하나님의 가장 위대하고 가장 뛰어난 작품입니다. "내가 주의 성전을 향하여 예배하며 주의 인자하심과 성실하심으로 말미암아 주의 이름에 감사하오리니 이는 주께서 주의 말씀을 주의 모든 이름보다 높게 하셨음이라"(시 138:2). 만일 이 세상이 해와 달과 별들로 아름답게 꾸며진 값비싼 반지와 같다면, 성경은 그 반지 위에 있는 다이아몬드입니다. 별이 빛나고 태양이 영광스러운 등불처럼 비추고 있다고 해도 성경이 없는 세상은 그

저 어두운 세상으로 남아 있을 뿐입니다. 만일 성도들에게 하늘에서 태양을 없앨지, 세상에서 성경을 없앨지 선택하라고 한다면, 그들은 전자를 택하고 결코 후자를 선택하지 않을 것입니다. 왜냐하면 그들은 예수의 얼굴 안에서 모든 것을 읽게 될 곳에 갈 때까지 궁핍할 수 없기 때문입니다. 따라서 그 책은 하나님의 가장 뛰어난 것을 지닌 가장 탁월한 것입니다.

3. 그 책은 로마서 3장 2절[34]이 말하듯이, 하나님의 신탁 계시입니다. 그것은 유대인들의 특권 중 가장 중심이었습니다. 성경이 없이는 성전이나 제단 등 모든 것들이 무의미한 표지들이 될 것입니다. 이방 세상은 사탄의 신탁을 높이 경외하고 찬송했지만, 우리는 하나님의 신탁을 지니고 있습니다. 즉 하늘의 비밀들을 우리에게 보여주는 성경을 소유한 것입니다. 만일 우리가 그 안에서 말씀하시는 분이 누구인지 바르게 인식한다면, 우리는 그것을 인간의 음성이 아니라 반드시 '하나님의 음성'이라고 불러야 합니다. 여기 모든 의심과 두려움 속에서 안전하게 상담할 수 있는 가르침이 있습니다. 여기 여러분을 모든 진리로 인도할 가르침이 있습니다.

4. 그 책은 하늘의 법입니다. "여호와의 율법은 완전하여 영혼을 소생시키며 여호와의 증거는 확실하여 우둔한 자를 지혜롭게 하며"(시 19:7). 하늘의 주와 왕께서는 우리의 위대한 율법 수여자이시며 그 법을 이 책에 기록해 주셨습니다. 그 책은 우리가 그것을 연구하기를 원합니다. 따라서 우리는 우리의 칭호가 하늘, 그 복된 기업에

---

34 롬 3:2 범사에 많으니 우선은 그들이 하나님의 말씀을 맡았음이니라

합당한지 입증해야만 합니다. 그렇지 않으면 우리는 그 기업을 결코 얻을 수 없을 것입니다. 우리의 칭의 선언은 이 책으로부터 얻어야만 합니다. 그렇지 않으면 우리는 여전히 진노 아래 놓여 있게 될 겁니다. 여기 우리가 반드시 따라야 할 규칙이 있습니다. 거기서 우리는 하나님을 기쁘시게 할 수 있습니다. 마지막 날에 이 책을 근거로 우리에게 용서나 저주가 주어지게 될 것입니다.

5. 이 책은 그리스도의 언약이며 마지막 유언입니다. 고린도전서 11장 25절을 보십시오.[35] 우리 주님은 죽으셨고 이 언약을 우리에게 남겨주셨습니다. 그 언약은 주의 자녀들로 성경에 마음을 쏟게 합니다. 그분은 그 속에 자신의 유산을 남겨 주셨습니다. 가변적인 것들 뿐 아니라 영원한 기업도 들어 있습니다. 그의 유언은 이제 확정되었습니다. 수정 없이 영원히 성취될 것입니다. 따라서 모든 신지의 소망은 이 성경 안에 있습니다. 신자들이 청구할 수 있는 모든 종류의 특권을 자신의 것으로 삼을 수 있는 보증이 바로 이것입니다. 이 책이 바로 하늘에 대한 증서이며 그가 그 나라를 청구할 수 있는 권리입니다. 그러므로 이 언약에 관심이 있다면 여러분은 결코 그 책을 소홀히 여겨서는 안 됩니다.

6. 이 책은 그의 나라의 홀(scepter)입니다. 시편 110편 2절을 보십시오.[36] 그것은 의의 홀입니다. 그분이 자기 교회를 다스리시는 것은 말씀을 통해서입니다. 말씀으로 그의 자녀들을 멀리 있는 땅으로 인

---

35 고전 11:25 식후에 또한 그와 같이 잔을 가지시고 이르시되 이 잔은 내 피로 세운 새 언약이니 이것을 행하여 마실 때마다 나를 기념하라 하셨으니
36 시 110:2 여호와께서 시온에서부터 주의 권능의 규(scepter)를 내보내시리니 주는 원수들 중에서 다스리소서

도하십니다. 나라가 어디에 있든지 주님은 그 나라를 다스리십니다. 그에게 복종하는 모든 민족들을 받아주십니다. 주님이 다스리시는 사람의 마음 속에도 계십니다. 골로새서 3장 16절을 보십시오.[37] 그 것은 평화의 홀입니다. 반역하는 자들에게 평화를 제공하시며 그 홀을 내밀어 그들을 복종시키고 낙심하는 신자들에게는 평화를 제공합니다. 그 홀에 복종하지 않는 자는 누구든지 그의 철장으로 파괴될 것입니다.

7. 그 책은 영향력이 흐르는 통로입니다. 그 통로를 통하여 은혜의 교통이 이루어지며 성소의 물이 영혼 속으로 흘러듭니다. 이사야 59장을 보십시오. 사도는 이 사실을 갈라디아서에서 호소합니다. "너희가 성령을 받은 것이 율법의 행위로냐 혹은 듣고 믿음으로냐"(갈 3:2). 택함받은 영혼이 어떻게 거듭납니까? 말씀은 썩지 않을 씨로서, 새 피조물이 조성되는 장소입니다. 베드로전서 1장 23절을 보십시오.[38] 마음 속에서 믿음이 생겨납니까? 말씀 때문에 일어나는 일입니다. "믿음은 들음에서 나며 들음은 하나님의 말씀으로 말미암았느니라"(롬 10:17).[39] 새 피조물이 자라나고 힘을 얻으며 깨어나고 활기를 얻습니까? 그리스도께서 샘이시고 믿음이 영혼의 입이라면, 말씀은 그것을 전달하는 통로입니다. 아기가 젖꼭지를 물듯이 믿음은 말씀에서 물을 빨아 먹어야만 합니다.

---

37 골 3:16 그리스도의 말씀이 너희 속에 풍성히 거하여 모든 지혜로 피차 가르치며 권면하고 시와 찬송과 신령한 노래를 부르며 감사하는 마음으로 하나님을 찬양하고

38 벧전 1:23 너희가 거듭난 것은 썩어질 씨로 된 것이 아니요 썩지 아니할 씨로 된 것이니 살아 있고 항상 있는 하나님의 말씀으로 되었느니라

39 역자 주: 한글 개역 개정판은 '그러므로 믿음은 들음에서 나며 들음은 그리스도의 말씀으로 말미암았느니라'로 번역한다.

8. 그 책은 그리스도의 피의 대가입니다. 고린도전서 11장 25절을 보십시오.[40] 인격적 말씀이 육신이 되어 우리의 구속의 값이 되지 않으셨다면, 우리는 결코 이 기록된 말씀을 얻지 못했을 겁니다. 그러므로 이 책은 중보자의 피 위에 세워진 언약의 책입니다. 하나님 사랑을 받을 권리를 부여하고 양도하는 것이며, 모든 구원의 유익들을 신자들에게 전달하는 것입니다. 만일 그리스도께서 죽지 않으셨다면 그러한 일들은 일어나지 않았을 것입니다. 따라서 이 책을 등한히 하는 자들은 그 언약의 피가 묻은 발아래 짓밟히게 될 것입니다.

동기 7. 그 말씀의 유용함을 생각하십시오. 그 책의 저자가 누구인지 생각한다면 말씀의 유용성을 확신할 수 있을 것입니다. 사도는 우리에게 오직 말씀만이 하나님의 사람을 온전하게 하고 모든 선한 일을 하기에 온전히 구비시킨다고 말합니다. "모든 성경은 하나님의 감동으로 된 것으로 교훈과 책망과 바르게 함과 의로 교육하기에 유익하니 이는 하나님의 사람으로 온전하게 하며 모든 선한 일을 행할 능력을 갖추게 하려 함이라"(딤후 3:16-17). 한 영혼이 스스로 그렇게 될 수 있는 경우는 없습니다. 오직 그 말씀을 활용하고자 할 때 그들의 영혼이 변화될 수 있습니다. 성경의 유용성을 근거로 하여 성경을 추천하기 위해 저는 다음 8가지를 말씀드리고자 합니다.

1. 이 책은 가난한 자들에게 보화입니다. 우리 모두는 태생적으

---

40 고전 11:25 식후에 또한 그와 같이 잔을 가지시고 이르시되 이 잔은 내 피로 세운 새 언약이니 이것을 행하여 마실 때마다 나를 기념하라 하셨으니

로 가난한 자들입니다. "네가 말하기를 나는 부자라 부요하여 부족한 것이 없다 하나 네 곤고한 것과 가련한 것과 가난한 것과 눈먼 것과 벌거벗은 것을 알지 못하는 도다"(계 3:17). "우리가 이 보배를 질그릇에 가졌으니 이는 심히 큰 능력은 하나님께 있고 우리에게 있지 아니함을 알게 하려 함이라"(고후 4:7). 그러므로 주님은 은과 금을 얻기 위해 채굴하는 사람들에 비유하여 우리에게 성경을 탐구하라고 명하십니다. 만일 가난한 영혼이 믿음으로 말씀을 받으며 성경을 탐구한다면 그는 부요해질 것입니다. 그는 거기서 자신의 빚을 탕감받을 것이며 담보된 기업을 얻을 권리와 자격도 얻게 될 것입니다. 주의 말씀은 다음과 같은 보화입니다.

⑴ 가치를 지닌 보화입니다. 사람들은 아무것이나 보화로 여기지 않고 가치 있는 것을 그렇게 여깁니다. 성경 안에는 매우 가치 있는 것만 있습니다. 그 안에는 우리의 구원을 다루시는 하나님의 영원한 계획이 들어 있으며, 생명과 썩지 아니할 것들이 빛 가운데 드러나 있습니다. 가장 순결한 훈계들이 있고, 가장 두려운 위협이 있으며 가장 가치 있는 약속들도 들어 있습니다. 베드로후서 1장 4절 이하를 보십시오.[41]

⑵ 다양성을 지닌 보화입니다. 성경 안에는 하나님 지혜의 다양함이 빛을 발하고 있습니다. 그러나 세상 사람들은 주님의 책을 역겹게 여깁니다. 그들은 한동안 그 내용을 숙독한 후에 새로운 것을 발견하지 못합니다. 그들의 감각이 그것을 인식하는 데 훈련되어 있

---

41 벧후 1:4 이로써 그 보배롭고 지극히 큰 약속을 우리에게 주사 이 약속으로 말미암아 너희가 정욕 때문에 세상에서 썩어질 것을 피하여 신성한 성품에 참여하는 자가 되게 하려 하셨느니라

지 못하기 때문입니다. 만일 우리가 생기 넘치는 마음을 품고 말씀을 자주 가까이 했다면 그 안에서 신선한 즐거움을 발견했을 겁니다. 우리가 예전에는 특별함을 느끼지 못한 채 그냥 지나친 단어 하나에서도 때로는 영광스러운 생기를 발견하게 될 때 그것은 더욱 확실합니다. 성도들은 참으로 말씀 안에 머무는 일에 지치지 않습니다. 오랜 세월 그 속에서 항상 새로운 발견이 이루어졌고 마지막 때까지 그러할 것입니다.

(3) 풍성한 보화입니다. 그 안에는 현재를 위한 말씀뿐 아니라 미래를 위한 말씀도 들어 있습니다. 이사야 42장 23절을 보십시오.[42] 그 안에는 빛과 교훈과 위로 등이 충만하고 성도들이 하늘을 향하여 여행하는 데 필요한 것들이 들어 있습니다. 시편 119편 162절을 보십시오.[43] 실로 그것은 우리가 탈취한 전리품입니다. 우리 주님께서 죽음 및 마귀와 전쟁을 치르고 계실 때, 집에 머물던 우리가 모은 전리품들이 이곳에 놓여 있습니다.

(4) 닫혀 있는 보화입니다. 이 말씀은 비밀한 가운데 있는 하나님의 지혜를 담고 있습니다. 이것은 세상 대부분의 사람들에게 숨겨진 책입니다. 날 때부터 소경으로 태어나 보이지 않는 사람들에게 봉인된 책입니다. 내용을 적으신 동일하신 성령의 조명하심이 없이는 우리도 그 보화에 이를 수 없습니다. 고린도전서 2장 10절을 보십시오.[44] 그 안에는 독수리의 눈이 발견한 적이 없는 길이 있고, 육신의

---

42 사 42:23 너희 중에 누가 이 일에 귀를 기울이겠느냐 누가 뒤에 올 일을 삼가 듣겠느냐
43 시 119:162 사람이 많은 탈취물을 얻은 것처럼 나는 주의 말씀을 즐거워하나이다
44 고전 2:10 오직 하나님이 성령으로 이것을 우리에게 보이셨으니 성령은 모든 것 곧 하나님의 깊은 것까지도 통달하시느니라

눈 또한 그것을 찾을 수 없습니다. 고린도전서 2장 14절을 보십시오.[45] 그러므로 우리는 시편 119편 18절처럼 부지런히 그것을 찾고 기도해야 합니다.[46]

2. 이 책은 죽은 자들에게 생명입니다. 요한복음에서 그리스도께서 말씀하십니다. "살리는 것은 영이니 육은 무익하니라 내가 너희에게 이른 말은 영이요 생명이라"(요 6:63). 우리는 날 때부터 죄 가운데 죽은 자들입니다. 하지만 말씀은 영적 생명을 주는 수단이며 회심의 일반적인 수단입니다. "여호와의 율법은⋯영혼을 소성시키며"(시 19:7), 또한 거듭나게 합니다. "너희가 거듭난 것은⋯썩지 아니할 씨로 된 것이니"(벧전 1:23). 말씀을 통하여 영혼은 설득당하여 그리스도와 언약을 맺고 그의 품에 안깁니다. 왜냐하면 성령께서는 말씀을 통해 하나님의 택함 받은 자들과 교통하시기 때문입니다. 이처럼 말씀은 죄인들을 하나님의 집으로 인도하고 어두움의 권세로부터 그의 사랑의 아들의 나라로 인도하는 데 유용합니다.

3. 이 책은 소경의 빛입니다. "여호와의 계명은 순결하여 눈을 밝게 하시도다"(시 19:8). 그것은 확신을 주는 빛입니다. 그리하여 한 사람의 상태를 스스로 발견하게 하여 그 영혼으로 그 자연적 안전한 자리에서 일어나게 만듭니다. 그 말씀은 화살처럼 마음을 꿰뚫어 제멋대로 사는 죄인으로 하여금 일어나서 자신의 길을 돌아보게 합니다. 왜냐하면 그 말씀은 각 사람에게 목소리를 높여 잘못을 외치기

45　고전 2:14 육에 속한 사람은 하나님의 성령의 일들을 받지 아니하나니 이는 그것들이 그에게는 어리석게 보임이요, 또 그는 그것들을 알 수도 없나니 그러한 일은 영적으로 분별되기 때문이라

46　시 119:18 내 눈을 열어서 주의 율법에서 놀라운 것을 보게 하소서

때문입니다. 야고보서 1장 25절을 보십시오.[47] 또한 하나님의 자녀가 어두운 세상을 지날 때 그를 위해 길을 비추는 일을 합니다. "어두운 데를 비추는 등불과 같으니"(벧후 1:19). 그래서 그의 걸음을 인도하여 어디를 밟아야 할지 알려 줍니다. "주의 말씀은 내 발에 등이요 내 길에 빛이니이다"(시 119:105).

4. 이 책은 잠자는 자들을 깨우는 책입니다. 졸음에 떨어진 신자를 은혜에 이르도록 깨우는 것은 위엄으로 충만하신 하나님의 음성입니다. 그 음성은 마음속에 은혜를 품게 하는 수단이 되듯이, 마음을 깨워 활기차게 하는 수단이 되기도 합니다. "주의 말씀이 나를 살리셨기 때문이니이다"(시 119:50). 신자가 일어나 일하게 하는 경보음을 들을 수 있는 곳이 이곳입니다. 신자들을 사랑의 끈으로 묶어 끌어주는 값진 약속들과 게으른 자들로 일하기에 적합하도록 하는 엄위한 두려움이 있는 곳도 바로 이곳입니다.

5. 이 책은 그리스도의 군사를 위한 검입니다. 에베소서는 "성령의 검 곧 하나님의 말씀"(엡 6:17)이라고 말합니다. 마음이 하늘로 향하는 사람은 누구나 자신의 길이 하늘을 향하는 것을 반대하는 것과 싸워야 합니다. 왜냐하면 면류관은 오직 승리자만이 얻을 수 있기 때문입니다. 요한계시록 3장 21절을 보십시오.[48] 그들은 반드시 마귀와 세상과 육신에서 나오는 시험들을 통과해야 합니다. 또한 말씀은 그 모든 것들과 맞서게 하는 검입니다. 그것은 방어용이자 공

---

47 야 1:25 자유롭게 하는 온전한 율법을 들여다보고 있는 자는 듣고 잊어버리는 자가 아니요 실천하는 자니 이 사람은 그 행하는 일에 복을 받으리라

48 계 3:21 이기는 그에게는 내가 내 보좌에 함께 앉게 하여 주기를 내가 이기고 아버지 보좌에 함께 앉은 것과 같이 하리라

격용 무기입니다. 우리는 주님께서 그것을 어떻게 휘두르셨는지 압니다. "기록되었으되 사람이 떡으로만 살 것이 아니요 하나님의 입으로부터 나오는 모든 말씀으로 살 것이라 하였느니라"(마 4:4). "기록되었으되 주 너의 하나님을 시험하지 말라 하였느니라"(마 4:7). 어떤 시험을 만나든 우리가 말씀에 능통한 사람이 된다면 그 모든 시험에 대답할 말을 얻을 수 있을 것입니다.

6. 이 책은 여러 곤경과 의심, 고난을 만난 사람들의 상담자입니다. "주의 증거들은…나의 충고자니이다"(시 119:24). 하나님의 자녀들은 의심과 두려움에 사로잡힐 때 성경에서 자주 조용한 항구를 발견하곤 했습니다. 그들이 어찌해야 할 바를 모를 때 성경에서 가야할 길을 뚜렷이 보게 되었습니다. 의심의 여지없이 우리가 더욱 경건에 이르기를 연습하고 곤경 속에서도 주님 바라보기를 훈련한다면, 성경을 하늘에서 온 신탁으로서 더욱 유용하게 사용할 것입니다.

7. 이 책은 넘어진 자들의 위로입니다. "주의 종에게 하신 말씀을 기억하소서 주께서 내게 소망을 가지게 하셨나이다 이 말씀은 나의 고난 중의 위로라 주의 말씀이 나를 살리셨기 때문이니이다"(시 119:49-50). 하늘로 가는 길은 많은 시련 사이로 나 있으며 고난은 영광으로 가는 좁은 길입니다. 그러나 주님은 자기 백성들에게 성경을 남겨두셨습니다. 안팎으로부터 오는 모든 압박들 아래서 그들을 강하게 해주는 강심제가 되게 하신 것입니다. 실로 말씀의 수액과 약속들의 달콤함은 하나님의 백성들이 고난 속에서 연단 받을 때 가장 강한 풍미를 나타냅니다. 가장 풍성히 넘쳐흐르는 하늘의 샘이 만들어 낸 강물이 메마를 때 신자의 영혼은 그것을 얻기 위해 주께로 나

아갑니다.

8. 이 모든 것을 한 마디로 정리하자면, 이 책은 영혼의 모든 질병을 고치는 치료제입니다. "내 말은…온 육체의 건강이 됨이니라"(잠 4:22). 한 영혼이 걸린 어떤 질병일지라도, 말씀 안에 적절한 치료책이 있습니다(딤후 3:16-17). 그것은 불쌍한 죄인을 위한 무한한 지혜가 이루어내는 결과입니다. 그 말씀으로 인하여 무지한 자는 지혜로워지고 약한 자는 강해지며 흔들리는 자가 굳건해지고 완고한 마음은 녹아지고 닫힌 마음은 열리게 됩니다. 말씀은 성령께서 이러한 사람들과 그와 같은 모든 목적을 위해 사용하시는 수단이 됩니다.

동기 8. 성경에 주어지는 명예로운 별명들을 생각해보십시오. 그것 중에 저는 세 가지 이름만 말씀드리겠습니다.

1. 다니엘 10장 21절[49]은 성경을 진리의 글이라고 부릅니다. 사람들은 자신들의 잘못을 그럴듯하게 꾸미려고 성경을 왜곡합니다. 그러나 하나님의 모든 말씀은 가장 순결한 진리입니다. 말씀에는 모든 인간 저작물에 있는 실수나 오류가 전혀 없습니다. 말씀에서 우리에게 주는 모든 가르침을 주저함 없이 받아들일 수 있습니다. 사람들의 작품을 읽거나 듣는 사람들은 다음 네 종류로 나누어집니다. 어떤 사람들은 스펀지와 같아서, 선한 것이든 악한 것이든 모두 빨아들입니다. 또 어떤 사람들은 모래와 같아서, 한쪽 귀로는 듣지만 다른 귀로는 흘려버립니다. 또 다른 사람은 여과기와 같아서, 모든 좋

---

49 단 10:21 오직 내가 먼저 진리의 글에 기록된 것으로 네게 보이리라 나를 도와서 그들을 대항할 자는 너희의 군주 미가엘뿐이니라

은 것은 흘려보내고 찌꺼기만 남깁니다. 끝으로 어떤 사람은 체와 같아서, 알곡은 남겨두고 쭉정이는 버립니다. 세상 작품을 읽을 때는 이 마지막 사람들만이 인정을 받습니다. 그러나 성경을 읽는 일에 있어서 우리는 첫 번째 종류의 사람이 되어야만 합니다.

2. 디모데후서 3장 15절[50]은 성경을 거룩한 책(Holy Scripture)이라고 부릅니다. 그것은 거룩하신 하나님의 말씀입니다. 그분에게서는 거룩한 것 외에 다른 것이 나올 수 없습니다. 그 말씀은 거룩한 명령, 거룩한 약속, 거룩한 경고, 교훈, 가르침 등으로 이루어집니다. 거룩한 마음은 바로 이러한 이유 때문에 말씀을 사랑하고 공경합니다.

3. 성경은 주의 책이라고 불리기도 합니다. 만일 우리가 주님과 연관된 자들이라면 이 이름만큼 우리가 칭송할 만한 것이 또 있겠습니까? 만일 하늘에서 떨어진 책 한 권을 소개할 수 있다면, 그런 책을 소유하고 연구하는 것을 누가 이상하게 여기겠습니까? 이 성경은 하늘의 계획을 담고 있는 책입니다. 그것은 하늘로부터 교회에 주어진 책이며 그리로 가는 길을 사람들에게 알게 하기 위해 주어진 책입니다.

동기 9. 말씀을 등한시여기는 일의 위험을 생각해보십시오. 그것은 죄에 자신을 내어주는 것이며, 결과적으로 가장 큰 위험에 자신을 노출시키는 일입니다. 성경을 친숙하게 연구하지 않는 사람들이 어떻게 주님의 길을 따를 수 있겠습니까? 빛을 사용하지 않는 사람

---

50 딤후 3:15 또 어려서부터 성경(Holy Scripture)을 알았나니 성경은 능히 너로 하여금 그리스도 예수 안에 있는 믿음으로 말미암아 구원에 이르는 지혜가 있게 하느니라

들은 어둠 속을 걸을 수밖에 없습니다. 그러한 삶은 우리를 영원한 어두움으로 인도합니다. 요한복음 3장 19절을 읽으십시오.[51] 이 말씀으로 말미암아 우리가 반드시 심판받는다면, 그것을 무시하는 사람들이 설 수 있겠습니까?

성경을 읽고 연구하는 데 도움이 되는 유익한 방법

1. 성경을 정기적으로 계속 읽으십시오. 그래서 성경 전체적인 내용에 친숙해지도록 하고 그것을 자신의 은밀한 의무들 중 한 부분을 차지하게 하십시오. 평범한 내용에만 머물러서는 안 됩니다. 선택적으로 읽지 않도록 해야 합니다. 성경 통독이 경건생활에 가장 도움을 줍니다. 통독을 하는 사람에게 성경의 어떤 부분은 어렵고 어떤 부분은 아주 익숙하지 않은 내용일 수 있습니다. 하지만 그 모든 내용을 하나님의 말씀으로 바라보고 소홀히 여기지 않으며 믿음과 경외감으로 읽는다면 분명히 유익을 얻게 될 것입니다.

2. 읽는 성경 구절에 다양한 방식으로 표시를 하십시오. 자신의 상황이나 조건, 시험 거리 등에 가장 잘 들어맞는 구절들이나 다른 구절들보다 특별히 감동을 주는 구절들에 말입니다. 이런 방식은 나중에 다시 그 내용을 살필 때 종종 유익을 줄 것입니다.

3. 어느 한 구절을 다른 구절과 비교하십시오. 뜻이 모호해 보이는 구절들과 뜻이 보다 명확한 구절들을 비교하는 것입니다. 베드로

---

51 요 3:19 그 정죄는 이것이니 곧 빛이 세상에 왔으되 사람들이 자기 행위가 악하므로 빛보다 어둠을 더 사랑한 것이니라

후서 1장 20절을 보십시오.[52] 이런 방식은 성경의 의미를 발견하는 탁월한 방식입니다. 효과적인 활용을 위해 성경의 빈 공간에 메모를 하십시오. 여러분의 눈을 그리스도께 고정시키십시오. 왜냐하면 신약 성경뿐 아니라 구약 성경(그 안에 있는 족보들, 예표들, 희생 제사들)의 구절들 역시 그분을 향하고 있기 때문입니다.

4. 거룩한 집중력을 가지고 읽으십시오. 그런 마음은 하나님의 위엄과 그분께 드려야 마땅한 경외심을 생각할 때 일어납니다. 이런 자세는 가장 먼저 말씀 자체에 집중할 때 가져야 하고, 둘째로 그것을 해석할 때, 셋째는 성경의 권위에 주의를 기울일 때 가져야만 합니다. 이러한 결합은 순종을 위한 양심 위에 나타납니다. "이러므로 우리가 하나님께 끊임없이 감사함은 너희가 우리에게 들은 바 하나님의 말씀을 받을 때에 사람의 말로 받지 아니하고 하나님의 말씀으로 받음이니 진실로 그러하도다 이 말씀이 또한 너희 믿는 자 가운데에서 역사하느니라"(살전 2:13).

5. 성경 읽기의 주 목적이 단순히 지식을 쌓는 것이 아니라 실천하는 것이 되게 하십시오. "너희는 말씀을 행하는 자가 되고 듣기만 하여 자신을 속이는 자가 되지 말라"(약 1:22). 배우고 행하기 위해 읽으십시오. 어떤 제한이나 구별 없이, 하나님께서 요구하시는 것이라면 무엇이든지 실천하기 위해 연구하십시오.

6. 성령을 위하여 하나님께 간구하고 그를 바라보십시오. 왜냐하면 그 말씀을 저술하신 분이 성령이시며 그분을 통해서만 구원에 이

---

52 벧후 1:20 먼저 알 것은 성경의 모든 예언은 사사로이 풀 것이 아니니

르는 깨달음을 얻을 수 있기 때문입니다. "사람의 일을 사람의 속에 있는 영 외에 누가 알리요 이와 같이 하나님의 일도 하나님의 영 외에는 아무도 알지 못하느니라"(고전 2:11). 그러므로 성경을 읽기 전에 자신이 읽는 내용에 대해 하나님께 복 주시기를 구하는 것이 매우 합당합니다.

7. 세속적이고 육신적인 생각을 조심하셔야 합니다. 왜냐하면 육신적인 죄는 하나님의 일들에 대하여 우리 생각을 눈멀게 하고, 세상적인 마음은 그것들을 사랑할 수 없기 때문입니다. 지구가 태양과 달 사이에 위치하여 태양 빛을 가릴 때, 달에도 그 빛이 가려집니다. 우리 마음도 그러합니다. 세상이 여러분과 말씀의 빛 사이에 들어오면 하나님의 빛이 여러분에게 비추이지 못하게 됩니다.

8. 경건에 이르도록 자신을 연단하고 살피십시오.[53] 왜냐하면 경건의 훈련은 성경을 이해하는 데 큰 도움을 주기 때문입니다. 그런 신자는 말씀 안에서 자신의 모습을 발견하게 될 것입니다. 말씀은 그의 삶에 빛을 비출 것이고 그의 삶은 말씀을 이해하는 빛이 될 것입니다.

9. 말씀을 통해서 배우는 것은 무엇이든지 실천하려고 애쓰십시오. 왜냐하면 가진 자는 더 가지게 될 것이기 때문입니다. 자신이 아는 것을 실천하려는 양심이 조금도 없는 사람들이 성경에 대한 깨달음을 거의 얻지 못하는 것은 조금도 이상한 일이 아닙니다. 하지만 물줄기가 거룩한 삶으로 흘러들어갈 때, 그 샘은 더욱 자유롭게 흐를 것입니다.

---

53 역자 주: 딤전 4:7 망령되고 허탄한 신화를 버리고 경건에 이르도록 네 자신을 연단하라

제2장 : 기도

그리스도의 이름으로 기도한다는 말에 대한 설명

1. 먼저 그리스도의 이름으로 기도한다는 것에 대한 소극적인 설명은, 기도할 때 그분의 이름을 믿음 없이 그저 언급하는 것을 의미하지 않는다는 것입니다. 또 기도를 마칠 때 쓰는 표현도 아닙니다. 마태복음 7장 21절이 말하듯이 말입니다.[1] 성도들은 "우리 주 예수 그리스도로 말미암아"(고전 15:57)라는 말씀을 사용합니다. 하지만 너무나 자주 그 이름은 성령의 검이 들어 있지 않은 칼집처럼 사용됩니다. 그 이름이 언급되기는 하지만 믿음은 행사되지 않는 경우입니다.

2. 그리스도의 이름으로 기도한다는 것에 대한 적극적인 설명은 다음과 같습니다.

첫째로, 요한복음 16장에 나타난 주님의 명령을 따라 하나님께

---

1 마 7:21 나더러 주여 주여 하는 자마다 다 천국에 들어갈 것이 아니요 다만 하늘에 계신 내 아버지의 뜻대로 행하는 자라야 들어가리라

로 나아가는 것을 뜻합니다. 거기에서 주님은 "지금까지는 너희가 내 이름으로 아무것도 구하지 아니하였으나 구하라 그리하면 받으리니"(요 16:24)라고 명령하십니다. 하나님이신 그리스도께서는 모든 인생에게 기도할 것을 명령하시되, 하나님께 대한 태생적 의무의 한 부분으로 드릴 것을 명하십니다. 하지만 요한복음의 명령은 그것을 의미하지 않습니다. 그것은 그리스도께서 중보자로서 자기 백성들을 아버지께 보내어 그들의 필요를 공급해 주실 것을 구하게 하시며, 또한 그들을 보낸 것이 그리스도 자신이라고 말씀드리는 것을 허락하신다는 뜻입니다. 마치 어떤 사람이 한 가난한 사람을 자기 친구에게 추천하는 일처럼 말입니다. 앞에서 인용한 요한복음 16장 24절이 보여주는 것이 바로 그것입니다. 따라서 그리스도의 이름으로 기도한다는 것은 그 가난한 사람이 친구의 보냄을 받은 자로서 하나님께 가는 것을 뜻합니다. 그러므로 그것은 다음과 같은 사실들을 내포합니다.

(1) 영혼들은 무엇보다 먼저 그리스도께 나아간 상태여야 합니다. "너희가 내 안에 거하고 내 말이 너희 안에 거하면 무엇이든지 원하는 대로 구하라 그리하면 이루리라"(요 15:7). 바르게 기도하고자 하는 사람은 왕의 침소를 맡은 그리스도를 먼저 자신의 친구로 삼아야만 합니다. 그 후 자신의 소원을 왕께 아뢰어야 합니다. 사도행전 12장 20절을 보십시오.[2]

---

2 행 12:20 헤롯이 두로와 시돈 사람들을 대단히 노여워하니 그들의 지방이 왕국에서 나는 양식을 먹는 까닭에 한마음으로 그에게 나아와 왕의 침소 맡은 신하 블라스도를 설득하여 화목하기를 청한지라

(2) 그 영혼이 예수 그리스도로부터 기도할 수 있는 용기를 얻는다는 것입니다. "그러므로 우리에게 큰 대제사장이 계시니 승천하신 이 곧 하나님의 아들 예수시라 우리가 믿는 도리를 굳게 잡을지어다 우리에게 있는 대제사장은 우리의 연약함을 동정하지 못하실 이가 아니요 모든 일에 우리와 똑같이 시험을 받으신 이로되 죄는 없으시니라 그러므로 우리는 긍휼하심을 받고 때를 따라 돕는 은혜를 얻기 위하여 은혜의 보좌 앞에 담대히 나아갈 것이니라"(히 4:14-16). 하늘 보좌로 가는 길은 우리의 죄로 막혀 있습니다. 또한 죄인들은 주를 알현할 만한 신뢰를 전혀 가지고 있지 않습니다. 예수 그리스도께서 하늘에서 내려와 죄인들을 위해 죽으셨습니다. 이것은 그들에게 효과적인 부르심[3]이 되어 예수 그리스도께로 오게 하셨습니다. 아버지에 대한 충성심으로 가득하신 그분은 자기 사람들을 자신의 이름으로 아버지께 나아가라고 재촉하십니다. 자신들이 환영받을 것이라는 확신을 가지고 필요한 것을 요청하라고 명하십니다. 바로 거기에서 그들은 용기를 얻습니다. 즉, 말씀 안에 담긴 약속으로부터 말입니다. 그리스도는 그들에게 자신의 보증서를 주십니다. 그것은 아버지께서 인정하실 보증서이며 예수님 자신의 영을 뜻합니다. "이와 같이 성령도 우리의 연약함을 도우시나니 우리는 마땅히 기도할 바를 알지 못하나 오직 성령이 말할 수 없는 탄식으로 우리를 위하여 친히 간구하시느니라 마음을 살피시는 이가 성령의 생각을 아시나

---

3 역자 주: 죄인에 대한 하나님의 부르심은 일반적인 부르심과 유효한, 즉 효과적인 부르심으로 나뉜다. 전자가 하나님의 말씀을 들을 수 있는 일반적인 기회를 주시는 것을 의미한다면, 후자는 그 말씀을 들을 때 성령의 역사로 예수님에 대한 믿음을 가지게 되는 것을 의미한다.

니 이는 성령이 하나님의 뜻대로 성도를 위하여 간구하심이니라"(롬 8:26-27).

둘째로, 그리스도의 이름으로 기도한다는 것은 우리의 기도가 예수 그리스도를 통하여 하나님께 직행하는 것을 의미합니다. "그러므로 자기를 힘입어 하나님께 나아가는 자들을 온전히 구원하실 수 있으니 이는 그가 항상 살아 계셔서 그들을 위하여 간구하심이라"(히 7:25). "그러므로 우리는 예수로 말미암아 항상 찬송의 제사를 하나님께 드리자 이는 그 이름을 증언하는 입술의 열매니라"(히 13:15). 그것은 우리가 하나님께 나아가며 환영받고 은혜로운 응답을 얻기 위해 전적으로 그리스도의 공로와 중보하심만을 의지하는 것입니다.

(1) 그것은 하나님께 나아감에 있어서 그리스도를 의지하는 것입니다. "우리가 그 안에서 그를 믿음으로 말미암아 담대함과 확신을 가지고 하나님께 나아감을 얻느니라"(엡 3:12). 그를 통하지 않고는 누구도 하나님께 나아갈 수 없습니다. "나로 말미암지 않고는 아버지께로 올 자가 없느니라"(요 14:6). 다른 방식으로 하나님께 나아가는 자들은 문전박대를 당할 것입니다. 그러므로 우리는 반드시 중보자를 굳게 의지해야 합니다. 그의 등 뒤를 따라 들어가야 합니다. 그분은 하늘 성소에 계시는 분이십니다.

(2) 그것은 우리의 기도가 받아들여지는 일에 있어서 그리스도를 의지하는 것입니다. 에베소서 1장 6절은 말합니다. "그가 사랑하시는 자 안에서 우리에게 거저 주시는 바"(엡 1:6)[4] 우리 주 그리스도는

---

4 역자 주: 흠정역(KJV)은 이 부분을 "he hath made us accepted in the beloved…"(그의 사랑하시는 자 안에서 우리가 받아들여지게 하신…)으로 번역하고 있다.

우리의 예물을 거룩하게 만드시는 유일한 제단이십니다. 만일 어떤 사람이 자신의 능력이나 위대함, 간절함 등을 자기 기도가 받아들여지는 근거로 삼는다면 그 기도는 열납되지 못할 것입니다. 십자가에 못 박히신 그리스도만이 우리 인격이나 삶의 무게를 감당할 수 있으십니다.

(3) 그것은 은혜의 응답을 얻는 일에 있어서 그리스도를 의지하는 것입니다. "그를 향하여 우리가 가진 바 담대함이 이것이니 그의 뜻대로 무엇을 구하면 들으심이라"(요일 5:14). 그 어떤 기도도 중보자가 없이 들으심이나 응답을 얻지 못합니다. 오직 중보자를 인하여 응답될 뿐입니다. 이러한 의존 안에서 하나님 뜻에 합당한 모든 간구들이 하나님께 올려지고 들으심을 얻습니다.

우리는 왜 그리스도의 이름으로만 기도해야 합니까? 그 이유는 다음과 같이 설명할 수 있습니다.

1. 중보자 없이는 죄 있는 피조물이 하나님께 가까이할 수 없기 때문입니다. "오직 너희 죄악이 너희와 너희 하나님 사이를 갈라놓았고 너희 죄가 그의 얼굴을 가리어서 너희에게서 듣지 않으시게 함이니라"(사 59:2). "예수께서 이르시되 내가 곧 길이요 진리요 생명이니 나로 말미암지 않고는 아버지께로 올 자가 없느니라"(요 14:6). 죄는 우리를 하나님으로부터 멀리 떨어뜨려 놓고, 그분께로 나아가는 문을 잠가버렸습니다. 그 문을 여는 일은 우리 능력을 넘어서는 일이며, 어떤 피조물도 할 수 없는 일입니다. 하나님의 공의는 죄수들에게 빗장을 걸었고, 하나님의 거룩은 모든 부정한 피조물들의 길을

막았습니다. 그분과 우리 사이에 나설 수 있는 합당한 자를 찾을 수 없는 상태입니다. 우리 하나님은 소멸시키는 불이십니다.[5] 따라서 죄인이 홀로 그분께 나아갈 수는 없습니다.

2. 그 일을 위해 임명되거나 그 일에 적합한 사람은 없습니다. 오직 그리스도뿐입니다. 디모데전서 2장 5절이 그것을 말합니다.[6] 우리의 큰(great) 대제사장은 그분 한 분입니다. 오직 그분만이 우리 죄를 위해 공의를 만족시키셨습니다. 그분만이 구속의 중재자이시기에 오직 그분만이 우리 기도가 하나님께 받아들여지게 하는 중보를 위한 중재자가 되십니다. "만일 누가 죄를 범하여도 아버지 앞에서 우리에게 대언자가 있으니 곧 의로우신 예수 그리스도시라"(요일 2:1). 오직 그의 공로가 지닌 달콤한 향기만이 우리의 기도를 열납되게 할 수 있습니다. 우리의 기도 자체에 어떤 향기로움이 없음에도 말입니다. 요한계시록 3장 3-4절을 보십시오.[7]

신자가 하나님께 열납되도록 기도한다는 말의 의미

하나님께 열납되는 기도는 성령의 도우심으로 말미암아 가능합니다. "너희가 아들이므로 하나님이 그 아들의 영을 우리 마음 가운

---

5 히 12:29 우리 하나님은 소멸하는 불이심이라

6 딤전 2:5 하나님은 한 분이시요 또 하나님과 사람 사이에 중보자도 한 분이시니 곧 사람이신 그리스도 예수라

7 계 8:3-4 또 다른 천사가 와서 제단 곁에 서서 금 향로를 가지고 많은 향을 받았으니 이는 모든 성도의 기도와 합하여 보좌 앞 금 제단에 드리고자 함이라 향연이 성도의 기도와 함께 천사의 손으로부터 하나님 앞으로 올라가는지라
역자 주: 원문에는 요한계시록 3장 3-4절로 언급되어 있으나 문맥상 8장 3-4절이 적절해 보인다.

데 보내사 아빠 아버지라 부르게 하셨느니라"(갈 4:6). "이와 같이 성령도 우리의 연약함을 도우시나니 우리는 마땅히 기도할 바를 알지 못하나 오직 성령이 말할 수 없는 탄식으로 우리를 위하여 친히 간구하시느니라"(롬 8:26). 기도에는 두 종류가 있습니다. 먼저 지식과 웅변의 재능을 힘입어 드리는 기도입니다. 이런 재능은 여러 부도덕한 사람들에게도 주어지는 것입니다. 다른 사람들에게 유익을 줄 수 있으며 교회에도 유익을 주기도 하는 재능입니다. 하지만 오직 그러한 특징을 나타내는 것만으로는 하나님께 열납되지 않습니다. 그리스도께서 아버지께서 받아주시도록 올려드리지도 않습니다. 두 번째 종류의 기도는 성령의 도우심을 힘입어 드리는 기도입니다. "내가 다윗의 집과 예루살렘 주민에게 은총과 간구하는 심령을 부어 주리니"(슥 12:10). 바로 이것만이 하나님께 열납되는 기도입니다. "너희 죄를 서로 고백하며 병이 낫기를 위하여 서로 기도하라 의인의 간구(fervent prayer)는 역사하는(effectual) 힘이 큼이니라"(약 5:16). '역사하는'으로 번역된 헬라어는 '잘 섞인(inwrought)'의 뜻을 지닙니다. [8] 올바른 기도는 성령 안에서 드리는 기도입니다. 그것은 하늘에서 불어오는 강한 바람입니다. 성도들 안에 계시는 성령의 호흡입니다. 그 바람은 기도 속에서 그들을 끌어내어 보좌에까지 이르게 합니다. 이처럼 성령께서는 기도를 도우십니다.

1. 그분은 가르치시고 깨우치시는 성령이십니다. 무엇을 기도해야 할지 알게 하시고 적합한 태도로 기도하게 하십니다. 앞에서 인

---

8 역자 주: 흠정역(KJV)은 "The effectual fervent prayer of a righteous man avail much"(의인의 효과적인 뜨거운 기도는 역사하는 힘이 크다)라고 번역하고 있다.

용한 로마서 8장 26절을 보십시오.[9] 우리의 필요와 다른 사람의 필요를 알도록 생각을 일깨우십니다. 그러한 일들이 기억나도록 도우십니다. 하나님의 약속들과 더불어 그 말씀에 합당하게 기도하도록 이끄십니다. 우리의 기도는 그 약속들에 근거해 있습니다. "보혜사 곧 아버지께서 내 이름으로 보내실 성령 그가 너희에게 모든 것을 가르치고 내가 너희에게 말한 모든 것을 생각나게 하리라"(요 14:26). 그러므로 성도들은 때때로 자신들이 예전에 한 번도 생각하지 못했던 일들이나 과거에 생각했던 일들을 위해 기도하도록 이끌림을 받습니다.

2. 그분은 각성하게 하시고 뜨겁게 하시는 성령이십니다. 로마서 8장 26절을 다시 보십시오. 성령께서는 영혼으로 기도의 은혜와 감정을 품도록 도우십니다. 그것들은 기도하는 사람 안에서 절박한, 믿음, 열정, 겸비함 등의 마음을 일으킵니다. "그들의 마음을 준비하시며"(시 10:17). 그 사람은 전혀 준비되지 못한 마음 상태로 기도를 위해 무릎 꿇을 수 있습니다. 하지만 성령의 바람이 불어오십니다. 그는 도우심을 입습니다. 바로 이것이 성령께서 우리를 위해 기도하는 분이라고 말하는 이유입니다. 즉 그분은 우리에게 기도를 가르치시고 일깨우시며 기도하기에 합당한 마음을 품게 하십니다. 우리의 간구를 중보자가 계시는 곳으로 이끌어주십니다.

성령의 도우심을 받는 이러한 기도는 성도들에게 특별한 경험입

---

9 롬 8:26 이와 같이 성령도 우리의 연약함을 도우시나니 우리는 마땅히 기도할 바를 알지 못하나 오직 성령이 말할 수 없는 탄식으로 우리를 위하여 친히 간구하시느니라

니다. 야고보서 5장 16절[10]이 그것을 말합니다. 하지만 항상 그러한 도우심을 받는 것은 아닙니다. 언제나 같은 수준의 도움을 받는 것도 아닙니다. 왜냐하면 때때로 성령께서 분노하시고 떠나시기 때문입니다.[11] 그때 신자들은 메마른 상태에 떨어지게 됩니다. 따라서 우리가 기도의 의무로 나아갈 때 가장 절박하게 필요한 일은, 성령의 호흡을 바라고 사모하는 것입니다. 왜냐하면 그 바람이 불어주지 않는 한 괴로이 노를 저어도 앞으로 나아가지 않을 것이기 때문입니다.

기도에 있어서 표현의 화려함과 유창함이 성령의 도우심의 효력이라고 착각해서는 안 됩니다. 왜냐하면 그것은 성령의 일반적인 사역과 재능의 산물이며, 기도를 실천하는 데 있어 장애물을 제거하는 역할을 할 뿐이기 때문입니다. 어떤 사람은 말을 거의 하지 않을 수 있습니다. 그 대신 신음할 수 있습니다. 하지만 성령께서 그가 기도하도록 도우십니다. 그것이 로마서 8장 26절이 말하는 바입니다. 감정의 홍수가 없는 기도일지라도, 그것이 기도의 영의 결과일 수 있습니다. 기도하는 자를 스스로 우쭐하게 만들며, 그를 조금도 거룩하고 겸손히 행하지 못하게 하는 기도도 있습니다. 하지만 성령의 영향력은 언제나 겸손과 거룩을 불러일으킵니다. 그래서 다윗은 역대상 29장에서 이렇게 말합니다. "나와 내 백성이 무엇이기에 이처럼 즐거운 마음으로 드릴 힘이 있었나이까 모든 것이 주께로 말미암았사오니 우리가 주의 손에서 받은 것으로 주께 드렸을 뿐이니이

---

10 야 5:16 그러므로 너희 죄를 서로 고백하며 병이 낫기를 위하여 서로 기도하라 의인의 간구는 역사하는 힘이 큼이니라

11 역자 주: 존재 자체를 신자들에게서 떠나게 하신다는 뜻이 아니라, 그분의 임재의 감화력을 거두신다는 뜻이다.

다"(대상 29:14). 사도 역시 빌립보서에서 "육체를 신뢰하지 아니하는 우리"(빌 3:3)라고 고백합니다.

우리가 기도해야 할 대상

우리는 죽은 자들을 위해 기도하지 않습니다. 다윗은 자기 아들이 죽었을 때 기도하기를 멈추었습니다. 사무엘하 12장 21-23절을 보십시오.[12] 그것은 헛되고 소용없는 일입니다. 왜냐하면 나무가 쓰러지면 반드시 죽기 때문입니다. 우리는 이 문제에 대한 가르침이나 약속을 가지고 있지 않습니다. 그러한 가르침은 연옥에 대한 거짓 가르침에서 생겨난 것입니다. 죽은 자들은 돌이킬 수 없는 상태에 있습니다. "한번 죽는 것은 사람에게 정하신 것이요 그 후에는 심판이 있으리니"(히 9:27).

성령을 거스르는 죄를 범한 사람들을 위해서도 기도하지 않습니다. 요한일서 5장 16절을 보십시오.[13] 왜냐하면 하나님께서는 그 죄가 용서받을 수 없는 죄라고 말씀하셨기 때문입니다. 이 죄는 매우 드뭅니다. 따라서 이 문제를 판단하는 데 있어서 성급하지 않도록 조심해야 합니다.

---

12 삼하 12:21-23 그의 신하들이 그에게 이르되 아이가 살았을 때에는 그를 위하여 금식하고 우시더니 죽은 후에는 일어나서 잡수시니 이 일이 어찌 됨이니이까 하니 이르되 아이가 살았을 때에 내가 금식하고 운 것은 혹시 여호와께서 나를 불쌍히 여기사 아이를 살려 주실는지 누가 알까 생각함이거니와 지금은 죽었으니 내가 어찌 금식하랴 내가 다시 돌아오게 할 수 있느냐 나는 그에게로 가려니와 그는 내게로 돌아오지 아니하리라 하니

13 요일 5:16 누구든지 형제가 사망에 이르지 아니하는 죄 범하는 것을 보거든 구하라 그리하면 사망에 이르지 아니하는 범죄자들을 위하여 그에게 생명을 주시리라 사망에 이르는 죄가 있으니 이에 관하여 나는 구하라 하지 않노라

1. 일반적으로 우리는 모든 사람을 위해 기도해야 합니다. "그러므로 내가 첫째로 권하노니 모든 사람을 위하여 간구와 기도와 도고와 감사를 하되 임금들과 높은 지위에 있는 모든 사람을 위하여 하라 이는 우리가 모든 경건과 단정함으로 고요하고 평안한 생활을 하려 함이라"(딤전 2:1-2). 기독교인들, 유대인들, 이슬람교도들, 이방인들, 높은 사람들이나 천한 사람들 그 누구를 위해서든 기도해야 합니다. 그들은 하나님의 은혜와 사랑을 받을 수 있습니다. 우리는 그들이 그러한 축복 얻기를 사모해야 합니다. 하지만 어떤 부류의 사람들을 위해서는 기도해서는 안 됩니다. 요한일서에서 다음과 같이 말합니다. "사망에 이르는 죄가 있으니 이에 관하여 나는 구하라 하지 않노라"(요일 5:16). 하나님께서 모든 인류를 향해 긍휼을 품고 그들 모두를 구원하시기를 구하는 기도는 보증할 수 없는 기도입니다. 도리어 성경에는 그 반대의 내용이 계시되어 있습니다. 그렇습니다. 우리는 살아가는 모든 사람들을 위해서도 기도해야 합니다. 우리 주님께서 그렇게 하신 것처럼 말입니다. "내가 비옵는 것은 이 사람들만 위함이 아니요 또 그들의 말로 말미암아 나를 믿는 사람들도 위함이니"(요 17:20).

2. 우리는 자신만을 위해 기도해서도 안 됩니다. 창세기 32장 11절[14]에서 야곱이 자기 형 에서의 손에서 구원해주시기를 기도한 것처럼 말입니다.

⑴ 특별히 이 땅의 모든 그리스도의 교회를 위해 기도해야 합니

---

14 창 32:11 내가 주께 간구하오니 내 형의 손에서, 에서의 손에서 나를 건져내시옵소서 내가 그를 두려워함은 그가 와서 나와 내 처자들을 칠까 겁이 나기 때문이니이다

다. 성경은 "깨어 구하기를 항상 힘쓰며 여러 성도를 위하여 구하고"(엡 6:18)라고 말합니다. 하나님께서 자기 은혜를 제한하시지 않은 사람들 그 누구에게도 기도의 교제를 제한하지 않도록 주의해야 합니다. 그 신비한 몸[15]에 속한 모든 구성원들은 반드시 우리 기도에 포함되어야 합니다. 왜냐하면 그들과 우리는 사소한 것에서 다른 점이 있다 하더라도, 우리처럼 그들도 그리스도의 형제들이기 때문입니다. 우리 주님의 동일한 몸에 속한 지체들 사이의 사랑이 이러한 태도를 요청합니다. 그러한 감동이 없는 것은 마음 아픈 징표입니다. "요셉의 환난에 대하여는 근심하지 아니하는 자로다"(암 6:6).

(2) 나라의 지도자들을 위해 기도해야 합니다. "임금들과 높은 지위에 있는 모든 사람을 위하여 하라"(딤전 2:2). 나라 지도자들이 기독교인인 것은 그리스도께서 승천하시고 약 300년이 지난 후였습니다.[16] 지도자들이 기독교인이 아니었음에도 불구하고 사도는 그들을 위해 기도할 것을 요청합니다. 나라와 공공의 고요하고 평안한 생활이 지도자들의 통치에 상당 부분 의존되어 있기 때문입니다. 신앙에 대해 불성실하고 무관심하더라도 국가 지도자들의 정의와 법적 권위를 헛되게 만들지 못합니다. 또한 그것이 백성으로서 마땅히 나타내야 할 순종의 의무에서 자유롭게 만들지도 못합니다. 그들의 마음은 하나님의 손안에 있습니다. 잠언 21장 1절을 보십시오.[17] 그들의 영향력은 막강합니다. 그들의 활동과 그들의 시험거리들 또한 막강

---

15 역자 주: 그리스도를 믿어 그분과 영적인 신비로운 연합을 이룬 교회를 가리킨다.
16 역자 주: 313년 콘스탄틴 황제가 기독교를 로마 국교로 공인한 일을 가리킨다.
17 잠 21:1 왕의 마음이 여호와의 손에 있음이 마치 봇물과 같아서 그가 임의로 인도하시느니라

합니다. 만일 그들이 악인이라면, 그것은 그들을 위해 하나님께 더 열심히 기도해야 할 이유가 됩니다. 오늘 우리에게 개신교 왕이 있다는 사실로 인해 하나님께 감사합시다. 주께서 얼마나 적절한 시기에 그를 보내주셨으며, 얼마나 많은 것들이 그와 왕실 가족들의 안정에 달려 있는지를 기억하면서 말입니다.

(3) 목회 사역자들을 위해 기도해야 합니다. "또한 우리를 위하여 기도하되 하나님이 전도할 문을 우리에게 열어 주사 그리스도의 비밀을 말하게 하시기를 구하라 내가 이 일 때문에 매임을 당하였노라"(골 4:3). "주의 제사장들은 의를 옷 입고 주의 성도들은 즐거이 외칠지어다"(시 132:9). 하나님의 백성들과 그들의 목회자들은 긴밀한 관계가 있습니다. 사역자들의 손에 중책이 맡겨져 있습니다. 그 일이 잘못되면 그들 자신에게 손해가 될 뿐 아니라 그 백성들에게까지 해가 있을 겁니다. 골로새서 4장 3절이 말하듯이 곤경 속에 있는 사역자는 성도들에게 어떤 유익도 끼칠 수 없는 상태가 될 수 있습니다. 곤경에 처하지 않았다 해도 성도들에게 유익을 주지 못하는 경우도 있습니다. 그래서 사도는 다음과 같이 말합니다. "형제들아 우리를 위하여 기도하라"(살전 5:25). "형제들아 내가 우리 주 예수 그리스도와 성령의 사랑으로 말미암아 너희를 권하노니 너희 기도에 나와 힘을 같이하여 나를 위하여 하나님께 빌어"(롬 15:30).

(4) 함께 신자 된 이들을 위해서도 기도해야 합니다. "서로 기도하라"(약 5:16). 기도로 교통하는 것은 신자들의 우정과 친근함이 낳는 특별한 유익입니다. 기도 중에 서로를 기억해 주는 일은, 은혜의 보좌 앞에서 기억해 주는 일로서, 대단히 큰 위로와 용기를 주는 일입

니다.

(5) 우리가 살고 있는 지역과 모임의 지체된 이들을 위해 기도해야 합니다. 바벨론 포로들은 자기들이 살던 곳을 위해 기도해야 했습니다(렘 29:7).[18] 그렇다면 서로 지체된 교회 식구들을 위해서는 얼마나 더 기도해야겠습니까! 그들과 함께 있는 것이 좋을수록, 여러분에게 더 큰 유익이 있을 것입니다. 그 반대도 사실입니다.

(6) 우리 가족들과 친척들을 위해 기도해야 합니다. 우리 곁에 가까이 사는 사람일수록, 그들을 위해 우리는 은혜의 보좌 앞에 더 나아갈 필요가 있습니다. 욥은 자기 가족들을 위해 희생 제사를 드렸습니다(욥 1:5).[19] 열왕기하 6장 17절[20]에서는 주인이 종을 위해 기도했고, 창세기 24장 12절[21]에서는 종이 주인을 위해 기도했습니다.

(7) 우리는 원수를 위해서도 기도해야만 합니다(마 5:44).[22] 이 일은 인간이 하기 가장 어려운 일입니다. 하지만 우리는 그렇게 하라는 그리스도의 긴급한 명령과 그의 모범(눅 23:34)[23]이 있습니다. 순교자 스데반도 그 모범을 따랐습니다(행 7:60).[24] 아, 그들을 용서하는 일은

---

18 렘 29:7 너희는 내가 사로잡혀 가게 한 그 성읍의 평안을 구하고 그를 위하여 여호와께 기도하라 이는 그 성읍이 평안함으로 너희도 평안할 것임이라

19 욥 1:5 그들이 차례대로 잔치를 끝내면 욥이 그들을 불러다가 성결하게 하되 아침에 일어나서 그들의 명수대로 번제를 드렸으니 이는 욥이 말하기를 혹시 내 아들들이 죄를 범하여 마음으로 하나님을 욕되게 하였을까 함이라 욥의 행위가 항상 이러하였더라

20 왕하 6:17 기도하여 이르되 여호와여 원하건대 그의 눈을 열어서 보게 하옵소서 하니 여호와께서 그 청년의 눈을 여시매 그가 보니 불말과 불병거가 산에 가득하여 엘리사를 둘렀더라

21 창 24:12 그가 이르되 우리 주인 아브라함의 하나님 여호와여 원하건대 오늘 나에게 순조롭게 만나게 하사 내 주인 아브라함에게 은혜를 베푸시옵소서

22 마 5:44 나는 너희에게 이르노니 너희 원수를 사랑하며 너희를 박해하는 자를 위하여 기도하라

23 눅 23:34 이에 예수께서 이르시되 아버지 저들을 사하여 주옵소서 자기들이 하는 것을 알지 못함이니이다 하시더라 그들이 그의 옷을 나눠 제비 뽑을새

24 행 7:60 무릎을 꿇고 크게 불러 이르되 주여 이 죄를 그들에게 돌리지 마옵소서 이 말을 하고

우리가 받을 용서를 위해 필수적인 일입니다. "우리가 우리에게 죄지은 자를 사하여 준 것 같이 우리 죄를 사하여 주옵시고"(마 6:12). 우리를 사랑하는 자들만을 위해 기도하는 일은 대단히 이기적인 일이 될 것입니다. 반대로 우리 원수들을 따뜻한 마음으로 염려하는 일은 우리로 하나님을 닮게 합니다(마 5:45).[25]

우리는 무엇을 위해, 어떻게 기도해야 할까?

우리는 하나님께서 계시하신 뜻과 일치하는 것만을 위해 기도해야 합니다. "그를 향하여 우리가 가진 바 담대함이 이것이니 그의 뜻대로 무엇을 구하면 들으심이라"(요일 5:14). 야고보서 4장 3절[26]이 말하듯이, 우리는 불법적인 욕망이나 우리 욕심이 원하는 것을 따라 간구해서도 안 됩니다. 이러한 것들은 반드시 가증스러운 대상이 되어야 합니다. 거룩하신 하나님께 모욕적인 일들로 여겨져야 합니다. 실로 악한 일은 그것을 거룩하신 하나님께 말씀드림으로서 더욱 악한 것이 됩니다.

우리의 기도 행위는 반드시 하나님 말씀의 지도를 받아야 합니다. 말씀 안에 하나님께서 기뻐하시는 것이 무엇이며 그렇지 않은 것은 무엇인지가 계시되어 있습니다. 하나님의 선하시고 기뻐하시는 뜻과 우리의 기도는 그 범위가 동일해져야 합니다. 그러므로 우

자니라
25 마 5:45 이같이 한즉 하늘에 계신 너희 아버지의 아들이 되리니 이는 하나님이 그 해를 악인과 선인에게 비추시며 비를 의로운 자와 불의한 자에게 내려주심이라
26 야 4:3 구하여도 받지 못함은 정욕으로 쓰려고 잘못 구하기 때문이라

리가 기도하는 것은 무엇이든 하나님의 약속이나 명령의 범주 안에 한정되도록 주의를 기울여야 합니다.

그러한 기도는 바로 마태복음 6장이 말하는 하나님의 영광을 추구하는 기도입니다. "그러므로 너희는 이렇게 기도하라 하늘에 계신 우리 아버지여 이름이 거룩하게 여김을 받으시오며"(마 6:9). 또한 교회의 평안을 구하는 기도입니다. "예루살렘을 위하여 평안을 구하라 예루살렘을 사랑하는 자는 형통하리로다"(시 122:6). 그리고 우리의 유익, 곧 일시적이고, 영적이며, 영원한 유익을 위해 구하는 기도입니다. "너희가 악한 자라도 좋은 것으로 자식에게 줄 줄 알거든 하물며 하늘에 계신 너희 아버지께서 구하는 자에게 좋은 것으로 주시지 않겠느냐"(마 7:11). 더 나아가 다른 사람을 위한 기도입니다. "여호와여 선한 자들과 마음이 정직한 자들에게 선대하소서"(시 125:4).

그렇다면 우리가 바르고 하나님이 받으실 만한 기도를 드리고자 한다면 어떻게 기도해야 합니까?

1. 이해력을 가지고 기도해야 합니다. 우리가 기도하는 내용을 이해하면서 기도해야 한다는 뜻입니다. 고린도전서 14장 15절을 보십시오.[27] 그러므로 우리의 말은 반드시 알려진 언어이어야 합니다. 우리 자신도 모르는 언어를 하나님 앞에서 반복적으로 말하는 것은 결단코 기도가 될 수 없습니다.

2. 경외심을 품고 기도해야 합니다. "너는 하나님의 집에 들어갈

---

27 고전 14:15 그러면 어떻게 할까 내가 영으로 기도하고 또 마음(mind)으로 기도하며 내가 영으로 찬송하고 또 마음(mind)으로 찬송하리라
역자 주: '마음'으로 번역된 단어는 '생각, 이해'의 의미를 지닌다.

때에 네 발을 삼갈지어다 가까이 하여 말씀을 듣는 것이 우매한 자들이 제물 드리는 것보다 나으니 그들은 악을 행하면서도 깨닫지 못함이니라"(전 5:1). 우리는 표현, 목소리, 또한 몸짓 등에 있어서 반드시 외적인 경외심을 잃어서는 안 됩니다. 왜냐하면 기도 안에서 우리는 위대하신 하나님 앞에 있는 것이기 때문입니다. 특별히 내면적으로는 자신을 드러내시는 하나님의 위엄에 대한 두려운 이해를 지니고 있어야 합니다. "하나님은 거룩한 자의 모임 가운데에서 매우 무서워할 이시오며 둘러 있는 모든 자 위에 더욱 두려워할 이시니이다"(시 89:7). "그러므로 우리가 흔들리지 않는 나라를 받았은즉 은혜를 받자 이로 말미암아 경건함과 두려움으로 하나님을 기쁘시게 섬길지니"(히 12:28). 두려움과 떨림이란 거룩하신 하나님 앞에 피조물로 서는 것이며, 특히 범죄한 피조물로 서는 것입니다.

3. 겸손한 마음으로 기도해야 합니다. "여호와여 주는 겸손한 자의 소원을 들으셨사오니 그들의 마음을 준비하시며 귀를 기울여 들으시고"(시 10:17). 그것은 우리 영혼 속에 자신의 무가치함과 죄인됨에 대한 깊은 자각을 품고 기도하는 것을 의미합니다. 우리가 기도하는 것은 물건을 사거나 자신의 권리를 주장하기 위함이 아니라 간청하기 위해 나아가는 것입니다. 따라서 반드시 자신의 자격 없음에 대한 의식이 있어야 합니다. "나는 주께서 주의 종에게 베푸신 모든 은총과 모든 진실하심을 조금도 감당할 수 없사오나 내가 내 지팡이만 가지고 이 요단을 건넜더니 지금은 두 떼나 이루었나이다"(창 32:10). 은혜가 넘칠수록 우리 눈에 자신의 무가치함이 더욱 많이 보일 것입니다. "아브라함이 대답하여 이르되 나는 티끌이나 재와 같

사오나 감히 주께 아뢰나이다"(창 18:27). 하나님께 나아가면서 우리는 누가복음 18장 14절[28]의 세리처럼 자신의 내면을 돌아봐야 합니다. 마음과 삶에 가득한 자신의 악을 말입니다.

4. 감정을 쏟으며 기도해야 합니다. 탕자처럼 우리 자신의 비참함을 깨달아 깊은 감정을 품은 상태를 말합니다. "이에 스스로 돌이켜 이르되 내 아버지에게는 양식이 풍족한 품꾼이 얼마나 많은가 나는 여기서 주려 죽는구나 내가 일어나 아버지께 가서 이르기를 아버지 내가 하늘과 아버지께 죄를 지었사오니 지금부터는 아버지의 아들이라 일컬음을 감당하지 못하겠나이다 나를 품꾼의 하나로 보소서 하리라 하고"(눅 15:17-19). 아, 메마른 마음으로 하나님께 나아가는 일이 가당키나 한 일입니까! 영적인 허기도 없이 그분의 식탁에 앉는다거나, 스스로 속여서 자기가 부자이고 많은 물건을 가지고 있다는 태도로 그의 문을 두드리는 일은 얼마나 어이없는 일입니까! 그러한 사람들은 빈손으로 돌아가게 될 것입니다. 그러므로 우리 자신의 비참함을 살피는 일은 기도하러 나아가기 전 필수적인 준비 작업의 한 부분입니다.

5. 믿음을 가지고 기도해야 합니다. "너희가 기도할 때에 무엇이든지 믿고 구하는 것은 다 받으리라 하시니라"(마 21:22). 하나님께서 받으시는 기도를 드리고자 하는 사람은 반드시 구원받는 믿음으로 옷 입고 있어야 합니다. 히브리서 11장 6절이 그것을 말합니다.[29] 믿

---

28 눅 18:14 내가 너희에게 이르노니 이에 저 바리새인이 아니고 이 사람이 의롭다 하심을 받고 그의 집으로 내려갔느니라 무릇 자기를 높이는 자는 낮아지고 자기를 낮추는 자는 높아지리라 하시니라

29 히 11:6 믿음이 없이는 하나님을 기쁘시게 하지 못하나니 하나님께 나아가는 자는 반드시 그가

지 않는 자는 하나님께서 받으시는 기도를 할 수 없습니다. "그런즉 그들이 믿지 아니하는 이를 어찌 부르리요 듣지도 못한 이를 어찌 믿으리요 전파하는 자가 없이 어찌 들으리요"(롬 10:14). 그러므로 거듭나지 못한 사람의 기도는 은혜로 영접하시는 복을 얻지 못합니다. 그러므로 신자는 더욱 기도에 믿음을 사용하여야 합니다. 믿음의 기도는 화합을 만들어 냅니다.

기도하는 사람은 기도에 대한, 즉 기도의 내용에 대한 특별한 신뢰를 지니고 있어야 합니다. "그러므로 내가 너희에게 말하노니 무엇이든지 기도하고 구하는 것은 받은 줄로 믿으라 그리하면 너희에게 그대로 되리라"(막 11:24). 왜냐하면 신뢰와 믿음이 결핍되어 있는 곳에 기도 응답이란 있을 수 없기 때문입니다. "오직 믿음으로 구하고 조금도 의심하지 말라"(약 1:6). 왜냐하면 하나님께 무엇인가를 부탁하기 위해 나오면서 구하는 내용에 대한 아무런 기대도 없고 그분을 신뢰하는 마음도 없이 나온다는 것은 그분의 명예를 크게 훼손시키는 것을 의미하기 때문입니다.

질문: 그러한 믿음을 어떻게 하면 가질 수 있습니까?

답변: 약속들을 적용하고 그것들을 믿음으로써 얻을 수 있습니다. 평안이나 용서 등과 같은 꼭 필요한 것을 구할 경우, 약속은 그리스도를 의지하여 하나님께 간구하려고 나오는 자들에게 확신을 줍니다. 절대적으로 필요한 것이 아니라고 해도, 약속은 하나님께서

계신 것과 또한 그가 자기를 찾는 자들에게 상 주시는 이심을 믿어야 할지니라

가장 좋은 것을 주실 것을 확신하도록 돕습니다. 우리가 원하는 대로 주시거나 우리에게 선한 것을 주실 것이라는 확신 말입니다. 따라서 우리는 믿어야 합니다.

6. 신실하게 기도해야 합니다. "여호와께서는 자기에게 간구하는 모든 자 곧 진실하게 간구하는 모든 자에게 가까이 하시는도다"(시 145:18). 기도에 있어서 위선과 가면은 마음이 입술과 함께 가지 않는 것으로서, 기도가 열납되는 것을 훼손합니다. 위선적인 입술이 있습니다. 시편 17편 1절이 그것을 말합니다.[30] 기도할 때 감정과 말이 따로 갈 때입니다. 죄를 고백하면서도 마음은 겸비해지지 않는 경우처럼 말입니다. 간구하지만 구하는 것에 대한 간절함을 찾을 수 없는 경우도 있습니다. "너희가 온 마음으로 나를 구하면 나를 찾을 것이요 나를 만나리라"(렘 29:13).

7. 열정을 쏟으며 기도해야 합니다. "그러므로 너희 죄를 서로 고백하며 병이 낫기를 위하여 서로 기도하라 의인의 간구는 역사하는 힘이 큼이니라"(약 5:16). 냉랭하고 생기 없고 형식적인 기도는 올바른 우표를 붙이지 않은 것과 같습니다. 우리는 중요한 문제에 있어서 끓어오르는 열정을 품어야 합니다. 로마서 12장 11절을 보십시오.[31] 기도에 있어서 끈질김은 하나님을 가장 기쁘시게 하는 태도입니다. 그것은 말을 많이 하는 것을 뜻하지 않습니다. 마태복음 6장 7절을

---

30 시 17:1 여호와여 의의 호소를 들으소서 나의 울부짖음에 주의하소서 거짓 되지 아니한 입술에서 나오는 나의 기도에 귀를 기울이소서

31 롬 12:11 부지런하여 게으르지 말고 열심을 품고 주를 섬기라

보십시오.[32] 도리어 시편 143편 7절[33]처럼 들으심을 얻도록 마음에 거룩한 열심을 품고 기도하는 것을 의미합니다. 타당한 주장을 가지고 주께 호소하는 기도여야 합니다. 마음에 깊은 열망을 품은 사람처럼 말입니다. 욥기 23장 4절을 보십시오.[34] 하나님의 제단에서 취한 타는 숯으로 데워진 마음이 이러한 기도를 낳을 것입니다.

8. 깨어 있는 마음으로 기도해야 합니다. 성경은 '기도에 깨어 있을 것'을 말합니다.[35] 그것은 우리의 영이 방황하지 않도록 주의를 기울이는 상태를 말합니다. 기도 중에 하는 혼란한 생각은 많은 기도를 방해합니다. 그런 생각들은 사체에 내려앉는 새들처럼 쫓아버리지 않으면 기도를 쪼아 먹으려 할 것입니다. 마음의 육신적인 구조가 그런 생각들의 어머니입니다. 신중하지 못한 성급한 태도로 하나님께 접근하는 것이 그런 생각들이 발생하도록 돕습니다.

그런 경우 기도하는 사람은 예루살렘 성벽을 세우는 자들과 같이 되어야 합니다. 즉 한 손에는 삽을 들고 다른 손에는 검을 잡은 모습으로 헛된 생각을 단호히 거절하고 그것들이 자리 잡는 것을 거절해야 합니다. 대포를 적군에게로 돌리십시오. 그것들을 새로운 수치를 끼칠 것으로 여기시고 은혜의 보좌 가까이에서 들락거리는 소란스러운 것으로 여기십시오. 만일 그런 생각들과 힘을 다해 싸운다면 여러분이 열납되는 것을 방해하지 못할 것입니다. 하지만 그렇지 않

---

32 마 6:7 또 기도할 때에 이방인과 같이 중언부언하지 말라 그들은 말을 많이 하여야 들으실 줄 생각하느니라

33 시 143:7 여호와여 속히 내게 응답하소서 내 영이 피곤하니이다 주의 얼굴을 내게서 숨기지 마소서 내가 무덤에 내려가는 자 같을까 두려워하나이다

34 욥 23:4 어찌하면 그 앞에서 내가 호소하며 변론할 말을 내 입에 채우고

35 역자 주: 골 4:2 기도를 계속하고 기도에 감사함으로 깨어 있으라

으면 방해거리가 될 것입니다.

9. 지속적으로 기도해야 합니다. 성경은 "깨어 구하기를 항상 힘쓰며"(엡 6:18)라고 말합니다. 우리가 우리의 송사를 그 보좌 앞에서 책상 위에 올렸다면 그것이 떨어지도록 해서는 안 됩니다. 그 위에 계속 있도록 해야 합니다. 누가복음 18장 1절을 보십시오.[36] 한 가지 간구, 한 가지 기도를 붙드십시오. 그것들을 연속적으로 아뢰어 드리십시오. 허락하심을 얻을 때까지 말입니다. "포기하지 아니하면 때가 이르매 거두리라"(갈 6:9).

10. 마지막으로 의지하는 마음으로 기도해야 합니다. 그의 거룩한 뜻에 겸손히 자신을 드리는 마음으로 주를 기다리며 응답을 바라는 것입니다. "오직 나는 여호와를 우러러보며 나를 구원하시는 하나님을 바라보나니 나의 하나님이 나에게 귀를 기울이시리로다"(미 7:7). 우리는 반드시 앙망하는 의존적 태도를 가지고 나아가야 합니다. 우리가 결코 응답을 기대하지도 않는 기도들이 하나님께 고려의 대상이 되지 않는 것은 전혀 이상한 일이 아닙니다.

그렇다면 하나님께서는 이러한 모든 종류의 기도를 받으시고 들으시며 응답하십니까?

1. 거듭나지 않은 사람은 이렇게 기도할 수도 없고, 그런 사람의 기도는 어떤 경우에도 열납되지 않습니다. "악인의 제사는 여호와께서 미워하셔도"(잠 15:8) "하나님이 죄인의 말을 듣지 아니하시고"(요

---

36 눅 18:1 예수께서 그들에게 항상 기도하고 낙심하지 말아야 할 것을 비유로 말씀하여

9:31).

2. 하나님께 속한 백성들도 언제나 그렇게 기도하는 것은 아니고, 그들의 기도 역시 모두 다 열납되는 것은 아닙니다. 그래서 시편 66편은 "내가 나의 마음에 죄악을 품었더라면 주께서 듣지 아니하시리라"(시 66:18)라고 말하는 것입니다.

3. 그러나 앞서 말한 종류의 모든 기도는, 성도들 안에서 하나님의 영께서 솟아나게 하시는 기도들로서, 중보자로 말미암아 드려지고 열납되며 아버지의 응답을 얻습니다. 비록 즉시 눈에 보이는 응답으로 나타나지 않는다고 해도 말입니다. 시편 22편 2절[37]은 그것을 보여줍니다. 하지만 그 기도들은 적절한 때에 응답됩니다. 그것은 원하는 대로 주어지는 응답일 수 있습니다. "우리가 무엇이든지 구하는 바를 들으시는 줄을 안즉 우리가 그에게 구한 그것을 얻은 줄을 또한 아느니라"(요일 5:15). 또는 그 응답이 선한 것으로 나타나기도 합니다. "아브라함이 이에 하나님께 아뢰되 이스마엘이나 하나님 앞에 살기를 원하나이다 하나님이 이르시되 아니라 네 아내 사라가 네게 아들을 낳으리니 너는 그 이름을 이삭이라 하라 내가 그와 내 언약을 세우리니 그의 후손에게 영원한 언약이 되리라"(창 17:18-19). 고린도후서 12장도 같은 진리를 말합니다. "이것이 내게서 떠나가게 하기 위하여 내가 세 번 주께 간구하였더니 나에게 이르시기를 내 은혜가 네게 족하도다 이는 내 능력이 약한 데서 온전하여짐이라 하신지라 그러므로 도리어 크게 기뻐함으로 나의 여러 약한 것들에

---

[37] 시 22:2 내 하나님이여 내가 낮에도 부르짖고 밤에도 잠잠하지 아니하오나 응답하지 아니하시나이다

대하여 자랑하리니 이는 그리스도의 능력이 내게 머물게 하려 함이

라(고후 12:8-9).[38]

은밀한 기도의 필요성

이러한 기도는 공로를 쌓는 일로서 필요한 것은 아닙니다. 마치 그 행위로 하늘을 확보할 수 있는 것처럼 행동해서는 안됩니다. 복된 집에서 영생을 얻는 유일한 근거는 십자가 고난을 받으신 구세주의 의뿐입니다. 거지들은 빚을 갚을 길이 없습니다. 다니엘서 9장에서처럼 그저 자신의 가난함을 고백할 뿐입니다. "우리는 이미 범죄하여 패역하며 행악하며 반역하여 주의 법도와 규례를 떠났사오며"(단 9:5). 그럼에도 이러한 은밀한 기도는 다음과 같은 사실 때문에 필요합니다.

1. 그것은 하나님의 명령입니다. 하나님께서는 분명하고도 긴급

---

38 기도의 여러 가지 탁월함과 특권들을 주목하십시오.

  1. 그것은 우리의 가장 큰 명예입니다. 은혜의 보좌 앞에 나아감을 얻고, 자유로움과 당당함으로 하나님의 얼굴 앞에 이르러 그분 앞에 우리의 모든 생각과 소원들을 아뢰는 일은 특권의 한 가지 일 뿐입니다. 약하고 죄악된 피조물이 하늘 존엄과 교제하도록 허용된다는 사실은 그들에게 허용된 말할 수 없는 존귀입니다. 기도란 위대한 신분 상승입니다. 그것이 우리를 하나님께로 가까이 나아가도록 하기 때문입니다.

  2. 기도는 엄청난 위로입니다. 우리가 우리 아버지께로 나아가 그분 앞에 마음을 쏟고 무거운 짐을 벗는 일은 결코 단순한 자연적인 위로가 아니며 낮은 차원의 위로도 아닙니다. 왜냐하면 우리의 상처를 보여드림으로 우리는 어느 정도 치유하심을 얻고, 우리의 근심을 아룀으로 그것들을 상당 부분 바로잡을 수 있으며, 우리의 짐을 하소연함으로 가벼워짐을 얻고, 우리의 필요를 알려드림으로 평안과 쉼을 얻게 되기 때문입니다.

  3. 기도를 통하여 우리는 하나님께서 주시는 모든 종류의 유익과 은혜를 입습니다. 하나님께 호소하는 일은 이 모든 축복에 참여하는 길입니다. 하나님께 손을 벌리는 일은 부요하게 되는 길입니다. 한 사도는 모든 것이 기도로 거룩해진다고 확인해주고 있습니다.

조나단 에드워즈 "주 기도에 관하여"

한 명령으로 그러한 기도를 요구하십니다. 그 명령은 필수적인 의무가 되어 우리를 속박합니다. 그러므로 그것을 등한히 하는 것은 위대하신 하나님과 율법 수여자의 명령에 대하여 정면으로 거역하는 일입니다. 그 일에 바른 의식을 가지는 것은 하나님의 뜻에 순종하는 필수적이고 적합한 행위입니다.

2. 그 일은 모든 것을 아시고 어디에나 계시는 하나님께 영광을 돌리는 일입니다. 우리가 "은밀한 중에 계시는 우리 아버지께"[39] 기도할 때, 우리는 그가 모든 일을 아시며 보시는 분이심을 명백히 선언하는 것입니다. 그분에게는 어둠과 빛이 차이가 없으며[40] 우리의 모든 행위를 살피시고 아는 분이심을 선언하는 것입니다. 또한 자신이 아는 우리의 모든 생각과 말, 행동들에 대해 책임을 물으시려고 우리를 소환하실 분이심을 선언하는 것입니다.

3. 은밀한 기도는 우리의 신실함에 대한 증거이기 때문입니다. 즉 우리가 자신의 기도를 사람들에게 보이려 하지 않으며 헛된 영광과 자기 과시의 동기에 사로잡히지 않고, 오직 하나님의 명령과 그분을 섬기려는 신실한 소원에서 기도하는 것임을 보여주는 증거라는 뜻입니다. 그럼에도 모든 은밀한 기도가 신실한 기도라고 말할 수는 없을 것입니다. 안타깝게도 인간은 이 의무를 매우 성실하게 행하면서도 신실한 신자가 되는 것이나 하나님께서 받으실 만한 자가 되는 것과는 거리가 먼 사람이 될 수 있습니다.

---

39 마 6:6 너는 기도할 때에 네 골방에 들어가 문을 닫고 은밀한 중에 계신 네 아버지께 기도하라 은밀한 중에 보시는 네 아버지께서 갚으시리라

40 시 139:12 주에게서는 흑암이 숨기지 못하며 밤이 낮과 같이 비추이나니 주에게는 흑암과 빛이 같음이니이다

4. 우리 자신만큼 우리의 사정을 잘 아는 자가 없기 때문입니다. 그러므로 가족 기도 모임에서 가장이 기도한다고 해도 우리는 자신의 특별한 형편과 필요들을 하나님께 아뢰며 스스로 기도해야만 합니다. 누구도 알 수 없는 일들에 대해서 기도하되 우리가 처한 곤경을 아뢰며 그 환경에 적합한 하나님의 축복과 자비들을 스스로 간구해야 합니다.

5. 우리가 자신의 마음을 안다면, 그것을 상당 부분 주님께 아뢸 수밖에 없기 때문입니다. 죄를 고백하는 일이나 자비를 호소하는 일 모두 다른 사람들 앞에서는 말할 수 없거나 말하기를 원하지 않기 때문입니다. 아가서에서 신부는 이렇게 말합니다. "내 사랑하는 자야 우리가 함께 들로 가서 동네에서 유숙하자 우리가 일찍이 일어나서 포도원으로 가서 포도 움이 돋았는지, 꽃술이 퍼졌는지, 석류 꽃이 피었는지 보자 거기에서 내가 내 사랑을 네게 주리라"(아 7:11-12).

6. 우리의 필요는 지속해서 새롭게 생겨나며, 매일 매시간 유혹들도 찾아와서 가족 기도 모임을 할 수 없을 때도 은밀한 기도가 요청되기 때문입니다. 위로부터의 도움을 간구할 일이 전혀 없을 만큼 일시적이고 영적인 축복 모두를 충분히 가지고 있는 사람이 어디 있습니까! 인간은 모든 면에서 궁핍하고 가난한 피조물입니다. 피조물로서 우리는 섭리의 풍성함에 의존하여 살고 있습니다. 신자로서는 그리스도 예수 안에 있는 은혜에 의존하여 삽니다. 따라서 우리는 날마다 은혜의 보좌 앞에 일시적이고 영적인 모든 필요의 공급을 호소해야만 합니다. 또한 날마다 시험에 둘러싸여서 그것들을 저항하거나 내쫓을 힘이 없는 자들로서, 우리는 기도를 통해 그리스도 안

에서 하나님이 주시는 힘으로 덧입어야만 합니다. 그렇게 해야 삶에서 맞닥뜨리는 여러 가지 시험에 넘어지거나 굴복하지 않을 수 있기 때문입니다.

이러한 사실들을 고려할 때 기도가 우리 모두에게 부여된 필수적인 의무라는 사실을 알 수 있습니다. 주의 은혜로우심을 맛본 자들은 분명히 이 중요하고 유용한 실천에 대해 바른 의식을 지닐 것입니다.

은밀한 기도에 대한 중요한 질문

질문 1. 이러한 은밀한 기도의 의무를 행하기에 적합한 때는 언제입니까? 혹은 이것을 실천해야 할 때는 언제입니까?

답변 1. 의심의 여지 없이 우리는 이 의무를 자주 실천해야 합니다. 에베소서 6장 18절은 '항상 기도할 것'을 요구하고, 데살로니가전서 5장 17절은 '쉬지 말고' 기도할 것을 우리에게 요청합니다. 이 말은 모든 적합한 때에 지속해서 기도의 마음을 유지하라는 것이며, 마음속으로 기도하라는 뜻입니다. 입술을 떼서 한마디 말도 하지 않더라도 말입니다.

2. 하나님께서 그것을 우리에게 요구하실 때는 언제나 우리 손에 그렇게 할 기회를 주시고 그 일을 위한 감동과 자극을 주시는 때입니다. 그때 우리는 그것을 실천하기 위해 나아가야 합니다. 마치 주 예수께서 "너희는 나의 얼굴을 구하라"라고 말씀하실 때, 우리 마음은 그분께 "여호와여 내가 주의 얼굴을 찾으리이다"라고 말씀드려야

하는 것과 같습니다. 시편 27편 8절 말씀처럼 말입니다.[41] 이처럼 우리는 이 의무로의 부르심과 초대를 받고 있습니다. 우리는 이에 매우 주의를 기울여서 기도의 마음을 품어야 합니다. 그래서 성령을 소멸하지 않도록 하고 주를 두려워하며 우리 마음이 굳어져 그를 분노케 하지 않도록 해야 합니다.

3. 성경에 등장하는 신자들은 이 의무 행하는 일에 때로는 더 열심을 내기도 하고 때로는 덜 하기도 합니다. 다윗은 때로는 하루 세번, 어떤 때는 하루 일곱 번 기도했습니다. 시편 55편 17절[42], 119편 164절[43]을 보십시오. 다니엘은 하루 세 번 기도했습니다. 매우 위급한 상황 속에서도 말입니다. 다니엘 6장 10절을 보십시오.[44] 우리는 이들에게서 기도의 의무를 얼마나 자주 실천해야 하는지를 분명히 볼 수 있습니다.

4. 우리는 적어도 아침과 저녁에 기도해야 합니다. 이 의무를 게을리해서는 안 됩니다. 이 사실은 우리 주님의 실천에서 볼 수 있습니다. "새벽 아직도 밝기 전에 예수께서 일어나 나가 한적한 곳으로 가사 거기서 기도하시더니"(막 1:35). "무리를 보내신 후에 기도하러 따로 산에 올라가시니라 저물매 거기 혼자 계시더니"(마 14:23). 시편 55편에서는 성도들의 실천을 볼 수 있습니다. "내게 굽히사 응답하

---

41 시 27:8 너희는 내 얼굴을 찾으라 하실 때에 내가 마음으로 주께 말하되 여호와여 내가 주의 얼굴을 찾으리이다 하였나이다

42 시 55:17 저녁과 아침과 정오에 내가 근심하여 탄식하리니 여호와께서 내 소리를 들으시리로다

43 시 119:164 주의 의로운 규례들로 말미암아 내가 하루 일곱 번씩 주를 찬양하나이다

44 단 6:10 다니엘이 이 조서에 왕의 도장이 찍힌 것을 알고도 자기 집에 돌아가서는 윗방에 올라가 예루살렘으로 향한 창문을 열고 전에 하던 대로 하루 세 번씩 무릎을 꿇고 기도하며 그의 하나님께 감사하였더라

소서 내가 근심으로 편하지 못하여 탄식하오니"(시 55:2). 5편 역시 이렇게 말합니다. "나의 왕, 나의 하나님이여 내가 부르짖는 소리를 들으소서 내가 주께 기도하나이다"(시 5:2). 율법적 의무 아래에서 아침, 저녁으로 날마다 드리는 희생 제사에서도 그러한 사실을 알 수 있습니다. 우리는 이러한 사실들로부터 날마다 아침과 저녁에 기도와 찬양의 제사를 하나님께 드리기를 힘써야 합니다. 자연의 빛 역시 우리에게 많은 가르침을 줍니다. 우리가 어두운 밤의 소리 없는 감시 속에서 보호받거나 슬픈 시절에 우리에게 닥친 여러 위험으로부터 보호받을 때, 우리는 그 가운데에서 하나님의 선하심과 자비하심을 인정해야만 합니다. 또한 우리가 낮 동안 맡은 일에 대한 염려와 혼란 속에서 보호받거나 많은 장애물과 시험거리들로부터 보호받았을 때도 하나님의 돌보시고 지키시는 자비를 송축하면서 우리 자신과 모든 염려를 그분의 손에 의탁해야 합니다. 그러할 때 우리는 꼭 필요한 안식을 누리게 되며, 그의 사랑을 느끼면서 잠들 수 있습니다. 또한 그의 축복과 사랑을 구하는 우리의 직무를 다시 시작할 수 있을 것입니다.

질문 2 은밀한 기도를 드리기에 적합한 장소는 어디입니까?

답변: 조용한 곳이 이런 기도를 드리기에 가장 적합한 장소입니다. 모든 사람이 골방이나 따로 떨어진 장소를 가지고 있지 않을 수 있습니다. 들어가서 문을 걸어 잠글 수 있는 곳 말입니다. 하지만 다른 사람들의 시선이나 주의에서 벗어날 수 있는 곳이라면 어디나 그 목적에 적합하다고 할 수 있습니다. 비록 개방된 장소라고 해도 어

둡고 소리가 차단된 곳이라면 은밀한 장소로 적합합니다. 마태복음 14장 23절이 보여주듯이 우리 주님께서 은밀한 기도를 위해 물러가곤 하셨던 장소가 그런 곳이었습니다. 그분이 밤을 새우기에 도움이 될 만한 편의 도구들이 없던 곳이었음에도 말입니다. 사실 사람이 있는 곳이라고 해도 이러한 기도를 드리려는 의도만 있다면, 날마다 그런 한적한 곳에서 기도할 수 있을 겁니다.

질문 3. 은밀한 기도를 드릴 때 우리 몸의 자세는 어떠해야 합니까?

답변 1. 성경은 몸의 자세를 요구하지는 않습니다. 하지만 우리는 성경 안에서 기도할 때 네 가지 자세를 발견합니다. 먼저 서서 기도합니다(막 11:25).[45] 얼굴을 땅에 대고 엎드려 기도합니다(마 26:39).[46] 무릎을 꿇고 기도합니다(단 6:10, 엡 3:14).[47] 마지막으로 앉아서 기도합니다(삼하 7:18).[48]

2. 어떤 자세든 괜찮습니다. 다만 그것이 경외심에서 나오는 자세여야 합니다. 겸손하고 경외하는 영혼의 태도를 드러내는 자세 말입니다. 그래서 우리는 "너희 몸으로 하나님께 영광을 돌리라"(고전

---

45 막 11:25 서서 기도할 때에 아무에게나 혐의가 있거든 용서하라 그리하여야 하늘에 계신 너희 아버지께서도 너희 허물을 사하여 주시리라 하시니라

46 마 26:39 조금 나아가사 얼굴을 땅에 대시고 엎드려 기도하여 이르시되 내 아버지여 만일 할 만하시거든 이 잔을 내게서 지나가게 하옵소서 그러나 나의 원대로 마시옵고 아버지의 원대로 하옵소서 하시고

47 단 6:10 다니엘이 이 조서에 왕의 도장이 찍힌 것을 알고도 자기 집에 돌아가서는 윗방에 올라가 예루살렘으로 향한 창문을 열고 전에 하던 대로 하루 세 번씩 무릎을 꿇고 기도하며 그의 하나님께 감사하였더라
엡 3:14 이러므로 내가 하늘과 땅에 있는 각 족속에게 이름을 주신 아버지 앞에 무릎을 꿇고 비노니

48 삼하 7:18 다윗 왕이 여호와 앞에 들어가 앉아서 이르되 주 여호와여 나는 누구이오며 내 집은 무엇이기에 나를 여기까지 이르게 하셨나이까

6:20)라는 명령을 받는 것입니다.

3. 이 질문을 조금 더 확실히 하기 위해 저는 두 가지를 더 말씀 드리고자 합니다.

(1) 기도하는 몸의 자세는 편안해야 합니다. 즉 현재 마음의 의향에서 자연스럽게 흘러나오는 자세가 되게 해야 한다는 뜻입니다. 우리는 성도들이 특정한 경우에 얼굴을 땅에 대곤 했다는 사실을 알 수 있습니다(삼하 12:16).[49] 주 예수께서도 고난받으시기 전날 밤 겟세마네 동산에서 그런 자세로 기도하셨습니다(마 26:39).[50]

(2) 그 자세는 항상 덕이 되는 자세가 되게 해야 합니다. 마음 쏟기에 가장 도움이 되고, 그 의무 이행에 주의를 가장 적게 흩트리는 자세를 택하십시오. 만일 무릎을 꿇는 일이 몸에 해를 준다거나 생각을 흐트러뜨리는 경향이 있다면 이런 불편함을 수반하지 않는 다른 자세를 취하십시오. 비록 무릎 꿇는 자세가 확실히 이 의무에 동반되어야 하는 겸비함을 표현하는 가장 적절한 자세라고 하더라도 말입니다. 눈을 감는다든지 눈을 계속 뜨는 일에도 같은 원리라고 할 수 있습니다. 눈을 감고 기도하는 것이 확실히 더 나은 자세이긴 하더라도 말입니다.

질문 4. 은밀한 기도를 드릴 때 우리의 음성을 어떠해야 합니까?

---

49 삼하 12:16 다윗이 그 아이를 위하여 하나님께 간구하되 다윗이 금식하고 안에 들어가서 밤새도록 땅에 엎드렸으니

50 마 26:39 조금 나아가사 얼굴을 땅에 대시고 엎드려 기도하여 이르시되 내 아버지여 만일 할 만하시거든 이 잔을 내게서 지나가게 하옵소서 그러나 나의 원대로 마시옵고 아버지의 원대로 하옵소서 하시고

답변 1. 은밀한 기도는 소리를 내지 않고 행할 수도 있습니다. 이스라엘 백성들이 출애굽 후 양쪽으로 높고 험한 산들 사이에 갇히고 앞에는 홍해가, 뒤에는 그들을 죽이려고 애굽 군대가 추격해 왔을 때 모세가 보여준 모습과 같습니다. 이 진퇴양난의 상황 속에서 우리는 이 위대한 사람이 주께 부르짖는 모습을 발견합니다. 들리지 않는 목소리로 말입니다. 출애굽기 14장 15절을 보십시오.[51] 이처럼, 듣지 않고는 기도할 수 없을 때나 몸에 힘이 없을 때, 혹은 생각이 복잡하여 혀의 말로는 설명하는 것이 적절하지 못할 때, 목소리를 사용하지 않아도 됩니다.

2. 하지만 목소리를 사용할 수 있는 곳에서는 편리하고 적절하게 그것을 사용할 수 있습니다. 첫째, 우리는 몸으로 하나님을 영화롭게 해야 하기 때문입니다. 특히 우리의 혀는 하나님을 영화롭게 하는 도구로 주어진 것입니다. 다윗은 시편 57편에서 "내 영광아 깰지어다"(시 57:8)라고 말합니다. 둘째, 목소리는 은밀한 기도에 있어서 우리의 감정을 고양시키고 생각을 집중시키는 데 유용하기 때문입니다. 하지만 감정을 잔뜩 실은 목소리로 하는 자신의 은밀한 기도를 공개적으로 듣게 하는 일은 아주 큰 위선의 슬픈 증거입니다. 그것은 모든 진지한 신자들이 주의해야 할 일입니다.

---

51 출 14:15 여호와께서 모세에게 이르시되 너는 어찌하여 내게 부르짖느냐 이스라엘 자손에게 명령하여 앞으로 나아가게 하고
역자 주: 저자는 모세가 앞 구절에서 부르짖어 기도한 적이 없는데도 하나님께서 모세에게 '어찌하여 내게 부르짖느냐?'라고 말씀하신 것을 모세가 침묵 속에서 부르짖은 것으로 해석하고 있다.

질문 5. 은밀한 기도는 신실함의 분명한 증거입니까? 혹은 은밀하게 기도하지만 위선자일 수 있습니까?

답변: 이 역시 위선자가 아니라는 완전한 증거가 될 수는 없습니다. 위선은 여기까지 손을 뻗칠 수 있으며 훨씬 더 심해질 수도 있습니다. 유다는 우리 주님께서 은밀한 기도를 가르치셨던 무리들 중에 속해 있었습니다. 여러분 모두 그의 운명이 어떠했는지 잘 아십니다. 그는 안타깝게도 은밀한 기도를 하면서도 위선적인 모습을 여러 해 지속하였습니다. 하지만, 그가 오래 살았다면 항상 그렇게 기도했을 것이라고 생각할 수는 없습니다. 왜냐하면 욥은 "그(위선자)가…항상 하나님께 부르짖겠느냐"(욥 27:10)라고 말하고 있기 때문입니다. 그가 평생 그렇게 하리라고 생각할 수 없습니다. 왜냐하면 그는 이 의무를 실천하면서 하나님과 교제를 나누지 못하기 때문입니다. 그래서 욥은 같은 본문에서 "그(위선자)가 어찌 전능자를 기뻐하겠느냐…"라고 덧붙이고 있습니다. 은밀한 기도 속에서 하나님과의 교제는 기쁨이 됩니다. 그 영혼은 그 속에서 즐거움을 얻고 그 기쁨은 그로 하여금 그 일을 지속하도록 이끕니다.

추가 질문: 그렇다면 다른 사람의 눈에 띄지 않게 기도하는 사람도 위선자가 될 수 있습니까?

답변: 그렇습니다. 위선자가 될 수 있습니다. 안절부절못하는 양심과 그 불안함에서 벗어나고 싶은 소원이 하나님에 대한 두려움을 낳고, 그것이 사람으로 은밀한 기도를 드리게 할 수 있으며 인간의 칭찬을 머릿속에서 완전히 몰아낼 수 있습니다. 그러나 은밀한 기도

는 양심을 따라 실천되는 것입니다. 또한 주의 사랑과 자비, 주의 얼굴의 미소, 또한 구하는 것에 대한 응답, 지속적인 믿음과 열심 등이 은밀한 기도에 수반되는 것으로, 이러한 특징들은 의심의 여지없이 신실함의 증거들입니다.

은밀한 기도의 동기와
이 의무 실천에 일반적으로 따르는 반대에 대한 답변

1. 이 일은 하나님께서 확실히 명하신 예배의 한 부분입니다. 하나님께서 친히 그것을 요구하십니다. "모든 기도와 간구를 하되 항상 성령 안에서 기도하고 이를 위하여 깨어 구하기를 항상 힘쓰며 여러 성도를 위하여 구하라"(엡 6:18). 하나님의 이 명백한 명령을 거역하시겠습니까? 그렇게 한다면 위험에 처할 것입니다.

2. 여러분은 이 의무와 아무 관계가 없으십니까? 하나님의 맹세가 이 의무 시행을 위해 여러분에게 주어진 것이 아닙니까? 여러분은 아버지와 아들과 성령의 이름으로 예배하도록 세례를 받지 않으셨습니까? 또한 그 예배의 모든 부분 중에서 기도가 예배의 가장 핵심이 아닙니까? 여러분 중 어떤 분들은 세례 서약을 갱신하겠다고 고백한 후에 성찬식 참여를 허락받은 것 아닙니까? 또 어떤 분들은 그 목적으로 병상 위에서 맹세를 했을지도 모릅니다.

3. 여러분에게는 은밀한 죄나 은밀한 필요들, 은밀한 시험들이 있지 않습니까? 그래서 각각의 일들을 은밀한 기도에 적용하여 주님을 향해 은밀한 죄를 사해주실 것과 은밀한 필요들을 공급해 주실

것과 은밀한 시험에 대항하고 이길 수 있는 은혜 주시기를 구하여야 하지 않겠습니까?

4. 이 일은 여러분이 이미 잘 아는 의무입니다. 그러므로 기억하십시오. "주인의 뜻을 알고도 준비하지 아니하고 그 뜻대로 행하지 아니한 종은 많이 맞을 것"(눅 12:47)입니다. 따라서 저는 여러분에게 경고합니다. 여러분은 죽음과 심판의 자리에서 하나님께 대답해야 할 것입니다. 여러분은 자기 영혼을 사랑하셔야 합니다. 이 필수적이고 중요한 의무를 실천하여 영원히 망하지 않도록 말입니다. 하지만 어떤 분들은 이 의무에 대한 다양한 반대 의견들을 제기하기도 합니다. 그것들 중 주요한 반대들을 살펴보고자 합니다.

반대 1. 일과 사업 때문에 저는 은밀한 기도를 드릴 시간을 낼 수 없습니다.

답변 1. 이 의무가 당신에게 가장 중요한 일입니다. 영혼의 구원과 직결된 일이기 때문입니다. 이 일과 비교하여 다른 모든 일은 지푸라기 같은 것에 지나지 않습니다. 그런데도 당신은 그 다른 일을 위해서는 시간을 내면서 당신이 가장 크게 주의하고 마음을 기울여야 할 이 의무에는 시간을 내지 않으시겠습니까?

2. 어리석은 자가 서두르는 것은 빠른 것이 아닙니다(Fool's haste is no speed). 침대에서 일어나 곧바로 일상으로 달려가는 것은 어리석고 위험하게 서두르는 것입니다. 어떻게 기도 없이 당신의 일에 축복을 바랄 수 있습니까?

3. 매일 아침 조금 더 일찍 일어나십시오. 그러면 이 일을 수행하

는 데 시간 제약을 덜 받게 될 것입니다. 우리 복되신 주님께서 그리하신 것처럼 말입니다. "새벽 아직도 밝기 전에 예수께서 일어나 나가 한적한 곳으로 가사 거기서 기도하시더니"(막 1:35). 마지막 날에 은밀한 기도에 써야 마땅한 시간을 잠자는 데 쓴 일에 대해 하나님께 어떻게 답변하시겠습니까? 다니엘은 자신의 생명이 위태로운 순간에서도 이 직무 수행을 빠뜨리지 않고자 했습니다.

반대 2. 하루 일과를 마치면 너무 피곤합니다. 저녁 시간에 기도할 수가 없습니다.

답변 1. 할 일을 마쳤다고 편안하게 쉬기만 하고 그 이상 다른 일을 하지 않는다면 당신과 들짐승 사이에 무슨 차이가 있습니까?

2. 여러분은 아무리 피곤해도 자신의 몸을 위해서 음식을 먹을 것입니다. 그런데 왜 자신의 굶주린 영혼을 위해서는 음식을 제공할 생각을 하지 않습니까? "거기 또 야곱의 우물이 있더라 예수께서 길 가시다가 피곤하여 우물 곁에 그대로 앉으시니 때가 여섯 시쯤 되었더라"(요 4:6). "이르시되 내게는 너희가 알지 못하는 먹을 양식이 있느니라"(요 4:32).

3. 여러분은 피곤하다고 해도 할 수 있는 일은 할 것입니다. 여러분에게 '기도를 길게 하라', '짧게 하라' 등의 말을 하는 것이 아닙니다. 기도를 짧게 하든 길게 하든, 은밀한 기도를 결코 게을리 하지 말라는 말을 할 뿐입니다. 왜냐하면 기도하지 않는 삶은 매우 위험한 일이기 때문입니다. 하지만 여러분은 너무 몸이 피곤해 은밀히 기도할 수 없다고 말하면서도, 그 시간에 약간의 돈을 벌 수 있다면,

그 얼마 되지 않는 돈을 벌기 위해 두 배 이상의 시간은 기꺼이 쓰고자 할 것이라고 생각합니다. 그런데도 자기 영혼을 돌보는 일을 소홀히 하는 이 초라한 변명을 말하는 것입니까?

반대 3. 우리는 은밀한 기도를 드릴 만한 적절한 장소가 없습니다.

답변: 먼저 이 직무 수행을 위해 열린 마음으로 찾아보십시오. 그러면 여러분이 그런 장소를 발견할 것이라고 약속합니다.

반대 4. 가족 기도 모임들이 있어서 거기 참여하고 있습니다. 그런데도 더 필요합니까?

답변: 당신은 가련한 영혼입니다. 당신은 하나님께 더 이상 드릴 말씀이 없으십니까? 오직 가장이 드리는 기도가 전부입니까? 아, 당신은 자신을 모릅니다. 당신은 본성적으로 죽은 상태입니다. 당신이 자신의 상태를 알았다면 다른 사람들과 함께 기도 모임에 참석한 것으로 충분하다고 생각하지 않았을 겁니다. 당신은 가장이 당신과 다른 가족들을 위해 기도해주는 것으로 충분하며, 당신은 자신을 위한 기도의 의무에 대해 스스로 염려하지 않고 쉬어도 충분하다고 생각합니다. 당신은 그가 당신을 위해 천국에 가고, 당신은 영원히 버림받아도 충분하다고 생각하십니까?

반대 5. 그러나 가장은 이렇게 말합니다. 가장인 저는 내 가족과 함께 기도합니다. 저는 그것으로 제게 충분하기를 바랍니다.

답변: 본문에 담긴 이 명령에서 그리스도께서는 당신을 예외로

하지 않으셨습니다. 저도 마찬가지입니다. 다시 묻습니다. 당신은 가족 기도회를 너무 잘 이행해서 은밀한 기도를 드리지 않아도 되는 것인가요? 저는 명백히 말씀드릴 수 있습니다. 하나님께서는 예배를 절반만 받지 않으십니다. 그는 전부를 받으시든지 아무것도 받지 않으실 것입니다. 가족 기도회에 예민한 양심을 갖는 것은 좋습니다. 그러나 은밀한 기도를 등한히 하는 것은 핑계 댈 수 없는 일입니다. 그렇습니다. 당신이 가족의 의무를 이행하기를 힘쓸수록 내밀한 의무 실천에도 힘쓰게 될 것입니다. 아기를 나누려 한 어머니가 있었지만, 그 어머니는 아기의 진짜 어머니가 아니었습니다.[52]

반대 6. 자녀들을 양육하는 여성들은 자신들이 기도의 의무에서 벗어나 있다고 생각합니다.

답변: 그것은 많은 여성들에게서 볼 수 있는 슬픈 모습입니다. 아직 결혼을 하지 않았거나 한 가정을 돌보는 수고에 참여하지 않는 상태에서 신앙 고백과 여러 신앙적 의무를 행하는 여성들이 집안일을 돌보기 시작하고 특히 어린 자녀를 양육하기 시작하는 순간, 그들은 모든 신앙을 내팽개칩니다. 마치 더 이상 신앙에 관심이 없다는 듯이 말입니다. 그러나 자신이 죄 가운데 잉태하고 허물 속에서 양육한 자녀의 모습 속에서 자신의 원죄와 부패를 기억해야만 합니다. 그리고 자녀들이 그리스도의 보혈과 그의 성령을 통한 죄사함과 정결함을 구하도록 자극해야만 합니다. 또한 은밀한 기도의 의무

---

52 역자 주: 솔로몬의 재판을 비유적으로 설명한 것이다.

에 자신을 드리고자 하는 이 중요한 일에 강한 충동을 느끼도록 해야 합니다. 다음을 기억하십시오. 자신과 자녀의 영혼이 건강한 것은 세상의 그 어떤 것보다 더 중요한 일입니다. 몸의 건강도 중요하지만 영혼의 건강과 비교할 때, 이차적인 것임을 기억하셔야 합니다. 저는 어린 자녀의 일시적인 행복을 돌보는 일에 신경 쓰지 말라고 하려는 것이 아닙니다. 그러나 당신은 때와 시기를 잘 살펴서 할 수 있습니다. 다시 말해, 당신은 아침, 저녁으로 이 의무를 위해 시간을 낼 수 있습니다. 반드시 아침에 일어나자마자 하거나 잠자리에 들기 전에 해야만 하는 것은 아닙니다. 심지어 그 의무는 당신이 아기를 침대에 눕힐 때나 젖을 먹이는 중에도 할 수 있습니다. 이미 자녀를 낳아보지 못한 태와 빨려보지 못한 젖을 지닌 여인들에게 많은 말을 해왔습니다.

반대 7. 하나님은 마음을 아시는 분입니다. 그렇다면 은밀한 기도를 위해 그렇게 야단법석을 떨 필요가 있습니까? 마치 우리가 무릎을 꿇고 말씀드릴 때까지 하나님께서 우리가 원하거나 되기 원하는 것을 알 수 없는 분인 것처럼 말입니다.

답변: 하나님께서는 이렇게 은밀한 기도를 반대하는 자의 마음이 은혜 없는 마음이라는 것과 그의 목적지가 멸망이라는 것을 아십니다. 마태복음 7장 15절, 20절을 보십시오.[53] 또한 그의 마음은 어리석은 무신론자의 마음과 같아서 하나님을 부르지 않습니다. "어리석

---

53 마 7:15 거짓 선지자들을 삼가라 양의 옷을 입고 너희에게 나아오나 속에는 노략질하는 이리라
마 7:20 이러므로 그들의 열매로 그들을 알리라

은 자는 그의 마음에 이르기를 하나님이 없다 하는도다 그들은 부패하고 그 행실이 가증하니 선을 행하는 자가 없도다(시 14:1). 다시 말해서 그런 생각은 하나님의 명령을 어리석은 것이라고 주장하는 것이 아니라면 무엇이겠습니까? 하나님은 당신에게 기도하라고 명하시는데 당신은 기도란 필요 없는 것이라고 말합니다. 오, 주제넘은 거만함이여! 주님께서 당신의 마음을 아실뿐 아니라 가련한 죄인을 위해 축복을 주시려는 생각을 품고 계신다고 해도, 주님은 당신이 기도로 그것들을 구하기를 바라십니다. "그래도 이스라엘 족속이 이같이 자기들에게 이루어 주기를 내게 구하여야 할지라"(겔 36:37). 하나님은 자기 백성들에게 먼저 믿음과 기도의 영을 부어주어 그가 주고자 하는 것을 열심을 다해 구하도록 하지 않고는 주목할 만한 자비를 결코 제공하지 않으십니다. 이러한 방식은 그의 이름의 영광과 우리의 참된 유익을 위한 것입니다.

반대 8. 나이가 들고 허약해져서 그 의무를 제대로 이행하기가 어렵습니다.

답변: 이 세상에서 당신의 일을 감당할 만한 힘은 있어도 당신 자신의 영혼의 일을 돌볼 만한 힘은 없다는 말입니까? 그 어떤 일보다 무한히 더 중요한 일인데도 말입니다. 우리가 무덤 가까이에 이를수록 그것을 준비하는 일에 더 힘써야 하는 것이 바른 것이라고 여겨집니다. 노인들은 젊은이들에 비해 하늘을 더 많이 생각하고 세상은 더 적게 생각하는 것이 옳을 것입니다. 이 땅에 머물 시간이 얼마 남지 않았기 때문입니다. 다른 세상에 대한 관심이 그들의 주된 염려

와 관심거리가 되어야 합니다. 그때 그들의 한 뼘뿐인 시간을 바르게 사용하는 일과 건강하고 활력 있을 때 거의 신경 쓰지 않았던 것들을 행하는 일에 두 배나 더 부지런을 나타내야 합니다. "백발은 영화의 면류관이라 공의로운 길에서 얻으리라"(잠 16:31). "백 세가 못되어 죽는 자는 저주받은 자이리라"(사 65:20). 이 말씀이 나이 든 죄인들에게 경고가 되게 하십시오. 그때 여러분은 자비로운 구주께 마음을 쏟게 될 겁니다. 그분은 제 11시에 포도원에서 일할 일군을 부르시는 분이십니다.[54] 노년의 약함과 불행 아래서 흔들리면서도 복된 땅에 들어갈 소망을 지니지 못한 삶은 슬픈 일입니다. 바로 그러한 때 늙고 가련하고 죄인된 당신은 여전히 당신을 부르고 계시는 그리스도께 날아가십시오. 치료받지 못한 채 신속히 멸망당하지 않도록 말입니다.

반대 9. 저는 너무 어려서 은밀한 기도를 걱정할 필요가 없습니다.

답변: 하나님을 섬기는 일을 하기에 너무 어린 나이란 없습니다. 요시야를 생각해보십시오. 나이 8살 때 그의 조상 다윗의 하나님 여호와를 찾기 시작했습니다.[55] 아합의 신하 오바댜는 어려서부터 여호와를 크게 경외했습니다.[56] 세례 요한은 어머니 태로부터 성령으로 충만했고,[57] 예레미야 선지자 또한 그러했습니다.[58] 더불어 디모

---

54 마 20:1–16 참고
55 대하 34:1–3 참고
56 왕상 18:12 참고
57 눅 1:41 참고
58 렘 1:5 참고

데는 어려서부터 성경을 알았습니다. 신앙적인 사람이 되기에 너무 어린 나이란 있을 수 없습니다. 자신이 하나님을 찾았다는 사실을 회개한 사람은 지금까지 아무도 없습니다. 그러나 자신이 보다 일찍 주님을 찾지 않았다는 사실은 모두가 회개했습니다. 당신은 이곳에 있는 가장 나이든 사람만큼이나 죽음에 대한 책임이 있고 그들의 영혼과 똑같이 가치 있는 영혼을 지니고 있으므로 그들만큼이나 가장 뛰어나고 영원한 유익들을 숙고할 필요가 있습니다. 그렇다면 더 이상 미루지 말고 일어나 행하십시오.

반대 10. 저는 기도할 수 없습니다.

답변: 당신은 사실 기도하지 않으려고 하는 것입니다. 시편 10편 4절을 보십시오.[59] 만일 당신이 그 의무를 행하려는 의지가 있다면 곧 배우게 될 겁니다. 기도하는 법을 배우고자 한다면 하나님을 찾아 나아가십시오. 그분이 가르쳐 주실 것입니다. 그리스도께서 기도하는 법을 가르치신 것처럼 말입니다. 기도하는 일에 있어서 반드시 하나님의 가르침이 필요하다는 사실을 깊이 생각하십시오. 한 달란트를 사용하십시오. 그러면 하나님께서 그것이 늘어나도록 도우실 것입니다. 이 엄숙한 의무에 마음을 두고 무시하지 마십시오. 생전에 당신처럼 은밀한 기도를 무시하다가 현재 지옥에 있는 사람들이, 이 세상에 다시 태어난다고 해도 변함없이 그렇게 하겠습니까? 진지하게 생각해보십시오. 저는 그들이 또 그렇게 하리라고 생각하지

---

59 시 10:4 악인은 그의 교만한 얼굴로 말하기를 여호와께서 이를 감찰하지 아니하신다 하며 그의 모든 사상에 하나님이 없다 하나이다

않습니다. 그러므로 지금 기도하십시오. 자신의 게으름을 너무 늦게 회개해서 불과 유황으로 타는 못에서 고통당하지 않도록 말입니다.

　죽음의 침상 위에서 죄악된 게으름을 어떻게 감당할지 당신 스스로 생각해보십시오. 그리스도를 통해 자신의 영혼을 위한 하나님의 긍휼을 한 번도 구하지 못한 채 곧 영원 속으로 들어가기 직전의 그 순간을 말입니다. 또한 하나님의 두려운 심판대 앞에서 그것을 어떻게 감당할지도 스스로 생각해보십시오. 그때 하나님께서는 당신을 자신의 복된 얼굴로부터 영원히 몰아내실 겁니다. 그런 현실로부터 돌이킬 수 있는 지금이 얼마나 귀한 시간인지 생각해보십시오. 그 시간에 세상을 따르고 공허한 일에 파묻혀 살아가면서 영혼의 생명을 좌우하는 하나님과의 교제를 등한시하고 살아가는 삶은 얼마나 슬픈 일입니까? 그런데도 당신은 이 의무 이행을 지체하겠습니까? 그렇지 않을 것입니다. 지체하는 것은 위험한 일이기 때문입니다. 병상이나 죽음의 침상 위에서 두세 마디 기도에 모든 것을 걸 만큼 어리석은 사람이 되겠습니까? 아마도 그렇게 하지 않고 즉시 서두를 것입니다. 잠언 1장의 두려운 말씀을 숙고해 보십시오. "내가 불렀으나 너희가 듣기 싫어하였고 내가 손을 폈으나 돌아보는 자가 없었고 도리어 나의 모든 교훈을 멸시하며 나의 책망을 받지 아니하였은즉 너희가 재앙을 만날 때에 내가 웃을 것이며 너희에게 두려움이 임할 때에 내가 비웃으리라 너희의 두려움이 광풍 같이 임하겠고 너희의 재앙이 폭풍같이 이르겠고 너희에게 근심과 슬픔이 임하리니 그때에 너희가 나를 부르리라 그래도 내가 대답하지 아니하겠고 부지런히 나를 찾으리라 그래도 나를 만나지 못하리니"(잠 1:24-28).

권면 1

이 의무를 적어도 아침, 저녁으로 부지런히 실천하십시오. 편리한 시간에 실천하되 가끔만 하지 않도록 해야 합니다. 다음의 내용을 묵상하십시오.

1. 여러분을 속박하는 하나님의 명백한 명령은 "항상 기도하고 쉬지 말고 기도하라"는 것입니다.[60] 이 말씀은 아무것도 하지 말고 오직 기도만 하라거나 이 훈련에 자신의 모든 시간을 쓰라는 뜻은 아닙니다. 전혀 그렇지 않습니다. '자주'와 즐겁고 유익한 의무를 위해 주어지는 모든 종류의 기회들을 활용하는 것에 강조점이 있습니다. 그 명령은 여러분이 항상 기도하는 태도로 살아가야 한다고 말하는 것입니다. 여러분의 생각이 세상 관심에 지나치게 파묻히지 않도록 하면서 말입니다. 기도 속에서 하나님을 부르는 일이 불가능한 상태가 되지 않도록 해야 한다는 뜻입니다.

2. 이 의무를 자주 이행한다는 것은 그것을 유지하고 보존하는 데 뛰어난 수단과 훌륭한 내적 태도를 지니고 있다는 좋은 증거입니다. 이 의무를 자주 하지 않는 사람들은 그들의 내적 태도와 성향이 영적이지 않다는 것을 보여줍니다. 도리어 그들의 내적 성향이 육신적이며 감각의 주도적 지배 아래에서 감각적인 일들에 끌리는 상태라는 것을 보여줍니다. 하지만 어떤 사람이 이 의무를 자주 이행한다면 그것은 그의 마음이 세상 젖을 떼고 하나님의 일들에 훨씬 친숙한 상태임을 보여주는 증거가 될 것입니다.

---

60 살전 5:17, 엡 6:18 참고

3. 이 의무에 점점 더 게으르고 태만해지는 것은 위험한 일로서 그것이 슬픈 결과를 낳는다는 것은 다양한 것들을 통해 입증됐습니다. 이 하늘의 직무를 여러 해 동안 감당해 오던 사람들이 주 앞에서 기도하는 일에 부주의하고 게을러지거나, 혹은 그분 앞에 무릎을 꿇는 것이 드물어진다면, 그것은 그들이 신앙의 능력을 누리는 것과 신앙 안에서의 달콤함을 잃은 상태이며, 배도로 가는 넓은 길에 들어섰음을 증거하는 것입니다. 개가 자신이 토한 것으로 돌아가고 깨끗하게 씻은 돼지가 다시 진흙탕에 뒹구는 것 같은 경우가 결코 적지 않습니다. 어떤 사람들은 심판의 주요 표지가 되고 배도자들의 대표가 되기도 합니다. 배도의 뿌리를 가진 어떤 사람들은 양심 속에서 일어나는 큰 격동을 느낍니다. 그 격동은 자신과 주변 모든 것들을 두려워하게 만들고 하나님의 얼굴빛을 되찾기까지 하나님과 극심하고 쓰라린 씨름을 해야 하는 대가를 지불하게 됩니다. 그러므로 주를 위하여, 또한 여러분 자신을 위하여 이 직무를 부지런히 수행하십시오. 그 일을 소홀히 하지 않도록 열심을 내십시오. 그래서 하나님의 성전을 더럽히는 자가 받는 징벌을 받지 않도록 하십시오.

권면 2

부모와 각 가정의 가장들에게 말씀드립니다. 하나님의 긍휼과 여러분이 주 예수께 빚진 사랑, 그리고 자녀들과 종들의 영혼에 대해 품어야 할 관심에 의존하여 여러분에게 촉구하고 호소합니다. 스스로 은밀한 기도를 드리는 것을 넘어서 그들을 향해 합당한 모든 수단과 명령, 충고, 권면 등을 동원하여 그들도 이 은밀한 기도의 의무에 열심을 내도록 만드십시오. 동기부여를 위해 다음의 내용을 숙고하십시오.

1. 그것은 세례 요한이 실천했던 일이며, 교회의 위대한 선지자이신 그리스도 자신도 행하셨던 일입니다. 누가복음 11장 1절을 보십시오.[61] 이처럼 이 의무는 최고의 권위자께서 촉구하신 일이며 가장 뛰어난 분이 승인한 모범입니다. 그리스도께서 제자들에게 기도할 것을 가르치고 강조하셨습니다. 그 목적 달성을 위해 그들에게 뛰어난 지도서를 주셨습니다. 당시 그들에게 가장 적합한 내용으로 말입니다. 여러분도 그것으로 자녀들과 종들을 가르치는 일에 규칙으로 삼는다면 잘하는 것이 될 것입니다.

2. 하나님께서 그 일을 공개적으로 명하셨습니다. "네 자녀에게 부지런히 가르치며 집에 앉았을 때에든지 길을 갈 때에든지 누워 있을 때에든지 일어날 때에든지 이 말씀을 강론할 것이며"(신 6:7). 이처럼 그들은 이 의무를 날마다 스스로 실천하되 자녀들이 자신의 의무가 무엇인지 알게 할 뿐 아니라 그것을 실천하도록 이끌기 위해 힘써야 합니다. 도덕적 의무로서의 이 명령은 신자된 부모와 각 가정의 가장인 여러분들에게도 동일하게 부여된 것입니다. 여러분은 이 직무를 실천함에 있어서 이스라엘 백성들이 가졌던 것보다 훨씬 더 큰 이점들을 지니고 있습니다. 그들은 기록된 성경의 매우 적은 부분만 가지고 있었지만, 여러분의 손에는 성경 전체가 들어와 있기

---

61 눅 11:1 예수께서 한 곳에서 기도하시고 마치시매 제자 중 하나가 여짜오되 주여 요한이 자기 제자들에게 기도를 가르친 것과 같이 우리에게도 가르쳐 주옵소서

때문입니다.

3. 하나님께서는 창세기 18장에서 아브라함에게 이 직무의 실천을 요구하십니다. "내가 그로 그 자식과 권속에게 명하여 여호와의 도를 지켜 의와 공도를 행하게 하려고 그를 택하였나니 이는 나 여호와가 아브라함에게 대하여 말한 일을 이루려 함이니라"(창 18:19). 이처럼 만일 여러분이 이 의무를 마음으로 실천한다면, 여러분은 신실한 믿음의 조상들이 걸었던 길을 걷게 될 것이며, 주께서 여러분의 가정을 축복하시고 외적인 번영을 주셔서 하나님의 인정을 받은 자라는 증표를 얻게 될 것입니다. 또한, 다른 사람들의 모범이 되게 하셔서 그들도 자기 의무를 기쁘게 행하게 만들 것입니다. 이러한 삶은 성실하고 사랑스러운 자녀들을 얻고 순종적이고 신중한 종들을 얻게 하는 효과적인 방법이 될 것입니다.

4. 자녀들이 세례받을 때 여러분이 받아들인 언약을 숙고해 보십시오. 그들을 주의 선하시고 거룩한 길 안에서 양육하겠다는 약속과 그들 본성의 부패함과 적대감, 선한 일에 대한 무능력을 가르치고 그리스도의 순종과 죽음으로 말미암는 구원의 방법을 교훈하겠다는 약속을 했습니다. 그리고 믿음으로 그분의 언약을 붙들어서 주께 그들 자신을 의탁하도록 이끌겠다는 약속도 했습니다. 그때 여러분은 거룩한 신앙의 원리들 안에서 그들을 훈계하는 의무를 가지게 된 것이며, 하나님과 사람에 대한 그들의 의무를 보여주고 하나님의 율례와 계명들을 지키도록 하는 의무를 소유하게 된 것입니다. 그러므로 만일 여러분이 그들을 가르치는 일에 수고를 감당하지 않거나, 특히 은밀한 기도를 실천하도록 그들을 이끌지 않는다면, 여러분은 이와

같은 자신의 의무를 성취시킬 수 없습니다.

5. 그들의 영혼은 여러분에게 맡겨져 있습니다. 만일 여러분의 게으름 때문에 그들이 망한다면, 그들의 피를 여러분의 손에서 찾게 될 것입니다. 아, 나의 친구 여러분, 교황주의자들과 그 주변 사람들이 심판 날에 여러분을 대항하여 일어설 것입니다. 그들은 자기 자녀들을 위해 더 많이 수고했습니다. 여러분이 가진 순결한 교리와 교훈들이 아닌, 그들의 거짓되고 부패한 교리와 우상숭배적이고 미신적인 가르침들로 양육하기 위해서 말입니다. 만일 여러분이 지금 그들의 신앙 교육과 훈육을 게을리한다면 여러분이 잃어버린 자녀들과 종들이 여러분과 함께 살았던 시절을 저주할 것입니다. 여러분이 동물들을 돌보는 것보다 더 적은 관심을 그들에게 베풀었다고 말입니다. 이, 이 슬픈 생각이 여러분을 자극해서 지금 자신의 의무에 열심을 내도록 하십시오. 여러분의 자녀들과 종들이 심판 날에 당신을 욕하며 일어나 당신이 받을 정죄에 두려운 추가물이 되지 않도록 말입니다.

그렇다면 우리는 무엇을 해야 할까요? 다음과 같이 할 수 있을 것입니다.

1. 자녀들이 말을 할 수 있게 되면 곧바로 매일 아침, 저녁 무릎을 꿇고 하나님께 드릴 수 있는 몇 마디의 말을 알려 주고 그들이 그렇게 하는지 살펴보십시오. 그 몇 마디 말 안에 짧은 죄 고백과 돌보아주시는 하나님의 선하심을 인정하고, 자신의 죄가 예수님의 피로 용서를 얻었다는 내용이 포함되게 하십시오.

2. 해가 지나 그들이 더 자라면 그들에게 형식화된 기도문을 주되 성경 구절들로 구성되게 하고, 특히 그리스도께서 제자들에게 가르치신 기도문을 알려 주십시오. 때때로 그들에게 다양하고 확장된 형태의 기도문을 줄 수 있도록 하십시오. 가끔씩 성경을 읽어주고 아이들의 상태나 필요를 적절하게 고려해주면 그들은 고정된 형태의 기도문 없이 기도할 수 있게 될 것입니다. 어린아이들이 그들에게 주어진 기도문대로 마음을 기울여 기도하고 그 의무를 즐거워할 때, 성령께서 도우시는 능력으로 감화하셔서 적절한 기도의 내용을 그들로 깨닫게 하시는 것을 종종 목격합니다. 그래서 아주 어린 사람이라 해도 큰 자유로움과 열정으로 기도하는 모습을 보게 되며 그 기도를 우연히 들은 사람들은 감탄을 자아내게 됩니다.

3. 자녀들과 함께 자주 기도하십시오. 그것은 자녀들에게 기도의 내용과 방식 모두를 가르치는 탁월한 수단이 될 것이며, 그들이 자신을 위해 기도하도록 이끄는 일에 강력한 영향을 끼치게 될 것입니다. 만일 부모가 자녀들과 함께 기도하면서 이 의무 실천에 더욱 마음을 기울인다면 그 어린아이들은 다른 아이들과 달리 이 의무에 대한 반감을 품지 않을 것이며, 우리 중에 기도 없이 살아가는 젊은 죄인들과 같은 류의 아이들이 사라질 것입니다. 기도하기를 배우지는 않으면서 헛되고 게으른 말이나, 저주나 조롱의 말은 유창하게 하는 그런 사람들 말입니다.

4. 자녀들에게 날마다 적절한 기도 제목들을 제공하십시오. 그것들은 주님의 말씀과 여러분 자신의 영적 상태나 기질을 관찰하는 데서 얻을 수 있고, 자녀들의 성향과 기질, 그들이 자주 빠지는 죄와

헛된 일들에서도 얻을 수 있으며, 그들의 특별한 소원과 욕망에 대한 여러분의 지식과 그들의 상황과 환경에 적절해 보이는 것이 무엇인가를 통해서도 얻을 수 있습니다.

5. 자녀들이 이 의무를 실천하는지 여부를 주의 깊게 관찰하십시오. 그들이 잘 실천할 때는 용기를 북돋아 주시고 게을리할 때에는 점검하고 책망하십시오. 여러분이 하나님의 권위와 말씀으로부터 영향을 받고 있다는 점과 이 문제와 관련하여 여러분이 하는 모든 일에 있어서 자녀들의 영혼 구원을 향한 열심과 관심을 품고 있다는 사실을 자녀들에게 보여주십시오. 그들에게 격려와 조언을 줄 때든지, 이 의무 실천에 무관심하고 게을러 꾸짖고 책망할 때든지 말입니다. 이런 태도는 여러분의 가르침과 지도와 함께 하여 자녀들에게 결코 적지 않은 영향을 미치게 될 것이며 점차 그들의 반감을 정복하여 그 의무를 실천하게 만들 것입니다. 결국 여러분은 하나님의 축복을 통하여 자신의 수고와 노력의 행복한 열매를 보게 될 것입니다.

하나님께 드리는 기도에서
하나님께서 자기 백성들에게 주신 유일한 규칙

첫째, 그 목적을 위해 우리에게 일반적인 규칙이 주어졌습니다. 즉, 우리가 믿고 행해야 할 모든 것에 관한 하나님의 뜻이 하나님의 모든 말씀, 곧 구약과 신약 성경 안에 계시되어 있다는 것입니다. "그를 향하여 우리가 가진 바 담대함이 이것이니 그의 뜻대로 무엇을 구하면 들으심이라"(요일 5:14). 우리의 성경을 통하여 우리는 기도하는 법을 배울 수 있습니다. 왜냐하면 이 의무를 위한 모든 종류의 도움과 지침들을 성경에서 얻을 수 있기 때문입니다. 기도의 내용, 태도, 언어와 같은 것들입니다. 따라서 성경은 기도의 완벽한 지침서입니다.

1. 성경은 기도의 내용을 풍성하게 제공합니다. 간구와 고백 등과 같은 내용입니다. "내가 주께만 범죄하여 주의 목전에 악을 행하였사오니 주께서 말씀하실 때에 의로우시다 하고 주께서 심판하실 때에 순전하시다 하리이다 내가 죄악 중에서 출생하였음이여 어머니가 죄 중에서 나를 잉태하였나이다"(시 51:4-5). "아무것도 염려하지 말고 다만 모든 일에 기도와 간구로, 너희 구할 것을 감사함으로 하나님께 아뢰라"(빌 4:6). 자신 안에 하나님의 말씀이 풍성히 거하는 사람은 무엇을 기도해야 할지에 대해서 부족함이 없을 것입니다. 자신을 위한 기도이든든, 다른 사람을 위한 기도이든 말입니다. 성경은 기도의 백화점입니다. 온갖 종류의 물건을 갖추고 있습니다. 우리는 자신에게 맞는 내용이라면 어떤 것이든 마음껏 사용할 수 있습니다.

2. 성경은 기도의 자세와 관련하여 우리의 완벽한 인도자입니다. 예를 들어 히브리서 는 우리가 신실한 마음으로 기도해야 한다고 가르칩니다. "우리가 마음에 뿌림을 받아 악한 양심으로부터 벗어나고 몸은 맑은 물로 씻음을 받았으니 참 마음과 온전한 믿음으로 하나님께 나아가자"(히 10:22). 시편 10편은 겸손을 가르칩니다. "여호와여 주는 겸손한 자의 소원을 들으셨사오니 그들의 마음을

준비하시며 귀를 기울여 들으시고"(시 10:17). 믿음의 자세와 열심에 대해서는 야고보서에서 다음과 같이 가르칩니다. "오직 믿음으로 구하고 조금도 의심하지 말라 의심하는 자는 마치 바람에 밀려 요동하는 바다 물결 같으니"(약 1:6). "그러므로 너희 죄를 서로 고백하며 병이 낫기를 위하여 서로 기도하라 의인의 간구는 역사하는 힘이 큼이니라"(약 5:16). 기도할 때 거룩한 말씀에서 배우는 것 외에 다른 요건은 없습니다.

3. 성경은 우리가 기도할 때 사용할 가장 적절한 단어들을 제공해 줍니다. 주님 앞에서 자신의 소원을 표현할 어휘를 찾고 싶습니까? 주님께서 성경에 자신의 단어들을 우리에게 주셨습니다. 그 결과 우리는 자신의 필요에 따라 단어를 사용할 수 있게 되었습니다. "너는 말씀을 가지고 여호와께로 돌아와서 아뢰기를 모든 불의를 제거하시고 선한 바를 받으소서 우리가 수송아지를 대신하여 입술의 열매를 주께 드리리이다"(호 14:2).

둘째, 주 예수께서 그 목적을 위해 우리에게 주신 특별한 규칙이 있습니다. 즉, 그리스도께서 제자들에게 가르쳐주신 주기도문이라고 불리는 기도문 형식입니다. 그것은 그리스도께서 우리를 가르치시려고 친히 만드신 탁월하고 모범적인 기도의 형식으로서, 모든 신자들이 최고의 경외심을 가지고 주님 자신의 말씀으로 받아들여야 할 내용입니다. 그러나 이 기도문이 예수 그리스도 자신이나 다른 사도들만을 위하여, 다른 형태로는 사용될 수 없고 고정된 형태로 의무화하여 주신 것은 아니었습니다. 주후 618년 톨레도 공회에서 오랜 논란 끝에 목회자들에게 그 의무를 부여한 것은 사실입니다. 하지만 그 당시는 적그리스도가 왕좌에 오른 상태였고 교황주의자들[62]이 그 이후 오늘날까지 그것을 미신적으로 남용해 왔습니다. 저는 모든 개신교회 성도들이 '죄 없다' 호소할 수 있다고 생각합니다. 이 점을 분명히 하기 위해, 다음 사실을 생각해야 합니다.

1. 주기도문은 기도를 위한 하나의 지도서로, 모범적 형식으로 주어진 것입니다. 우리는 그 내용을 활용하여 우리의 간구를 조정하고 다른 기도를 만들어야 합니다. 이 점은 주기도문이 등장하는 성경 본문을 볼 때 확실히 알 수 있습니다. "너희는 이렇게 기도하라…"(마 6:9). 이 표현은 짤막한 단어들로 이루어진 대단히 핵심적 지침으로서 연구하고 이해한다면 기도하는 모든 사람의 눈이 번쩍 뜨일 수 있는 내용입니다. 그 안에서 우리는 알려진 언어로 기도하라는 가르침을 얻습니다. 또한 중언부언하지 말라는 가르침과 하나님께만 기도할 것, 허용된 것들을 위해 기도하라는 가르침을 얻고, 하나님의 영광과 우리 자신의 유익에 최고의 관심을 기울이라는 가르침도 얻습니다.

2. 주기도문을 기도로 사용할 수도 있습니다. 그렇게 하기 위해서는 바른 이해와 믿음, 경외심, 또한 다른 기도의 은혜들을 품고 있어야 합니다. 그래서 우리는 그 단어들 자체를 우리의 말로 정당하게 사용할 수 있게 됩니다. 마태복음 6장 9절[63]을 누가복음 11장

---

62 역자 주: 중세 시대 카톨릭 교회를 지칭한다.
63 마 6:9 그러므로 너희는 이렇게 기도하라 하늘에 계신 우리 아버지여 이름이 거룩히 여김을 받으시오며

2절[64]과 비교하여 보십시오. 웨스트민스터 대요리문답 187번[65]과 웨스트민스터 예배 모범 '설교 후의 기도(Of prayer after Sermon)' 제목의 다섯 번째 부분[66]을 보십시오. 누가 이 가르침을 거절할 수 있습니까? 그것은 성경의 한 부분이요 주님 자신의 말씀입니다. 너무 연약하여 기도할 소원조차 품을 수 없는 사람들도 이 거룩한 기도문은 적절히 사용할 수 있습니다. 보다 더 발전된 형태로 만들어 가려고 애써야 한다 하더라도 말입니다. 때때로 깊은 침체 속에서 기도의 소원을 품을 수 없는 신자들도 이 기도문을 대단히 성공적으로 사용해왔

---

64 눅 11:2 예수께서 이르시되 너희는 기도할 때에 이렇게 하라 아버지여 이름이 거룩히 여김을 받으시오며 나라가 임하시오며

65 웨스트민스터 대요리문답 187번, 질문: "주기도는 어떻게 사용되어야 합니까?"
대답: "주기도는 다른 기도를 만들어야 할 하나의 본으로서의 지침이 될 뿐만 아니라, 이것은 또한 (그 자체로서) 기도로 사용할 수 있으므로 올바로 기도하기에 필요한 이해와 믿음과 경외심과 그 밖의 다른 은혜와 함께 사용되어야 합니다."

66 웨스트민스터 예배모범 '설교 후 기도': 설교가 끝나면 목사는 "그의 아들 예수 그리스도를 우리를 위해 보내 주신 하나님의 사랑을 감사하고, 성령의 교통하심과 영광스러운 복음의 빛과 자유를 위하여, 그리고 그 안에 드러나 풍성하고 신령한 축복을 위하여 즉 선택하심과 부르심과 양자 삼으심과 의롭다 하심과 성화시키심과 영광의 소망을 위하여 감사하고, 온 나라를 적그리스도의 흑암과 독재에서 자유케 하시는 하나님의 선하심을 위하여, 그리고 종교 개혁을 위하여, 언약과 이 세상의 많은 축복을 위하여 감사하고 기도할 것은, 복음과 거기에 있는 모든 율례가 순결과 권능과 자유 안에서 계속될 것과 설교의 주되고 가장 유용한 항목들을 간구 제목으로 만들어 청원하고 또 기도할 것은 그것이 마음에 심기어져 열매를 맺게 하소서" 할 것이다.
또 기도할 것은 "사망과 심판을 예비하고 우리 주 예수 그리스도의 오심을 깨어 기다리게 하시고 우리의 신령한 일들의 죄악을 용서해 주시고, 우리의 영적 제사를 우리의 대제사장 구주 예수 그리스도의 공로와 중보를 통하여 받아 주옵소서" 할 것이다. 그리고 그리스도께서 제자들에게 가르치신 기도는 기도의 모형일 뿐만 아니라, 그것이 바로 가장 포괄적인 기도이므로 우리는 주기도문을 교회에서 기도할 때 사용할 것을 추천한다.
그리고 성찬 집례시나 공중 금식 혹은 감사 기간이나 특별한 행사 때 등 특별한 간구와 감사를 드려야 할 때는 우리의 대중 기도에 그것을 표현해야 한다. 예를 들면, 지금 이때는 교직자 총회에 축복 내려 주시기를 기도하고 해군과 육군을 위해 기도하고 왕과 의회와 왕국을 보호해 주실 것을 기도하는 것이 우리의 의무인 것과 같다. 그리고 목사마다 그런 행사 때를 당하면 설교 전이나 후에 그것을 위하여 기도하여야 한다. 그러나 어떤 태도로 할 것인가에 대해서는 자유롭게, 하나님께서 인도하시고 그 의무를 감당할 믿음과 지혜를 주시는 대로 할 것이다. 기도가 끝나고 나서 그때 온 교회가 해야 하는 다른 행사가 없으면 목사는 엄숙한 축도로 회중을 해산할 것이다.

다는 사실을 알고 있습니다.

3. 그러나 우리 주님은 우리가 하나님께 기도할 때 반드시 이 형태의 내용만을 사용하도록 의무화하지는 않으셨습니다. 이 점은 다음 이유를 볼 때 확실합니다.

⑴ 성경에 기록된 이후의 기도들은 이러한 단어 형태도 아니고 그와 같이 마무리되지도 않기 때문입니다. 요한복음 11장 41절[67]을 보면 주님 자신도 나사로의 무덤 앞에서 기도하실 때 주기도문대로 기도하지 않으셨고, 요한복음 17장[68]에 기록된 주님의 마지막 기도 역시 그렇지 않았습니다. 사도행전 1장 24절[69]에 나오는 사도들의 기도도 그렇지 않고, 사도행전 4장 24절[70]의 교회의 기도도 그렇지 않습니다.

⑵ 이 기도는 마태와 누가가 조금은 다른 형태로 소개하고 있고, 오직 이 두 명의 복음서 저자들만이 그것을 소개하고 있습니다. 물론 단어들의 의미나 내용에는 그 둘 사이에 완벽한 조화가 있는 것이 확실합니다. 하지만 두 내용을 함께 비교한 모든 사람들은 그 표현의 분위기나 방식이 상당 부분 서로 다르다는 사실도 확실히 알 수 있습니다. 특별히 네 번째와 다섯 번째 간구 내용이 그렇습니다. 만약 그 기도문이 기도문 형식으로 쓰이기 위해 고안된 것이라면 그

---

67 요 11:41 돌을 옮겨 놓으니 예수께서 눈을 들어 우러러 보시고 이르시되 아버지여 내 말을 들으신 것을 감사하나이다

68 역자 주: 요한복음 17장에는 예수님께서 대제사장으로서 드린 생애 마지막 기도 내용이 담겨 있다.

69 행 1:24 그들이 기도하여 이르되 뭇 사람의 마음을 아시는 주여 이 두 사람 중에 누가 주님께 택하신 바 되어

70 행 4:24 그들이 듣고 한마음으로 하나님께 소리를 높여 이르되 대주재여 천지와 바다와 그 가운데 만물을 지은 이시요

럴 수 없다는 것이 확실합니다.

누가복음에서 네 번째 간구는 이렇게 나타납니다. "우리에게 날마다 일용할 양식을 주시옵고(Give us day by day our daily bread, 눅 11:3)." 하지만 마태복음은 이렇게 표현합니다. "오늘 우리에게 일용할 양식을 주시옵고(Give us this day our daily bread, 마 6:11)." 후자(마태복음)는 현재의 필요를 공급해 주시기를 호소하는 내용이라면 전자(누가복음)는 우리에게 날마다 생겨나는 필요를 공급해 주시기를 호소하는 내용입니다. 따라서 이 둘 모두의 내용을 비교하면서 우리는 우리가 현재 필요한 일시적 필요들과 날마다 우리의 자리에서 발생하는 필요들의 공급을 위해 기도하라는 지침을 얻게 됩니다. 그것은 아주 주목할 만한 차이를 보여주는 것입니다. 누가복음에서 다섯 번째 간구는 "우리가 우리에게 죄 지은 모든 사람을 용서하오니 우리 죄도 사하여 주시옵고(Forgive us our sins; for we also forgive every one that is indebted to us, 눅 11:4)"로 소개되고 그에 반하여 마태복음에서는 아주 다른 표현이 등장합니다. 즉 "우리가 우리에게 죄 지은 자를 사하여 준 것 같이 우리 죄를 사하여 주시옵고(Forgive us our debts as we forgive our debtors, 마 6:12)"입니다. 그리고 누가는 찬양을 빠뜨리지만 마태는 다음의 찬양을 소개하고 있습니다. "나라와 권세와 영광이 아버지께 영원히 있사옵나이다 아멘(마 6:13)."

이러한 사실들로부터 우리는 다음의 사실을 정당하게 추론할 수 있습니다. 즉, 주님께서 이 기도를 제자들에게 제시하신 의도는 그들이 그 어떤 변형도 없이 거기서 사용된 표현 방식으로만 기도하도록 그들을 제한시키시는 것이 아니라는 점입니다. 왜냐하면 만일 그럴 경우 이 두 복음서 저자는 서로 똑같은 단어로 그것을 기록했을 것이 분명하기 때문입니다. 주님은 그것이 기도에 있어 하나의 지침서가 되기를 의도하신 것입니다. 그러므로 그 기도문 단어 형태를 정확하게 사용하는 것은 불가능합니다. 한 가지 형태가 아니기 때문입니다. 우리를 반대하는 사람들은 이렇게 질문합니다. "누가복음 11장 2절이 '너희는 기도할 때에 이렇게 하라(When you pray, say…)'라고 말하지 않습니까? 우리는 이 단어 형태만을 그대로 사용해야 합니다." 하지만 이에 대한 저의 답변은 이렇습니다. 이 구절은 기도의 태도를 말하는 것입니다.

즉 '그 문제에 대하여 이렇게 말해라. 이 태도를 품고 기도해라'라는 뜻입니다. 마태복음 6장 9절과 비교해 보십시오. 만일 다르게 이해해야 한다면 (1) 마태복음 10장 7절에서 "가면서 전파하여 말하되 천국이 가까이 왔다 하고" 하셨으므로 제자들의 설교는 반드시 이 내용 그대로여야 했을 것입니다. 그러나 그렇지 않았다는 것을 확실히 알 수 있습니다. (2) 다른 단어를 사용해서 기도하는 것은 불법이 될 것입니다. 어떤 신자도 감히 그렇게 말할 수는 없습니다. (3) 교황주의자들도, 감독주의자들도 누가복음에 나오는 기도문 내용으로는 기도하지 않습니다. 마태복음의 기도문 내용을 사용할 뿐입니다. 이로써 그렇게 주장하는 사람들은 자기들 주장의 근거를 잃어버립니다.

한 걸음 더 나아가, 우리 구주께서 이 기도를 특정 형태로서가 아닌 우리의 간구 내용과 관련하여 하나의 지침으로 주고자 하시는 것이 핵심이라는 점을 생각할 수 있습니다. 이 기도문은 외형적으로 기도의 모든 부분을 포함하고 있지 않기 때문입니다. 특별히 죄의 고백과 긍휼에 대한 진실한 감사 부분이 그렇습니다. 다시 말해 우리가 기도할 때 그 이름을 의지하는 중보자에 대한 외형적이고 직접적인 언급이 나타나 있지 않다는 뜻입니다. 그분의 순종, 고난, 중보기도 등도 나타나지 않습니다. 그것들은 우리 기도의 효력의 기초이고 그 사실들에 우리 기도의 성공이 달려 있음에도 말입니다. 우리는 그런 기도의 내용들은 성경의 다른 부분들에서 얻어야 합니다. 그 모든 것들이 합쳐져 기도에 대한 완벽한 지침을 우리에게 제공합니다.

이 모든 내용으로 미루어, 저는 확실히 말씀드릴 수 있습니다. 이 뛰어난 형태의 모범을 따라 이루어진 기도는, 그 기도문을 관통하여 흐르는 여러 간구들의 본질을 지닌 것으로, 참된 성경적 기도라 할 수 있습니다. 비록 그것이 다른 단어들로 이루어진 것이라 할지라도 말입니다. 또한 주기도문으로 마무리할 필요도 없습니다. 그러므로 교황주의자들이나 주기도문과 꼭 같은 내용으로 자신의 기도를 마무리하는 많은 개신교도들은 그 기도문을 미신적으로 사용하는 것이라고 생각할 수밖에 없습니다. 주기도문의 단어들을 단순히 인용하는 것이 사람들로 하여금 그들 자신의 기도를 거룩하게 만든다고 상상하도록 만들기 때문입니다. 또한 제가 헛된 것이라고 말할 수밖에 없는 이 반복이 빠져 있는 다른 형태의 기도는 하나님께서 받지 않으신다고 상상하도록 만들기 때문입니다.[71]

---

71 기도할 때 자극을 얻고 마음을 전달하며 감정을 쏟는 데 도움을 얻도록 말씀을 활용하는 일이 있습니다. "너는 말씀을 가지고 여호와께로 돌아와서 아뢰기를 모든 불의를 제거하시고 선한

바를 받으소서"(호 14:2). 우리가 홀로 기도할 때나 단체로 기도할 때 다음과 같은 요소들을 고려할 수 있을 것입니다.

1. 홀로 기도할 때. 전도서 5장 2절에 나타나는 성령의 교훈을 받으십시오. "너는 하나님 앞에서 함부로 입을 열지 말며 급한 마음으로 말을 내지 말라 하나님은 하늘에 계시고 너는 땅에 있음이니라 그런즉 마땅히 말을 적게 할 것이라." 엄숙한 마음으로 적은 말, 즉 단어로 보다는 감정으로 말하는 것입니다. 양심을 살피며 적게 말하는 것입니다. 너무 짧게도, 너무 길게도 기도하지 마십시오. 그저 길게 늘어뜨리는 기도를 하지 마십시오. 혹은 긴 것이 더 낫다고 생각하면서 기도하지 마십시오. 경외심을 품은 적은 말과 진지함, 두려움, 그리고 엄숙함을 품은 적은 말로 기도하십시오. 그 기도는 하나님께 아뢰어 드리는 것이기 때문입니다.

2. 단체로 기도할 때. 그때 우리의 말은 반드시 적절하고 질서 있으며 하나님을 감동시키는 것만큼 회중들에게도 감동을 끼치는 것이어야 합니다. 경외심과 진지함을 갖춘 것으로 그 의무의 엄숙함에 걸맞은 것이어야 하며 하나님에 대한 바른 생각을 품되 특별히 그가 어떤 분이신지 생각하고 그가 영이시며 그를 예배하는 자들이 영과 진리로 예배해야 한다는 사실을 생각하면서 기도해야 합니다.

맨톤 박사(Dr. Manton), "주기도문에 대하여"(On the Lord's Prayer)

제3장 : 하나님에 대하여

영원히 순결하고 완전하신 영으로서의 하나님에 대한

바른 지식 형성을 돕는 지침

1. 하나님은 몸이나 신체적 부위들을 지니고 있지 않습니다.

반론: 성경에서 눈, 귀, 손, 얼굴 등으로 하나님을 표현하는 것은 어떻게 된 것입니까?

대답: 그 표현들은 하나님께 타당한 것은 아니며 다만 비유적으로 표현한 것들입니다. 인간의 모습을 따라 그분을 설명한 것으로 우리의 연약한 위치까지 자기를 낮춘 표현이라는 말입니다. 하지만 우리는 그것들을 신적 존귀를 지닌 것으로 이해해야 합니다. 우리는 몸의 부분들이 어떻게 우리를 돕는 역할을 하는지 숙고해야 합니다. 예를 들면 우리 눈은 분별과 인식을 돕고, 우리 팔은 힘을, 손은 활동을 돕는 등의 역할을 하는 것으로 말입니다. 또한 이러한 활동들이 하나님 안에 영원히 존재한다는 사실을 인식해야 합니다. 이 신

체의 부분들이 우리 안에서 도움을 제공하는 것처럼 말입니다. 이처럼 하나님께 눈과 귀가 있다고 할 때 그것들은 그의 전지하심을 나타내고, 그의 손은 그의 능력을, 그의 얼굴은 그의 사랑과 자비 나타내심을 의미합니다.

2. 하나님은 보이지 않으시며 육체적 눈으로는 볼 수 없는 분이시고 하늘에서도 마찬가지입니다. 왜냐하면 영화롭게 되었다고 할지라도 몸은 여전히 몸이며, 하나님은 영이셔서 그 몸의 눈으로 볼 수 있는 실체가 아니기 때문입니다. 소리나 맛, 냄새 등의 감각으로도 알 수 없습니다. "영원하신 왕 곧 썩지 아니하고 보이지 아니하고 홀로 하나이신 하나님께 존귀와 영광이 영원무궁하도록 있을지어다 아멘"(딤전 1:17).

3. 우리의 영혼은 영이며, 하나님은 우리 영혼 본성의 가장 적합한 선이십니다. 그래서 하나님은 친히 교제하실 수 있고 그러한 교제를 우리 영혼에도 적용하실 수 있습니다. 그것만이 교제하는 자들에게 행복을 전달할 수 있는데 그분은 하나님이시며 우리 영혼의 아버지이시기 때문입니다.

4. 그분의 형상을 만들거나 그림으로 그리는 일, 머리 속으로 그의 모습을 그리는 일조차도 하나님께 죄악된 일이며 그의 명예를 훼손시키는 일입니다. 그러한 부적절한 상상은 그 자체로 하나의 틀을 만드는 경향이 있는데, 특히 기도할 때 그러합니다. 그런 이유로 하나님은 우리의 상상의 대상이 아닌 이해의 대상이십니다. 하나님께서는 이스라엘 자손들에게 하나님의 어떤 형상이나 모형 만드는 일을 공개적으로 금하셨습니다. 그들에게 말씀하시기를 "호렙 산 불길

중에서 너희에게 말씀하시던 날에 너희가 어떤 형상도 보지 못하였다"라고 말씀하실 만큼 그런 일을 꿈도 꾸지 말라고 하셨습니다. 신명기 4장 12, 15, 16절을 보십시오. 또 이사야 선지자는 그의 선지서에서 이렇게 말합니다. "그런즉 너희가 하나님을 누구와 같다 하겠으며 무슨 형상을 그에게 비기겠느냐"(사 40:18). 우리는 눈에 보이지 않는 우리 자신의 영혼이나 영들에 대해서도 정확한 모습을 상상해낼 수 없습니다. 보이지 않으시는 하나님은 더욱 그러하십니다. 그분은 그 어떤 인간도 보지 못했고 볼 수 없는 분이십니다. 그러므로 보이지 않는 영적인 것들을 상상하거나 그리는 일은 매우 어리석고 이룰 수 없는 일입니다. 생각할 수도 없는 일입니다. 그건 끔찍한 우상숭배요 2계명에서 금지한 행위입니다.

5. 예배의 외적 요소들은 하나님께 거의 가치가 없는 것들입니다. 그분은 영이시기에 마음을 요구하시기 때문입니다. 그러므로 하나님께 받아들여지기를 원하는 자들은 반드시 그를 영(in spirit)과 진리(in truth)로 예배해야 합니다. 그런 태도는 그가 그리스도 안에서 가련한 죄인들을 위해 행하신 일에 대한 이해와 구원 얻는 지식에서 얻을 수 있습니다. 그리스도 안에 있는 하나님을 아는 구원 얻는 지식(the saving knowledge of God in Christ)은 이생에서 얻을 수 있습니다. 왜냐하면 그것은 하나님의 약속에 해당하기 때문입니다. "내가 여호와인 줄 아는 마음을 그들에게 주어서"(렘 24:7). 요한복음은 "선지자의 글에 그들이 다 하나님의 가르치심을 받으리라 기록되었다"(요 6:45)고 말합니다. 그러므로 우리는 그 지식을 얻기 위해 최고의 열심과 수고를 쏟아야 합니다. 그것을 얻지 못하면 반드시 영원히 망할 것

이라는 생각을 가지고 말입니다.

하나님께서 영이신지 알기 위해 우리는 반드시 그의 속성들을 숙고해야 합니다. 그 속성들은 그의 말씀과 행하신 일들을 통해서 알 수 있습니다. 그 일은 두 가지 방식으로 이루어집니다.

⑴ 첫 번째는 부정하는 방식입니다. 즉 피조물인 우리들의 생각 속에 있는 모든 불완전한 요소들을 하나님에게서 제거시키는 것입니다. "이와 같이 하나님의 소생이 되었은즉 하나님을 금이나 은이나 돌에다 사람의 기술과 고안으로 새긴 것들과 같이 여길 것이 아니니라"(행 17:29). 이와 같은 방식으로 우리는 그의 비공유적 속성(incommunicable attributes)을 아는 지식에 이릅니다. 거기에는 소위 피조물들 안에 있는 그늘진 구석이나 흔적이 없기 때문입니다. 무한하심, 영원하심, 불변하심 등과 같이 말입니다.

⑵ 두 번째는 그분을 원인으로 삼는 방식으로, 즉 피조물 안에 존재하는 탁월함이 무엇이든지 간데 그분이 피조물들 안에 존재하는 모든 완전함의 근원이신 것을 생각한다는 말입니다. 시편 94편 9절은 이렇게 말합니다. "귀를 지으신 이가 듣지 아니하시랴 눈을 만드신 이가 보지 아니하시랴"(시 94:9). 이처럼 우리는 그분의 공유적 속성들(communicable attributes)을 지니고 있습니다. 그것은 피조물들 안에 남아 있는 어떤 흔적들이자 작은 부분들입니다. 이를테면 존재, 지혜, 능력 등과 같은 것들입니다. 그것들 안에는 그분의 영적 특성이 담겨 있습니다.

이와 같은 하나님의 두 종류의 속성들은 그분 자신과 구분되는 자질들이 아닙니다. 그것들은 곧 하나님 자신입니다. 하나님의 무한 성은 하나님 자신입니다. 그의 지혜도 그분 자신입니다. 하나님은 지혜시요 선하심입니다. 요한일서를 보십시오. "우리가 그에게서 듣고 너희에게 전하는 소식은 이것이니 곧 하나님은 빛이시라 그에게는 어둠이 조금도 없으시다는 것이니라"(요일 1:5). 이 속성들 중 어떤 것도 하나님 안에서 서로 구별되지 않습니다. 그것들 각각이 하나님 자신입니다. 왜냐하면 하나님께서는 자신을 가리켜 맹세하시기 때문입니다. "하나님이 아브라함에게 약속하실 때에 가리켜 맹세할 자가 자기보다 더 큰 이가 없으므로 자기를 가리켜 맹세하여"(히 6:13). 또 하나님은 자신의 거룩함을 가리켜 맹세하시기도 합니다. "주 여호와께서 자기의 거룩함을 두고 맹세하시되 때가 너희에게 이를지라 사람이 갈고리로 너희를 끌어가며 낚시로 너희의 남은 자들도 그리하리라"(암 4:2). 하나님은 스스로 창조하십니다. "네 구속자요 모태에서 너를 지은 나 여호와가 이같이 말하노라 나는 만물을 지은 여호와라 홀로 하늘을 폈으며 나와 함께 한 자 없이 땅을 펼쳤고"(사 44:24). 그의 능력으로 창조했다고도 말합니다. 로마서 1장 20절을 보십시오.[1] 그러므로 하나님의 속성들은 하나님 자신입니다. 이 속성들은 서로 분리될 수도 없습니다. 따라서 우리의 연약함 때문에 그 속성들을 구분해서 생각하고 말할 수밖에 없다 해도, 그것들은 모두 참된 것이며 신적 본성의 하나로써 무한한 완전함을 이룹니다. 그분이 무한하고 완전한 존재라는 사실을 부정하지 않는 한 그것들을 서로 분리시킬 수 없습니다.

---

[1] 롬 1:20 창세로부터 그의 보이지 아니하는 것들 곧 그의 영원하신 능력과 신성이 그가 만드신 만물에 분명히 보여 알려졌나니 그러므로 그들이 핑계하지 못할지니라

하나님의 지혜의 속성이 영광스럽게 드러난 일

1. 창조 사역 속에 나타나 있습니다. 우주는 맑은 거울과 같아서 그 안에 하나님의 지혜가 분명히 나타나 있습니다. "지혜로 하늘을 지으신 이에게 감사하라 그 인자하심이 영원함이로다"(시 136:5). "여호와께서는 지혜로 땅에 터를 놓으셨으며 명철로 하늘을 견고히 세우셨고"(잠 3:19). 특별히 하나님의 지혜는,

⑴ 그가 만드신 무수한 피조물의 종류들 안에 나타나 있습니다. 그래서 시편 기자는 외칩니다. "주께서 지혜로 그들을 다 지으셨으니 주께서 지으신 것들이 땅에 가득하니이다"(시 104:24).

⑵ 피조물들의 경탄스럽고 아름다운 질서와 조화 안에 나타나 있습니다. 하나님께서는 모든 것을 저마다 적합한 자리와 영역에 자리 잡게 하셨습니다. 예를 들어 태양은 자기 자리에서 창조주의 지혜를 빛냅니다. 행성들 중앙에 자리 잡 빛으아로 행성들을 밝히고 열로는 그것들을 뜨겁게 합니다. 그리하여 그것들에게 유익한 특성들을 전달하며 모든 다양한 생물체들을 복되게 만듭니다. 만일 태양이 별들처럼 너무 높게 자리 잡았다면, 이 땅은 태양의 풍성한 덕을 상실하고 모든 것을 깨어나게 하는 열의 결핍으로 인해 시체처럼 될 것입니다. 태양이 달처럼 너무 가까이 자리 잡았다면 대기는 과도한 열 때문에 불이 붙을 것이고 물은 마르고 모든 식물들은 타 죽을 것입니다. 하지만 태양이 적절한 거리에 위치한 결과, 공기를 정화시키고 과도한 물을 줄이며 땅을 적절히 데워 생명체와 초목들의 모든 성장을 돕게 됩니다. 우주 만물의 무질서와 혼돈이 아니고는 다

른 위치에 자리 잡을 수 없을 것입니다. 또 한 가지, 창공에서 땅까지 가득 찬 공기는 신적 지혜의 또 다른 증거입니다. 그것은 투명하고 미묘한 본질을 지닌 것으로서 빛이 통과하고, 하늘의 움직임들을 낮은 땅에서 볼 수 있게 하기에 적합한 매체입니다. 더 나아가 지상의 환경 또한 그것을 지으신 신적 조성자의 영원한 지혜를 나팔처럼 외칩니다. 왜냐하면 땅은 세상의 포장도로 같은 것으로서 가장 낮은 곳에 자리 잡고 가장 큰 몸집을 가진 존재로 가장 무거운 것들을 받치기에 적합하기 때문입니다.

(3) 모든 것이 고유의 목적과 사용에 적합하다는 사실 안에 나타나 있습니다. 따라서 어느 것도 부적절하거나 쓸모없는 것이 없습니다. 하나님의 행하심에 대한 성실하고 정확한 탐구는 어느 것도 남음이나 부족함이 없이 완전하다는 결론에 이르게 합니다.

(4) 모든 부분들이 한 가지 보편적 목적을 보조하고 있다는 사실 안에 나타나 있습니다. 비록 그 모든 것들의 본질이 달라서 그것들 사이에 엄청난 간격이 있다고 해도, 그들 모두는 한 가지 공통 중심, 즉 전체의 선과 보존이라는 중심에서 만난다는 것입니다. "여호와께서 이르시되 그날에 내가 응답하리라 나는 하늘에 응답하고 하늘은 땅에 응답하고 땅은 곡식과 포도주와 기름에 응답하고 또 이것들은 이스르엘에 응답하리라"(호 2: 21-22).

2. 세상을 통치하심 안에 나타나 있습니다. 하나님은 은밀한 곳에서 구름과 흑암에 둘러싸여 앉아 계시며 세상의 키를 손에 쥐고 우연과 사건 사고들을 자신이 정한 때에 다양하게 발생시키시면서 세상 역사의 바퀴를 굴리고 계십니다. 거기서 그는 자연의 거대한

엔진을 잡고 운전하십니다. 어떤 것은 조이고 어떤 것은 풀며, 그 안의 여러 톱니바퀴들을 움직이기도 하시고 제거하기도 하시며, 자신이 지닌 지식의 영원한 판단을 따라 모든 것을 조직하십니다. 그의 다스리시는 섭리를 통해 하나님은 자기 피조물들의 모든 행동을 지도하시며, 그의 신적 영향력의 은밀하고도 효과적인 침투를 통해 능력으로 그들을 움직이고 하나님의 기뻐하시는 길을 결정하게 하십니다.

3. 구속의 사역 안에 나타나 있습니다. 이것은 신적 지혜의 결정판으로서 그곳에서 하나님의 지혜의 다양성과 풍요로움이 빛납니다. 에베소서 3장 10절을 보십시오.[2]

(1) 신적 지혜는 구속의 방법을 고안하심 안에 나타나 있습니다. 인간이 스스로 범죄하여 타락했을 때 인간과 천사들의 어떤 지혜로도 인간을 회복시킬 방법을 찾아낼 수 없었습니다. 하늘은 이 끔찍한 사건으로 인해 둘로 나뉘어진 것처럼 보입니다. 즉, 긍휼은 인간을 구원하고자 하는 쪽으로 기울었지만, 공의는 만족을 요구하며 끼어들었습니다. 공의는 율법과 저주를 옹호했습니다. 그에 따르면 죄인들의 영혼은 보복으로 버림을 당해야 했습니다. 다른 한편으로 긍휼은 이렇게 호소했습니다. 전능자께서 영광스러운 일을 완성하시고 그것을 영원한 파멸 속에서 고통당하게 내버려 두시는가? 낮은 세상에 사는 가장 뛰어난 피조물이 악독하고 반역하는 영의 간교함 때문에 망해야 하는가? 저 반란군이 영원히 승리를 거두어 지존자의

---

2 엡 3:10 이는 이제 교회로 말미암아 하늘에 있는 통치자들과 권세들에게 하나님의 각종 지혜를 알게 하려 하심이니

행하심을 최종적으로 파멸시킨 자리에서 승리의 깃발을 들어올려야 한다는 말인가? 저 이성을 지닌 피조물이 하나님의 수고의 결실을 잃고 하나님은 피조물의 순복과 섬김을 잃어야 한다는 말인가? 온 인류는 헛된 창조가 될 것인가? 긍휼의 호소는 더 이어집니다. 만일 공의롭게 행하라는 단호한 요구가 있다면, 그것은 영원한 신적 본질 안에서 희미하고 무시당하는 속성으로 여겨져야 하고, 그 속성(공의)만 제외되어야 하며 나머지 속성들은 존귀를 공유해야 할 것입니다.

이처럼 이 문제는 영원한 난제였습니다. 천상의 모든 영이 지혜를 총동원해도 풀 수 없을 만큼 말입니다. 천사들의 재판관은 무한한 긍휼과 단호한 공의를 화해시키고 한쪽의 요구를 만족시키면서 다른 한쪽의 요청을 들어줄 방법을 고안해 낼 수 없었습니다. 이러한 절박한 어려움 속에 하나님의 지혜가 들어옵니다. 측량할 수 없는 광대한 빛의 보고 속에서 그 지혜는 다른 신적 완전함의 훼손 없이, 인간을 구원할 경탄할만한 방안을 찾아냈습니다. 하나님의 지혜는 공의의 요구가 심판으로 만족될 것이며, 긍휼의 호소는 용서의 형태로 허락될 것이라고 말했습니다. "공의는 심판의 결핍에 대해 불평하지 않을 것이며, 긍휼도 연민의 부족에 대해 원망하지 않을 것이다. 나는 공의를 만족시키는 영원한 희생을 얻을 것이고 그 희생의 덕과 열매는 긍휼에게 기쁨이 될 것이다. 이제 공의는 정당한 심판을 얻을 것이요 긍휼은 베풀 만한 용서를 얻을 것이다. 나의 아들이 죽을 것이며 그의 죽음으로 공의를 만족시킬 것이고 그 희생의 덕과 공로로 죄인들이 은혜를 입게 될 것이며 긍휼이 승리와 영광을 얻을 것이다." 바로 여기에 지혜가 가장 영광스럽게 나타나 있습니다.

② 인간과 하나님 사이를 화해시키기에 모든 면에서 자격을 갖춘 중보자를 임명하는 일에 나타나 있습니다. 중보자는 반드시 그가 화해시키고자 하는 양 당사자들에 대한 사랑과 정서를 지니고 있어야 합니다. 양 당사자들의 권한과 상처에 대한 올바른 존중과 두 사람 모두의 이익에 관한 관심을 지닌 사람이어야 합니다. 하나님의 아들은 성육신을 통하여 이 모든 자질을 완벽하게 지니셨습니다. 그는 하나님을 기쁘시게 할 수 있는 본성을 지니셨고 죄인들을 기쁘게 할 본성도 지니셨습니다. 그는 신성의 완전함과 인성의 모든 자질과 그리고 죄 없는 연약함을 동시에 지니셨습니다. 신성은 하나님께 속한 일을 위해 그를 적합하게 했고, 인성은 인간의 연약함을 알게 하는 데 그를 적합하게 했습니다. 그리스도의 인격 안에 신적 인간적 본성의 연합은 선지자, 제사장, 왕이라는 세 가지 직분을 감당하기에 적합한 자격을 갖추는 데 필수적이었습니다.

선지자로서 그분은 반드시 하나님이셔야 할 필요가 있었습니다. 그래야 우리에게 하나님의 뜻을 알게 하실 수 있고 우리 구원과 관련한 하늘의 비밀스러운 목적과 감추어진 경륜을 드러내실 수 있기 때문입니다. 그 목적과 경륜은 영원 전부터 하나님의 가슴 속에 봉인되었던 것입니다. 동시에 그분은 사람이셔야만 했습니다. 그래야 친숙한 모습으로 가련한 죄인들과 소통하고 하나님의 생각과 계획을 전달하실 수 있기 때문입니다.

제사장으로서 그분은 인간이 되셔야만 했습니다. 그래야 고난을 받으실 수 있고 택함받은 자들의 죄에 합당한 진노를 담당하실 수 있기 때문입니다. 또한 그분은 하나님이셔야 했습니다. 그래야 자신의 일시적 고난이 만족스러운 것이 되게 할 수 있기 때문입니다. 신적 중보자의 인격이 지닌 이러한 존엄과 탁월함은 그의 고난을 하나님 앞에 영원한 가치를 지닌 것으로 평가되게 했습니다. 그는 단지 인간으로서 고난받았을 뿐이지만 하나님으로서 그 고난을 만족스러운 것으로 만드셨습니다.

왕으로서 그분은 반드시 하나님이셔야 했습니다. 그래야 사탄을 정복하고 택하신 세상을 돌이키며 인간의 탐욕과 부패를 효과적으로 정복하실 수 있기 때문입니다. 또한 그는 인간이셔야만 했는데, 그래야 그의 모범의 탁월함으로 인해 우리를 생명의 길로 인도하실 수 있기 때문입니다.

⑶ 이 구속이 성취되는 방식, 즉 하나님의 아들이 수치를 당하게 하시는 그 방식 안에 하나님의 지혜가 나타나 있습니다. 이로써 그분은 천사들과 인간의 죄를 대항하셨습니다. 교만은 모든 죄가 지닌 독입니다. 왜냐하면 피조물들은 모든 불순종을 통해 자신의 기쁨과 뜻을 하나님의 것보다 위에 두기 때문입니다. 바로 이것이 아담의 특별한 죄였습니다. 사탄은 용서받을 수 없는 반역으로 하늘을 평정하고자 했습니다. 그가 마음속에 한 말은 이것입니다. '내가 지존자와 같이 되리라.' 그의 호흡(그가 인간에게 네가 하나님처럼 될 것이라고 말할 때)에 감염된 인간도 같은 질병에 걸렸습니다. 바로 이 지점에서 거룩한 구주께서 우리의 치료책이 되셨습니다. 그분은 우리 질병의 근원부터 치료하시기 위해 형언할 수 없는 겸손을 우리에게 적용하신 것입니다. 인간이 하나님과 같이 되고자 함으로 최고의 반역죄를

저질렀다면, 그 아들께서는 하나님의 품 안에 계셨고 위엄과 권위가 동등하셨고, 또 종의 형체를 가져 인간의 본성을 취하심으로 자기를 비우셨습니다. 빌립보서 2장 6-8절을 보십시오.[3] 요한복음은 이렇게 말합니다. "말씀이 육신이 되어"(요 1:14). 우리 본성의 가장 초라한 부분은 그의 낮아지심의 극치를 입증하기에 적합한 것입니다. 하나님과 육체 사이에 존재하는 무한한 간격을 볼 때, 그 겸비함은 그것을 고안해낸 일만큼이나 경외스러운 것입니다. 인간의 교만이 지닌 지극히 큰 악함은 그것을 치료하는 데 이토록 심오한 겸손함을 요구했습니다. 바로 이 겸손으로 그리스도께서는 사탄의 일을 파괴하셨습니다.

(4) 너무도 어리석어 보이고 이성의 눈으로 볼 때 정반대로 보이는 수단들로 그토록 영광스러운 효력을 발생하게 하신 하나님의 방식 안에 나타나 있습니다. 그 효력이 나타나게 하신 방법은 이루신 일 만큼이나 경외스럽습니다. 그리스도께서는 자신이 무찌르신, 바로 그 본성을 취하시고 사탄이 자기 나라를 세우고 굳게 하기 위해 사용한 바로 그 수단들을 사용하셔서 그 왕국을 파멸시키셨습니다. 그분은 천사들의 본성을 자기 것으로 삼지 않으셨습니다. 천사들의 본성은 힘과 능력에 있어서 사탄의 그것과 동일한 것입니다. 도리어 그분은 혈육을 입으셨습니다. 그리하여 인간 본성 안에 있는 교만한 영에 대한 승리를 더욱 두드러지게 하고자 하셨습니다. 그 혈육은

---

3 빌 2:6-8 그는 근본 하나님의 본체시나 하나님과 동등됨을 취할 것으로 여기지 아니하시고 오히려 자기를 비워 종의 형체를 가지사 사람들과 같이 되셨고 사람의 모양으로 나타나사 자기를 낮추시고 죽기까지 복종하셨으니 곧 십자가에 죽으심이라

그분께 너무 초라한 것이었으며 낙원에서 그가 벌하신 것이었습니다. 그는 사탄을 멸하기 위해 자신의 전능한 능력을 즉시 사용하고자 하지 않으시고, 그 우는 사자를 멸하기 위해 우리 연약함을 사용하셨습니다. 자기 신성의 영광을 입고 사탄과의 전장(戰場)에 들어가지 않으시고, 죽을 수 있는 인간 본성으로 변장하고 거기에 들어가셨습니다. 그리하여 사탄은 자신이 처음 승리를 거둔 그 동일한 본성 안에서 정복당하게 되었습니다. 그러므로 전 인류가 대표자 아담 안에서 포로가 된 것 같이 신자들은 그들의 대표자가 겪은 모든 고난의 여정 안에서 거둔 승리로 인해 사탄을 이기게 됩니다. 우리의 파멸이 사탄의 간교함 때문에 임한 것 같이 우리의 회복은 하나님의 지혜로 말미암아 이루어집니다. 하나님은 지혜자들을 그들의 간교함으로 무너뜨리는 분이십니다. 이처럼 영원한 생명은 죽음에서 태어나고, 영광은 치욕에서 말미암으며, 복됨은 저주를 통해 솟아납니다. 우리는 채찍질 때문에 나음을 얻고 죽음으로 인해 살아납니다. 피 값으로 구속함을 얻고 십자가로 인해 영광의 관을 씁니다. 가장 낮은 겸손으로 인해 가장 높은 존귀로 나아가고, 슬픔으로 위로를, 수치로 영광을 얻고, 정죄 때문에 사면을 받고 가난함으로 인해 부요하게 됩니다. 이처럼 하나님의 지혜는 구속 사역 안에서 찬란한 빛을 발합니다.

하나님의 능력의 속성이 영광스럽게 드러난 일

1. 세상의 창조 안에 나타나 있습니다. 로마서 1장은 이렇게 말합

니다. "창세로부터 그의 보이지 아니하는 것들 곧 그의 영원하신 능력과 신성이 그가 만드신 만물에 분명히 보여 알려졌나니 그러므로 그들이 핑계하지 못할지니라"(롬 1:20). 아, 그 능력의 위대함은 얼마나 필수적입니까! 그 능력은 어떤 물질적 협력 없이도 우주라는 아름다운 옷감을 만들어 냈습니다. 이것은 그 능력이 영원한 것임을 분명하게 선언합니다. 왜냐하면 그보다 조금이라도 더 낮은 능력은 무에서 유를 만들어 내는 그러한 극단의 일을 이루어 낼 수 없을 것이기 때문입니다. 이 모든 일은 말씀 한마디, 단 한 번 단순히 사용한 의지로 이루어졌습니다. 그래서 시편 33편은 이렇게 말합니다. "그가 말씀하시매 이루어졌으며 명령하시매 견고히 섰도다"(시 33:9).

2. 세상과 그 안에 있는 만물의 보존하심 안에 나타나 있습니다. 그는 "그의 능력의 말씀으로 만물을 붙들고 계십니다"(히 1:3). 모든 피조물들이 각자 제 자리에 있도록 보존하십니다. 고유의 용도와 목적에 맞게 말입니다. 천체들이 오랜 세월 동안 자기들의 길을 지속적으로 돌되 고유의 경로를 이탈하지 않는 것은 신적 능력으로 인한 것입니다. 또한 무질서하게 활동하는 원소들이 오늘날까지 자신들의 질서 안에 머물러 있는 것 역시 그 능력으로 인한 것입니다. 하나님은 자연의 통합성도 보존하십니다. 요동하는 바다의 한계를 정하시고 모래사장 띠를 넘지 못하게 하십니다. 인간과 짐승에게 능력 있는 보존자이기도 하십니다. 그들을 각기 그 종류대로 보존하시고 지속적으로 대를 이어가게 하십니다. 그리하여 각 개체들이 소멸해도 종은 지속되게 하십니다. 아, 그토록 허다한 피조물들을 붙들고 요동하는 바다의 한계를 정하시고 손바닥으로 바람을 움켜쥐시

며 조화로운 질서를 보존하시며 모든 피조물 안에 사랑스러운 조화를 이루어 내시는 그 능력은 얼마나 엄청난 능력입니까!

3. 세상을 통치하심 안에 나타나 있습니다. 그분은 우주 최고의 감독자이십니다. 만물이 하나님의 영광을 확산하고 자기 백성들의 유익에 기여하도록 다스리십니다. 그는 피조물들이 섭리를 통하여 자신의 기뻐하시는 뜻대로 그들의 행위와 움직임들을 결정하도록 능력을 발휘하십니다. 또한 중요한 목적을 위해 그것들을 군대로 부르시며 모으십니다. 자연의 총체적인 구조는 그가 명령하실 때 인간들에게 호의적으로 움직일 준비가 되어있으며, 임무를 맡기실 때 인간들을 벌할 준비도 되어있습니다. 그가 홍해 바다를 부르셨을 때 그것이 하나님의 목소리에 순종한 것과 같습니다. 시편 106편 9절을 보십시오.[4] 홍해 바다는 일렁이는 움직임을 신속히 멈추었고 흐르는 물은 그의 행진하는 백성들을 지키는 안전 벽처럼 즉시 정렬되었습니다. 하나님의 명령이 내리자 바다는 다시 평상시와 같은 거친 모습으로 돌아왔고, 물로 이루어진 벽은 교만한 애굽 압제자와 그의 군대 위로 쏟아져 내렸습니다. 이처럼 바다는 그 명령에 그대로 순종했습니다. 그래서 이스라엘 중 한 사람도 물에 빠져 죽은 자가 없었고 애굽인들 가운데 한 사람도 구원받은 자가 없었습니다. 무엇보다도 하나님의 능력은 세상의 도덕적 통치 안에 특별하게 나타납니다.

(1) 인간의 마음을 다스리시고 명하셔서 그들이 자기 감정의 주

---

4 시 106:9 이에 홍해를 꾸짖으시니 곧 마르니 그들을 인도하여 바다 건너가기를 마치 광야를 지나감 같게 하사

인이 되지 않고, 스스로 굳게 결심하고 의도한 것과 정반대로 행동하게 하시는 일에 하나님의 능력이 드러납니다. 우리는 에서와 발람 안에서 확실한 예를 찾을 수 있습니다. 하나님은 그 손안에 모든 사람들의 마음을 쥐고 계십니다. 그 마음을 자신이 기뻐하는 방향으로 이끄실 수 있습니다. 그는 애굽인들의 마음이 이스라엘 백성들을 향한 호의를 품게 하여, 그들을 보낼 때 많은 재물을 빌려주듯이 제공하게 하셨습니다. 또한 여호사밧의 원수들이 그를 죽이려 할 때 그 원수들을 그에게서 떠나게 하셨습니다. 역대하 18장 을 보십시오. "병거의 지휘관들이 여호사밧을 보고 이르되 이가 이스라엘 왕이라 하고 돌아서서 그와 싸우려 한즉 여호사밧이 소리를 지르매 여호와께서 그를 도우시며 하나님이 그들을 감동시키사 그를 떠나가게 하신지라"(대하 18:31).

(2) 하나님의 능력은 가장 완고한 피조물을 다스리시고 다루시는 일 안에 나타납니다. 마귀들과 악인들 같은 존재들 말입니다.

첫째, 마귀들을 다스리시는 일을 생각해보십시오. 그들은 큰 능력을 지니고 있고 악독으로 가득합니다. 마귀는 우는 사자처럼 항상 두루 다니며 삼킬 자를 찾습니다. 그의 능력이 마귀들의 왕보다 더 강한 이가 그 능력을 통제하고 악독을 굽게 하지 않으셨다면 우리는 이 세상에서 고요하고 안전한 삶을 누릴 수 없을 것입니다. 세상을 다스리시는 전능한 통치자가 사슬로 결박하지 않으셨다면, 이 세상의 권세를 잡은 마귀는 전염병으로 오염시키고 도시와 집들을 불사르고 삶을 지탱하는 모든 것들을 우리에게서 강탈하는 등 모든 것을 뒤집어엎었을 것입니다. 그러나 하나님은 그의 힘을 통제하십니다. 그리하여 그는 자기 한계를 넘어 머리카락 한 올 넓이만큼도 움직일 수 없습니다. 하나님은 모든 마귀들을 사슬로 결박하셨습니다. 그들의 모든 움직임을 다스리십니다. 마귀는 하나님의 허락 없이 욥의 인격과 소유를 건드릴 수 없었습니다. 특별한 허락하심 없이 마귀는 거라사 지역 돼지 떼에게로 들어갈 수도 없었습니다. 눈에 보이지 않는 이 원수들의 커다란 악독과 그들의 능력이 미치는 넓이를 우리가 숙고해 본다면, 그들보다 큰 능력에 의해 통제되고 다스려지지 않는다면 인간들의 평안이나 안전도 있을 수 없다는 점을 쉽게 알 수 있을 것입니다.

둘째, 악인들을 다스리시는 일을 생각해보십시오. 그들 마음이 상상하는 모든 것은 악입니다. 언제나 항상 악뿐입니다. 그들은 비행으로 온전히 기울어져 있고 악을 물처럼 마십니다. 만일 신석인 능력이 그 악의 수문을 닫지 않으셨다면, 고삐 풀린 방탕함과 고집 센 혈기가 이 땅에서 우세를 드러내고 걷잡을 수 없는 폭력이 달음질하지 않았겠습니까? 만일 하나님께서 인간의 욕망과 부패를 제어하고 통제하지 않으셨다면, 인간 사회는 황폐해질 것이며 온 세상은 피범벅이 되어 모든 것들이 혼돈의 바닷속으로 빠져들어 갈 것입니다. 앗수르 왕의 계획은 예루살렘을 짓밟는 것이었습니다. 하지만 하나님께서 그 천방지축 멍청이를 어떻게 통제하고 다루셨는지 보십시오! 이사야 37장은 이렇게 말합니다. "내가 갈고리로 네 코를 꿰며 재갈을 네 입에 물려 너를 오던 길로 돌아가게 하리라 하셨나이다"(사 37:29). 시편 76편에서는 또 이렇게 말합니다. "진실로 사람의 노여움은 주를 찬송하게 될 것이요 그 남은 노여움은 주께서 금하시리이다"(시 76:10).

(3) 모든 원수들 속에서 자기를 위하여 교회를 일으키시는 일 속에도 하나님의 능력이 나타납니다. 이 일은 특히 신약의 교회를 세우고 복음을 온 세상에 전파하는 과정 속에 보여집니다. 하나님의 능력은 복음 전도와 세상을 기독교로 회심시키는 과정에 감동적으로 나타납니다. 왜냐하면 그 길에는 역겹고 끔찍한 우상숭배와 같이 다양하고 강력한 어려움들이 있기 때문입니다. 여러 민족들이 관습화된 우상숭배에 너무나 오랜 세월 동안 찌들어 있었고 유아기 때부터 그 일에 훈련되어 익숙한 상태였습니다. 태어나면서부터 받아들인 종교를 이방인들로 버리도록 만드는 일은, 마치 아프리카 흑인이 피부색을 바꾸고 표범이 반점을 바꾸는 것만큼이나 어려운 일이었습니다.

이방 종교는 오랜 세월 그들의 조상들에게서 물려받은 것이었습니다. 따라서 이교도들은 그리스도인들의 새 종교인 기독교를 비난했고 고대로부터 내려온 미신을 위한 규범만이 그럴듯한 것이라고 주장했습니다. 그들은 그것이 바르고 이성적인 것인지 숙고하려고 하지 않았습니다. 그저 조상들의 권위에 자신을 복종시켜 맹종하고자 했을 뿐입니다. 이교도적 예배 의식의 화려함은 육체를 매우 즐겁게 했습니다. 신전의 웅장함과 미신적 조각품들의 장식, 신비적 의식들과 그들의 음악, 식순들, 각종 형상들과 제단들과 희생 제물과 정결 의식들, 그리고 육욕적 종교의 나머지 도구들은 그들에게서 존경심을 끌어냈고, 감각을 통해 그들의 정신에 강력한 영향을 끼쳤습니다. 반면에 복음의 신앙은 영적이고 진지하며 거룩하고 순결하되 육신적 부분을 감동시키는 것이 전혀 없습니다. 게다가 인간들 안에는 보편적으로 타락한 풍습이 있었습니다. 지구 전체를 가증하게 덮어버린 가장 비정상적 욕망들이 그들 안에 원래 자리잡고 있던 두려움과 부끄러움을 잃어버리게 했습니다.

우리는 슬프게도 로마서 1장에서 그들의 가장 방종한 대화의 한 장면을 볼 수 있습니다. 세상 권세들은 복음을 대적했고 이교도 철학자들도 그것을 강력히 반대했습니다. 바울이 아테네에서 설교했을 때 에피큐로스와 스토아 철학자들은 조롱과 경멸로 비웃었습니다.[5] "이 말쟁이가 무슨 말을 하는 것이냐"라고 말했습니다. 이교도 제사장들은 그것을 방해하기 위해 음모를 꾸몄습니다. 세상 권력자들은 이 새 종교를 가르치는 일을 반드시 막아야겠다고 생각했습니다. 그렇지 않으면 자기들 왕국이 위험해지거나, 그것의 위대함과 위엄이 그 종교에 의해 훼손될 수 있다고 생각했습니다.

우리가 복음 전파를 이룬 수단들을 생각한다면, 신적인 능력이 명백하게 알려질 것입니다. 이 위대한 역사에 쓰임 받은 사람들은 소수의 학식 없는 어부들과 한 명의 세리, 그리고 한 명의 장막 만드는 사람이었습니다. 그들은 사람들로 하여금 순종하게 할 만한 권위와 능력도 없었고, 그들이 가르치는 교리에 대한 믿음을 주입시킬 만한 웅변적 매력도 갖추지 못했습니다. 하지만 그런 방식으로 이 교리는 확산되었습니다. 복음은 당시 알려진 세상 각 지역에서 놀라운 성공을 거두었고 인간과 마귀들의 모든 권세와 정책을 무너뜨

---

5 행 17:16–34 참고

렸습니다. 이런 사실을 볼 때 이런 일이 어떻게 가능할 수 있겠습니까? 하나님의 능력이 사람들 마음에 강력하게 역사하지 않았다면 말입니다.

⑷ 교회를 향하여 일어난 가장 극심한 시련과 박해의 폭풍 아래서 자기 교회를 보존하고 보호하며 붙드시는 일 속에서 하나님의 능력이 나타납니다. 이것은 우리의 복되신 구주께서 약속하신 바입니다. "음부의 권세가 이기지 못하리라"(마 16:18). 가장 왕성했던 왕조들도 부패하여 무너졌고 가장 강력한 왕국들도 산산조각이 났습니다. 하지만 교회는 오늘까지 보존되어 왔습니다. 그 모든 세월 속에서 교회를 압박해온 간교하고도 강력한 원수들의 줄기찬 방해에도 불구하고 말입니다. 그렇습니다. 인간의 눈으로 보기에는 위험을 피할 수 없는 때, 곧 가장 극단에 몰릴 때도 하나님께서는 그의 교회를 보존하시고 구원해 오셨습니다. 애굽에서 그러하셨고 홍해에서 그러하셨습니다. 에스더 시대에 모든 유대인들을 죽이라는 피의 법이 발령되었을 때처럼 말입니다. 그렇습니다. 하나님은 때때로 매우 약하고 멸시의 대상이 될 만한 도구들을 사용하셔서 교회를 구원하였습니다. 애굽에서 도망친 모세나 그 땅의 노예로 살던 아론 같은 사람을 통한 것처럼 말입니다. 또한 때로는 믿기 어려운 수단을 사용하시기도 하십니다. 메뚜기와 이의 군대로 애굽 땅을 치신 것처럼 말입니다. 하나님께서는 원수들의 모든 분노와 능력, 그리고 악의 속에서 자기 교회와 백성들을 보존하시며 자기의 능력을 영광스럽게 나타내십니다.

⑸ 택한 백성들을 회심시키는 일에서 하나님의 능력이 나타납니

다. 그래서 회심의 수단이요 도구인 복음은 하나님의 능력,[6] 그의 힘의 규(the rod of His strength)라고 불리고, 복음을 통해 죄인들이 그리스도께 돌아오는 성공을 거두는 날은 그의 능력의 날이라고 불립니다. 시편 110편 2절을 보십시오.[7] 아, 죄인의 요동치는 파도 같은 마음을 잔잔하게 하고 그 마음의 완고함과 탐욕을 고개 숙이게 하며 그 영혼 안에 있는 죄의 견고한 진을 무너뜨리는데 얼마나 큰 능력이 필요하며, 부패한 본성의 세력을 멸하고 완고한 반역적 의지를 그리스도께 굴복시키는 일은 또 얼마나 큰 능력이 필요하겠습니까! 이곳에서 작용하는 하나님의 능력은 한 사람으로 하여금 과거와는 달리 다른 대상들을 생각하게 만들고 전혀 다른 성향으로 말하게 만듭니다. 육신적 생각이 이처럼 입을 다물게 되고 사탄의 떼가 쫓겨나며 예전에 자신이 가장 보배처럼 여기며 따랐던 죄악들과 작별하며 세상의 온갖 감언이설과 쓰라린 비난들을 꿋꿋이 저항하게 되는 모습은, 얼마나 경외스러운 일입니까! 그리스도를 죽음에서 일으킨 바로 그 동일한 능력이 한 죄인의 회심 안에서 역사합니다. 에베소서 1장 19-20절을 보십시오.[8] 이 일에 작용된 능력은 세상 창조에 작용된 능력보다 훨씬 큰 것입니다. 왜냐하면 하나님께서 세상을 지으실 때, 어떤 반대하는 세력도 없었고, 말씀하시자마자 곧 이루어졌지만, 죄인

---

6 롬 1:16 내가 복음을 부끄러워하지 아니하노니 이 복음은 모든 믿는 자에게 구원을 주시는 하나님의 능력이 됨이라 첫째는 유대인에게요 또한 헬라인에게로다

7 시 110:2 여호와께서 시온에서부터 주의 권능의 규를 내보내시리니 주는 원수들 중에서 다스리소서

8 엡 1:19-20 그의 힘의 위력으로 역사하심을 따라 믿는 우리에게 베푸신 능력의 지극히 크심이 어떠한 것을 너희로 알게 하시기를 구하노라 그의 능력이 그리스도 안에서 역사하사 죽은 자들 가운데서 다시 살리시고 하늘에서 자기의 오른편에 앉히사

을 회심시킬 때에는 사탄과 부패한 마음이 하나님을 대적하여 일으킬 수 있는 온갖 방해에 직면하셔야 하기 때문입니다. 하나님은 창조 때는 오직 한 가지 기적만을 이루셨습니다. 말씀하시자 곧 그대로 이루어졌습니다. 하지만 회심에 역사하는 기적은 여러 가지 모습으로 나타났습니다. 눈먼 자가 보게 되고 죽은 자가 살아나며 듣지 못하던 자가 하나님의 아들의 음성을 듣게 되었습니다. 아, 여호와의 무한한 능력이여! 주의 권능의 팔이 이러한 역사 속에 나타났습니다.

(6) 신자들의 영혼을 그들이 직면한 많은 위험 속에서 보존하고, 결국 안전하게 영광에 이르게 하는 일에서 하나님의 능력이 나타납니다. 그들이 걸어가는 길은 강하고 간교한 마귀들이 온갖 사탕발림과 유혹으로 덫을 놓는 악한 세상의 길입니다. 그 길을 걸어가는 그들의 마음에는 또한 강한 탐욕과 부패성도 있습니다. 더구나 이 땅을 사는 동안 그들에게 임하는 은혜는 아기와 같이 약하고 매우 적습니다. 따라서 그들이 보존된다는 것은 아무리 생각해 봐도 기이한 일이 아닐 수 없습니다. 그러나 사도는 베드로전서 1장 5절에서 그들이 "구원을 얻기 위하여 믿음으로 말미암아 하나님의 능력으로 보호하심"을 받고 있다고 말합니다. 신적인 능력이 지속적으로 활기를 제공하지 않는다면 그들의 내적 부패는 그들 마음의 은혜의 불꽃을 순식간에 꺼뜨리고 말 것입니다. 그러나 그리스도께서는 요한복음 10장 28절[9]에서 그들을 보존하는 일에 성실하실 것을 맹세하셨습니

---

9 요 10:28 내가 그들에게 영생을 주노니 영원히 멸망하지 아니할 것이요 또 그들을 내 손에서 빼앗을 자가 없느니라

다. 험한 시험을 완화시키시고 그들로 그것을 감당하게 하시며 사탄의 권세를 파하시고 그들의 발아래 굴복하게 하시는 일은 바로 그의 능력이 이루시는 일들입니다.

4. 마지막으로 하나님의 능력은 예수 그리스도로 말미암은 죄인들의 구속 역사 안에서 영광스럽게 나타납니다. 그래서 성경에서 그리스도는 하나님의 지혜일 뿐 아니라 하나님의 능력이라고 불리는 것입니다.[10] 이 일은 하나님께서 지금까지 세상에 행하신 일 중에 가장 경외스러운 일입니다.

(1) 무엇보다 특별히, 하나님의 능력은 그리스도께서 처녀의 몸에 잉태되심 안에서 빛을 발합니다. 누가복음 1장 35절[11]이 말하듯이, 지존자의 능력이 그 여인을 덮었고 창조의 행위를 통해 그 처녀의 몸의 본질로부터 그리스도의 인성이 조성되었으며 그것이 신성과 결합되었습니다. 이 일은 오래전 신적 권능의 효력으로 예고된 것이었습니다. 유다가 두 명의 강력한 왕들에게 억압받으며 피할 길을 찾고 실의에 빠진 마음을 다시 일으킬 구원을 찾지 못해 절망해 있을 때 선지자가 그들에게 한 놀라운 징조를 주겠다고 말합니다. "보라 처녀가 잉태하여 아들을 낳을 것이요 그의 이름을 임마누엘이라 하리라"(사 7:14). 이 외침은 큰 자부터 작은 자 모두에게 해당하는 것입니다. 왜냐하면 만일 하나님께서 들어본 적 없는 놀랍고도 기이한 일을 성취하신다면 그가 자기 백성들을 원수의 분노에서 구원하

---

10 고전 1:24 오직 부르심을 입은 자들에게는 유대인이나 헬라인이나 그리스도는 하나님의 능력이요 하나님의 지혜니라

11 눅 1:35 천사가 대답하여 이르되 성령이 네게 임하시고 지극히 높으신 이의 능력이 너를 덮으시리니 이러므로 나실 바 거룩한 이는 하나님의 아들이라 일컬어지리라

시는 일은 훨씬 더 확실한 일이 될 것이기 때문입니다.

(2) 하나님의 능력은 그리스도의 인격 안에 신성과 인성이 결합하되, 그 둘 사이의 어떠한 혼란이나 뒤섞임 없이 이루어지는 일에서 나타납니다. 그리스도의 두 본성은 서로 뒤섞이지 않습니다. 서로 잘 섞이는 액체들이 같은 그릇에 담길 때 일어나는 일처럼 말입니다. 또한 신적 본성은 인간 본성으로 바뀌지 않고, 인간 본성이 신적 본성으로 바뀌지도 않습니다. 한 본성이 다른 본성을 삼키지 않고 그 둘과 다른 제3의 본성을 만들어 내지도 않습니다. 하지만 그 둘은 구분되고 결합되어 있습니다. 공존(conjoined)하지만 서로 뒤섞이지 않습니다(unmixed). 각 본성의 특성들은 온전히 보존됩니다. 아, 얼마나 놀라운 능력이 여기 나타났습니까! 신성과 인성이라는 영원한 차이를 지닌 그 두 본성이, 한 인격적 결합 안에서 서로 만나야 하는 것입니다. 이것은 하나님과 동등한 본성이 종의 형체를 입는 것과 같습니다. 여기서 하나님과 인간이 하나로 연합합니다. 창조주와 피조물이 동일한 실재 안에서 기적적으로 결합되어 있습니다. 아무것도 섞이지 않은 신적 복되심이 영속적 슬픔의 한 인간과 인격적으로 결합됩니다. 바로 이것이 요한복음 1장 14절이 표현하는 '말씀이 육신이 되는' 바로 그 경탄스러운 일입니다. 하나님이 인간이 되고 인간이 하나님이 되는 일보다 더 기적적인 일이 있을 수 있습니까? 신성의 모든 완전함과 탁월함을 지닌 한 인격체가 죄만을 제외한 인간성의 모든 연약과 불완전함들을 물려받는 일보다 더 기적적인 일이 있을 수 있을까요? 지금껏 따로 떨어진 두 용어를 서로 함께 하는 일에 영원한 능력이 필요하지 않았을까요? 적어도 전능한 능력만이 무한

하고도 측량할 수 없는 지혜가 계획한 이 일에 효력을 발생시킬 수 있을 것입니다.

(3) 신적인 능력은 우리 죄를 위해 그리스도에게 부어진 하나님의 진노의 두려운 무게에 짓눌려 그리스도의 인성이 함몰되지 않도록 붙들어 주고, 그리하여 사탄과 모든 어둠의 권세들에 대하여 승리하도록 하는 일에 나타납니다. 만일 영원한 능력이 붙들어주지 않았다면, 그의 인성은 하나님의 진노와 율법의 저주를 감당해낼 수 없었을 것이며 세상과 지옥 권세와의 두려운 싸움을 견뎌낼 수 없었을 것입니다. 그래서 그의 아버지께서는 그에 관하여 이사야 42장에서 "내가 붙드는 나의 종…을 보라"(사 42:1)고 말씀하시는 것입니다.

(4) 신적인 능력은 그리스도를 죽음에서 일으키는 일에서 명백하게 드러납니다. 사도는 하나님께서 그를 죽은 자 가운데서 일으키실 때 자신의 전능한 능력을 사용하셨다고 말합니다. 에베소서 1장 20절을 보십시오.[12] 요나의 구원을 위해 고래 배를 여시고, 사자 굴에서 다니엘을 건지시며, 그의 세 친구들을 타는 불꽃에서 보존하신 일 등은 신적 능력에 대한 상징적 선언들이었고 우리 구주의 부활을 보여주는 모형들이었습니다. 그러나 그 모든 일들은 그것들이 나타내고자 한 일에 비하면 아무것도 아닙니다. 왜냐하면 그 능력은 자연적 요인들을 다스리는 능력이요 짐승들의 입을 막고 원소들을 억제하는 일이었지만, 그리스도의 부활은 하나님께서 자기 자신 위에 행사하신 능력이요 느부갓네살의 유황불보다 억만 배나 더 뜨거운

---

12 엡 1:20 그의 능력이 그리스도 안에서 역사하사 죽은 자들 가운데서 다시 살리시고 하늘에서 자기의 오른편에 앉히사

자신의 진노의 불꽃을 끄신 일이기 때문이며 리워야단[13]의 배와 늑골보다 더 강력한 율법의 저주가 우리 구주를 가둔 감옥 문을 깨뜨리신 일이기 때문입니다. 율법의 저주 아래서와 우리 죄의 무한한 무게에서 그를 일으키시고 지옥 권세들과의 치열한 싸움 이후 승리와 영광으로 나오게 한 일은 얼마나 경탄스러운 일이었는지요! 바로 이 일 안에 하나님의 능력이 영광스럽게 현현되었습니다. 그래서 그분은 '아버지의 영광으로', 즉 그의 영광스러운 능력으로 말미암아, 죽음에서 일으킴을 받으셨다고 언급되며 로마서 1장 4절에서 "죽은 자들 가운데서 부활하사 능력으로 하나님의 아들로 선포되셨다"라고 말합니다. 하나님께서 자기 아들의 생애 동안 인정해 주신 모든 기적적 증거들은 이 역사가 없이는 아무 효력도 없게 됩니다. 만일 그가 무덤에 남아 있었다면, 그는 단지 평범한 사람이었고, 그의 죽음은 스스로 하나님의 아들 행세를 한 교만함에 대한 심판으로 믿는 것이 합당한 일이었을 것입니다. 그러나 그는 죽음에서 부활하셨습니다. 그가 진실로 자신에 대해 선언해 온 그분이라는 사실에 대한 가장 뛰어나고 확실한 증거였습니다.

하나님의 거룩한 속성이 영광스럽게 드러난 일

1. 하나님의 거룩하심은 그의 말씀 안에 드러났습니다. 하나님께서는 교훈과 약속 그 양자 안에 죄에 대한 자신의 미움과 증오를 나

---

13 역자 주: 리워야단은 구약 성경에 등장하는 물속 생물로 악어를 가리키기도 하지만 거대한 정치 세력을 가리키기도 한다(시 74:14, 104:26, 사 27:1 등 참고).

타내셨습니다. 심지어 의식법[14] 아래 다양한 희생 제사 안에도 나타내셨습니다. 몸을 부정함들을 단지 의식적으로 자주 씻고 뿌리는 일은 악의 모양이라도 지닌 모든 것들이 하나님께는 미움의 대상임을 보여주는 분명한 증거입니다. 모든 법적 희생 제사들과 씻는 일, 그리고 정결케 하는 일 등은 죄가 얼마나 악한지를 보여주기 위한 의도로 고안된 것이며 그 죄가 하나님께 얼마나 밉고 가증스러운 것인지를 보여주는 것입니다. 또한 하나님의 거룩함은 도덕법 안에 가장 두드러지게 나타납니다. 그래서 로마서 7장 12절[15]에서 율법은 거룩한 것이라고 말하는 것입니다. 그것은 하나님의 거룩하심의 참된 필사본입니다. 그 교훈들은 거룩합니다. 그것은 전인(全人)에게, 영혼의 모든 기능에, 몸의 모든 지체들에게 정확하고 완전하고 흠없는 거룩함을 요구합니다. 금지 명령 역시 거룩합니다. 그것은 모든 부정하고 추한 것은 무엇이든지 금하고 저주합니다. 그것은 죄악된 말이나 행동, 탐욕스럽고 흉악한 범죄들, 불경스럽고 신성모독적이며 무익한 언어들 뿐 아니라 모든 악한 생각들과 마음에서 불쑥불쑥 솟아나는 충동들까지 금합니다. 그래서 예레미야는 이렇게 권면합니다. "예루살렘아 네 마음의 악을 씻어 버리라 그리하면 구원을 얻으리라 네 악한 생각이 네 속에 얼마나 오래 머물겠느냐"(렘 4:14). 위협의 말씀 역시 거룩합니다. 그 모든 말씀은 하나님의 거룩하심에 단단히 기초하고 있으며 이 핵심이 되는 완전함에서 뻗어 나온 가지들입니

14 역자 주: 율법은 그 종류별로 '의식법, 시민법, 도덕법'으로 나뉜다. 의식법은 제사와 관련된 예법들을, 시민법은 이스라엘 백성들의 일상 생활 관련(도둑질 배상법 등) 규칙들을, 그리고 도덕법은 십계명의 내용들을 가리킨다.

15 롬 7:12 이로 보건대 율법은 거룩하고 계명도 거룩하고 의로우며 선하도다

다. 율법과 엮인 모든 두려운 위협들은 하나님의 거룩하심과 순결하심의 선언이요 죄에 대한 그의 영원한 미움과 증오의 선언입니다.

하나 더 추가하자면, 하나님의 거룩하심은 말씀의 약속들 안에서도 모습을 드러냅니다. 그것들은 거룩한 약속들이라 불립니다. 시편 105편 42절을 보십시오.[16] 그것들은 모두 참된 거룩을 증진시키고 격려하기 위한 목적으로 주어진 것들입니다. 그래서 사도는 고린도후서 7장에서 이렇게 말합니다. "그런즉 사랑하는 자들아 이 약속을 가진 우리는 하나님을 두려워하는 가운데서 거룩함을 온전히 이루어 육과 영의 온갖 더러운 것에서 자신을 깨끗하게 하자"(고후 7:1). 베드로후서 1장 4절에서는 그 말씀으로 인하여 우리가 "신성한 성품에 참여하는 자"가 된다고 말합니다.

2. 하나님의 거룩하심은 그의 행하신 일들 속에 나타납니다. 그래서 시편기자는 "여호와께서는 그 모든 행위에 의로우시며"(시 145:17)라고 말했습니다.

⑴ 무엇보다 더 특별히, 인간 창조의 행위 안에 신적 거룩함이 나타납니다. 솔로몬은 전도서에서 우리에게 이렇게 말합니다. "하나님은 사람을 정직하게 지으셨으나"(전 7:29). 모세는 창세기 1장에서 인간이 "하나님의 형상을 따라 지음을 받았다"(창 1:27)라고 말합니다. 즉, 인간이 지닌 하나님의 형상은 거룩함이 핵심입니다. 그러므로 에베소서에서 새 사람은 "하나님을 따라 의와 진리의 거룩함으로 지으심을 받았다"(엡 4:24)라고 언급됩니다. 아담은 은혜로 말미암아 완

---

16 시 105:42 이는 그의 거룩한 말씀과 그의 종 아브라함을 기억하셨음이로다

전하게 지음 받았습니다. 그 모든 기능은 총체적이고 정직하게 고유의 역할을 수행하도록 되어 있었습니다. 그의 감정에는 어떠한 무질서도 없었고, 오직 육체와 영혼 사이에 완벽한 조화가 있었으며, 그것들은 하나님을 섬기는 일에 함께 연합되어 있었습니다. 그는 첫째 계명, 곧 영혼과 힘을 다하여 여호와를 사랑하라는 계명을 완전하게 지켰고 다른 것들에 대한 사랑도 하나님을 향한 그의 사랑에 통제받고 있었습니다. 아담이 하나님의 창조하는 손가락에서 그 모습을 드러냈을 때 그는 지성에는 지식을, 의지에는 고결함을, 감정에는 올곧음을 지니고 있었습니다. 그의 모든 기능들은 놀라운 조화를 지니고 있었습니다. 그의 신체 각 부분은 감정에, 그의 감정들은 의지에, 그리고 그의 의지는 그의 이성에 순종했고, 그의 이성은 하나님의 법에 복종했습니다. 따라서 바로 창조된 인간 안에 신적 순결함이 드러나 있었습니다.

(2) 신적인 거룩함은 섭리의 역사 속에 나타납니다. 특히 죄인들이 그의 거룩하고 의로운 법들을 어긴 행위에 대한 사법적 절차들 안에서 나타납니다. 죄인들에게 쏟아 온 모든 두려운 심판들은 하나님의 거룩하심과 죄에 대한 증오심에서 기인합니다. 세상에 일어나는 모든 끔찍한 폭풍과 비바람들은 이로 인해 생겨납니다. 모든 질병, 고통, 전쟁, 전염병과 재난들, 기근 등은 하나님의 거룩하심과 죄에 대한 증오심의 정당성을 변호하기 위한 것들입니다. 그러므로 하나님께서 아론의 두 아들이 잘못된 불을 드린 죄에 대해 치셨을 때 이렇게 말씀하십니다. "나는 나를 가까이하는 자 중에서 내 거룩함을 나타내겠고 온 백성 앞에서 내 영광을 나타내리라"(레 10:3). 그

행위로써 하나님은 온 백성들 앞에서 자신이 거룩한 하나님이시며 죄와 불순종을 견딜 수 없는 분이심을 선언하시며 자신의 영광을 나타내셨습니다.

1) 무엇보다 특별히, 하나님의 거룩하심과 죄에 대한 증오심은 범죄한 천사들에 대한 심판 속에서 드러났습니다. 베드로후서 2장은 이렇게 말합니다. "하나님이 범죄한 천사들을 용서하지 아니하시고 지옥에 던져 어두운 구덩이에 두어 심판 때까지 지키게 하셨으며(벧후 2:4)". 그들의 엄청난 숫자도, 그들 본성의 고귀함도 그들이 거역한 전능자의 마음을 용서로 기울게 할 수 없었습니다. 그들은 즉시 하늘에서 분리되어 신적 임재에서 쫓겨났습니다. 그들의 처지는 절망, 또 절망뿐입니다. 그들 중 그 누구에게도 아무런 자비가 주어지지 않을 것입니다. 그들은 영원히 캄캄한 흑암 속에 던져질 것입니다.

2) 하나님의 거룩하심은 하나님에 대한 첫 반역을 범한 인간에게 주어진 위협적 심판 속에서 드러났습니다. 첫 상태의 인간은 하늘의 친구요 사랑하는 대상이었습니다. 처음에 그는 천사들보다 조금 낮은 하나님의 아들이었습니다. 그를 지으신 이를 섬기기 위해 존귀와 영광으로 관을 쓰고 낮은 세상을 다스리는 왕으로 임명된 자였습니다. 하나님의 정원, 곧 낙원에 그의 터전이 주어졌고, 하나님과 소통하고 교제하는 것이 그에게 허용되었습니다. 그러나 죄는 그가 지닌 이 모든 존귀와 영광을 박탈해갔습니다. 창조주를 향한 반역으로 그분의 통치를 거절한 것이며 따라서 깨어 있는 피조물로서의 순종을 상실하고 감각 잃은 자가 되고 말았습니다. 그는 낙원에서 쫓겨났고

하나님의 임재에서 거절당했으며 그분과의 소통과 교제는 차단당했습니다. 하나님은 즉시 그와 그 후손들에게 벌을 내려 불행과 죽음, 파멸을 겪게 하셨습니다. 바로 이 일이 하나님의 영원한 순결하심과 거룩하심에 대한 명백한 실증입니다. 하지만 예수 그리스도로 인하여 하나님을 찬양합니다. 그가 두 번째 아담이 되어 첫 아담이 상실한 것들을 회복시켜 주셨습니다.

3) 죄인을 향하여 두렵고도 기이한 징벌을 내리시는 일 속에 하나님의 거룩하심이 드러납니다. 하나님께서 옛 세상을 물이 범람하게 하심으로 심판하시고, 하늘로부터 소돔과 고모라 위에 지옥을 비처럼 내리시며, 땅이 입을 벌려 고라와 다단, 아비람을 삼킨 일 등은 모두 죄로 인한 것이었습니다. 모든 재앙들과 심판들은 바로 이 쓴뿌리에서 솟아납니다. 칼, 전염병, 몸의 질병들, 당혹스러운 일들, 가난, 모욕과 수치, 그 외에 인간에게 슬픔과 고통을 안겨주는 일과 같은 모든 것 말입니다. 이 모든 일들은 죄가 하나님께 얼마나 가증스러운 것인지를 보여줍니다.

4) 사소해 보이는 작은 죄에 대한 크고 무거운 심판 속에 나타납니다. 큰 천사들의 무리는, 사람들이 생각하는 것과 같은 하나의 사소한 생각 때문에 지옥에 던져졌습니다. 웃사는 선한 사람이었지만 법궤를 만지는 순간 즉사했습니다. 그렇습니다. 5만 명에 달하는 벧세메스 사람들은 그것을 들여다봤다는 이유로 죽임을 당했습니다. 우리는 여러 가지 죄에 대해서 사소하게 여기며 작은 생각들을 즐기는 경향이 있습니다. 그러나 하나님은 매우 사소해 보이는 죄에 대한 자신의 미움과 분노를 드러내심으로 경고를 주시고 자신의 확실

한 거룩함의 증거와 논증으로 삼으셨습니다.

　5) 하나님의 거룩하심은 자신의 친 백성들에게 죄에 대한 무거운 형벌을 내리시는 일 속에 나타납니다. 그리스도 안에 있는 신자들이라고 할지라도 그들의 죄는 때때로 안타까운 대가를 지불하게 합니다. 그분은 불순종을 바로 잡지 않고 그들이 지나가는 것을 허용하지 않을 것입니다. 그들이 영원한 지옥 고난에서 벗어난 자들이라고 할지라도 이 땅에서 고난의 용광로를 피할 수 있는 예외가 되지 않습니다. 우리는 이 점에 대한 많은 예들을 다윗, 솔로몬, 요나를 비롯한 여러 성도들을 통해 볼 수 있습니다. 그렇습니다. 때때로 하나님은 이 땅의 삶에서 다른 사람들 안에서 발견되는 죄 보다 자기 백성들에게서 발견되는 죄를 더욱 엄하게 벌하십니다. 모세는 그의 입술로 부적절한 말을 했다는 이유로 가나안 땅에 들어가는 일에서 제외되었습니다. 그보다 더 큰 죄를 범한 많은 사람이 그 땅에 들어갔을지라도 말입니다. 자기 백성들을 향한 그와 같은 엄격함은 하나님께서 죄를 죄로서 미워하시는 것이지, 사람을 구분하여 미워하는 것이 아님을 보여주는 분명한 증거입니다.

　6) 하나님의 거룩하심은 허다한 아담의 후손들을 죄에 대한 영원한 고통으로 벌하신 일 속에 나타납니다. 무한히 선하신 하나님, 선 자체이시고 긍휼을 기뻐하시는 하나님께서 자신이 무한히 증오하시고 분노하시는 일 때문에 허다한 자기 피조물들을 지옥의 영원한 고통과 괴로움으로 판결하셔야 하는 일은, 분명 그의 영원한 거룩하심으로부터 나오는 결과일 수밖에 없습니다.

　3. 하나님의 거룩하심은 예수 그리스도로 말미암는 우리의 구속

안에 드러납니다. 여기에서 거룩함에 대한 그의 사랑과 죄에 대한 증오심은 가장 두드러집니다. 지금껏 하나님께서 나타내신 죄에 대한 증오심을 입증한 모든 증거들도 이 일과 비교할 수 있는 것은 하나도 없습니다. 세상이 시작된 이래로 하나님께서 부으신 진노와 심판을 담은 모든 유리병들도, 죄인 한 사람의 양심의 불타는 화로들도, 지옥에서 저주받은 자들이 내는 신음과 울부짖음도, 타락한 천사들을 향해 선언된 돌이킬 수 없는 형벌도, 복되신 구주의 고난과 죽음처럼 신적인 거룩함과 죄에 대한 증오심을 충분히 증거하는 것은 없습니다. 만일 여러분이 다음의 내용들을 숙고하신다면 이 사실이 드러날 것입니다.

⑴ 그리스도의 인격이 지닌 위대한 존엄과 탁월하심을 생각해보십시오. 그는 영원하신 하나님의 외아들이시요 그의 아버지의 영광의 광채시요 그 본체의 형상이십니다. 하지만 그는 그 위엄의 보좌에서 내려오셔야 했고, 감당할 수 없는 빛의 외투를 스스로 벗고 종의 형체를 입으시며 저주가 되사 죄인을 위한 죽음의 피를 흘려야 하셨습니다. 죄가 이곳만큼 하나님께 가증스럽게 나타난 곳이 또 있었습니까? 하나님께서는 그분의 영원한 거룩하심과 죄에 대한 증오심을 증명하기 위해 고난을 받을 탁월한 사람이 필요했고, 그는 하늘과 땅에서 가장 영광스러운 자여야 했습니다. 그는 율법을 어김으로 자신의 거룩함이 영원히 훼손당하도록 하는 것보다 차라리 자기 친아들이 수치스러운 십자가 위에서 죽고 그에게 신적 진노의 두려운 불꽃에 노출되게 하셨습니다.

⑵ 그가 그의 아버지께 얼마나 사랑스러운 아들이었는지 생각해

보십시오. 그는 그의 유일한 아들이었습니다. 다른 이가 없었습니다. 그의 영혼의 유일한 사랑이요 가장 큰 기쁨이자, 영원부터 그의 품속에 안겨 있던 아들이었습니다. 하지만 자신에게 그토록 사랑스런 아들임에도 하나님은 그를 아끼려 하지도 않았고 아낄 수도 없었습니다. 그가 자기 백성들의 죄를 위해 기소되었을 때 말입니다. 그래서 사도는 로마서 8장에서 이렇게 말했습니다. "자기 아들을 아끼지 아니하시고 우리 모든 사람을 위하여 내주신 이가"(롬 8:32). 그는 자기 아들을 아끼지 아니하되 그들 영혼을 위한 속전(ransom)으로 값없이 주심으로 관대함을 드러내셨고, 그를 아끼지 아니하시되 그들의 죗값을 그에게서 한 푼의 남김도 없이 만족스럽게 받아 내심으로 복수의 정의도 나타내신 것입니다.

⑶ 그가 받으신 고난의 극함을 생각해보십시오. 실로 그의 고난의 끝은 표현이 불가능합니다. 그의 죽으심 앞에서 지각없는 자연도 마치 이해력과 감정을 가진 것처럼 전체 구조가 뒤흔들렸습니다. 태양은 빛을 잃었고 온 하늘은 어둠으로 뒤덮였습니다. 한낮에 대기는 어두워져 마치 캄캄한 밤처럼 변했습니다. 땅도 뒤흔들려 갈라졌고 바위들이 터졌으며 온 우주가 숨을 죽였습니다. 그리스도께서는 택하신 백성들의 죄를 위한 모든 진노를 감당하셨습니다. 그의 고난은 저주받은 모든 자들의 고난과 같은 분량이었습니다. 그는 버림당하는 형벌을 감당하셨습니다. 왜냐하면 성령이 주시는 모든 위로의 감화가 잠시 중단되었기 때문입니다. 가장 극심한 고통의 순간에 그리스도의 신적 본성과 그가 소유한 모든 기쁨을 그의 인성으로부터 거두셨습니다. 하나님으로부터 영원히 분리되어야 마땅한 자들은 우

리이지만, 우리를 구원하기 위해 우리 구주께서 한동안 버림당하신 것입니다. 모든 기쁨과 위로는, 그가 그것들을 가장 필요로 하던 순간 그의 영혼으로부터 자취를 감추었습니다. 이것은 그에게 가장 괴롭고 아픈 일이었습니다. 이전에는 한 번도 그의 아버지의 미소가 사라진 얼굴을 본 적이 없었습니다. 이 일이 그로 하여금 슬픈 목소리로 '나의 하나님 나의 하나님 어찌하여 나를 버리셨습니까?'라고 부르짖게 만들었습니다. 다시 말하자면 그는 감각의 형벌을 견디신 것입니다. 몸과 영혼의 모든 감각이 고통당하는 형벌을 말입니다. 택함받은 자들은 신적 보복 아래, 몸과 영혼 모두를 버림받았던 자들이었습니다. 따라서 그리스도께서도 그 양자 모두의 고난을 겪으신 것입니다. 그 육체의 고난은 끔찍한 것으로 격렬한 찢김과 고통으로 가득했습니다. 그의 양 손과 양 발과 같은 가장 감각적인 부분이 못 박혔습니다. 그의 몸은 모든 관절들이 분리되면서 찢김과 고통을 동반하며 늘어났습니다. 그래서 시편 22편은 그분을 이렇게 묘사합니다. "나는 물 같이 쏟아졌으며 내 모든 뼈는 어그러졌으며 내 마음은 밀랍 같아서 내 속에서 녹았으며 내 힘이 말라 질그릇 조각 같고 내 혀가 입천장에 붙었나이다 주께서 또 나를 죽음의 진토 속에 두셨나이다"(시 22:14-15). 하나님의 아들이 바로 이 고난을 겪으신 것입니다. 선을 행하는 일 외에는 펼치지 않으셨던 그의 순결하고 복된 양 손은 못 박혀 찢겨졌습니다. 땅이 떠받쳐주었고 물결조차 경외심을 품었던 구주의 양 발이 나무에 못 박혔습니다. 성령께서 고귀하게 만드시고 신성의 성전이 된 그의 몸은 부서졌습니다. 그러나 그의 몸의 고난은 그가 겪으신 영혼의 고난에 비할 바가 아니었습니다. 그 어떤 혀로도 그의 영혼이 견디신 고난을 형언할 수 없습니다. 성령의 모든 위로의 감화력이 멈추는 순간, 강렬하고도 순전한 슬픔이 급류처럼 그의 영혼 속으로 밀려 들어왔습니다. 오, 그에게 부어진 하나님의 진노로 인해 그가 맛보신 고뇌와 슬픔은 얼마나 큰 것이며, 그가 직면한 슬픔은 또 얼마나 날카로운 것이었습니까! 그는 분노하시는 하나님의 진노, 어떤 혼합물이나 찌꺼기가 섞이지 않은 순결한 진노를 견디셨습니다. 그것은 택하신 자들의 헤아릴 길 없이 많은 죄로 인해 영원토록 당해야 마땅한 모든 진노였습니다. 죄는 하나님께 너무도 가증스러운 것이어서 그 무엇도 그것을 끌 수 없고 만족시킬 수 없었습니다. 오직 그의 사랑하는 아들의 죽음과 비통한 고뇌밖에 없습니다.

⑷ 그가 당하신 고난의 이유들을 생각해보십시오. 그것은 그분 자신의 그 어떤 죄로 인한 것이 아니었습니다. 왜냐하면 그는 어떤 죄도 범치 않았고, 거룩하고 악이 없고 더러움이 없고 죄인에게서 떠나 계시는 분이시기 때문입니다. 그 고난들이 그에게 임한 것은 오직 그가 자발적으로 자기 백성의 죄를 취하신 결과였습니다. 또한 그 죄악들이 단지 그에게 덧입혀진 것임에도 불구하고 하나님은 그를 아끼려 하지 않으셨습니다. 따라서 신적 거룩과 죄에 대한 증오가 그의 사랑하는 아들의 고난 속에서만큼 뚜렷하게 드러난 곳은 어디에도 없습니다. 그의 고난은 전 인류와 모든 천사들이 그들 죄로 인하여 지옥불에서 영원토록 고통당한다 하여도 그 사실에 대한 훨씬 더 큰 입증이었습니다.

하나님의 두려운 공의의 속성이 드러난 일

1. 하나님의 공의는 이 땅에 사는 동안 죄인들에게 그가 나타내시는 일시적인 심판 안에 나타나 있습니다. 성도들도 이 심판을 받습니다. 느헤미야 9장은 이렇게 말합니다. "그러나 우리가 당한 모든 일에 주는 공의로우시니"(느 9:33). 하나님의 모든 심판이 가지는 목적과 의도는 자신이 옳으시고 의로우신 하나님임을 세상에 증거하는 것입니다. 하나님께서 세상에 임하게 하시는 모든 두려운 재난과 끔찍한 심판들은 그의 의로우심을 선포하고 드러냅니다.

2. 마지막 날에 선언될 두려운 심판을 따라 생각하자면, 하나님의 공의는 죄에 대해 아담의 모든 후손들에게 영원한 고통과 괴로움을 선고하신 일 안에 나타나 있습니다. 마태복음 25장은 이렇게 말합니다. "저주를 받은 자들아 나를 떠나 마귀와 그 사자들을 위하여 예비된 영원한 불에 들어가라"(마 25:41). 만일 여러분이 바닥없는 구덩이에 들어가서 지옥의 고통과 고뇌들을 보고 그 유황불 안에서 저주받은 자들이 뒹굴며 신음하는 두려운 비명소리를 들을 수 있다면 이렇게 부르짖지 않을 수 없을 것입니다. "오, 신적 공의의 잔혹함이여!" 그들은 하나님께서 친히 손으로 지으신 자들로서 고뇌 아래 소리치고 울부짖는다 하여도, 고통을 조금도 경감받을 수 없습니다. 아니, 그들의 혀를 적실 수 있는 한 방울의 물도 얻을 수 없습니다.[17] 무한히 선하시고 은혜로우시며 긍휼을 기뻐하시는 하나님께서 자신

---

17 역자 주: 눅 16:24-26

의 허다한 피조물들을 고통당하게 해야 한다면, 그의 공의는 얼마나 흠 없이 완전한 것이어야 하겠습니까!

3. 하나님의 공의는 그리스도의 고난과 죽음 안에 나타나 있습니다. 하나님께서 자기의 사랑하는 아들을 죽음 가운데 내주신 것은 바로 하나님께서 얼마나 공의롭고 의로운 분이신지를 알게 하시기 위함입니다. 그래서 사도는 로마서 3장에서 우리에게 이렇게 말합니다. "이 예수를 하나님이 그의 피로써 믿음으로 말미암는 화목제물로 세우셨으니 이는 하나님께서 길이 참으시는 중에 전에 지은 죄를 간과하심으로 자기의 의로우심을 나타내려 하심이니"(롬 3:25). 그는 그 아들을 피에 젖은 외투를 입혀 세우심으로 자신의 공의와 의로움을 세상에 선언하셨습니다. 인간이 하나님께 등을 돌려 반역하고 배반한 이후로 신적 공의를 존중하고 명예를 보존할 수 있는 다른 길은 오직 율법의 형벌을 엄중히 시행하거나 완전한 만족을 얻거나 하는 두 가지뿐이었습니다. 그 형벌의 시행은 아담의 모든 자손을 파멸에 이르게 했을 겁니다. 그러므로 그리스도께서 세상에 오셨고 자신의 고난과 죽음으로 인하여 충분한 만족을 이루셨습니다. 그리하여 하나님께서 자기의 공의를 훼손시킴 없이 긍휼을 베푸실 수 있게 되었습니다. 이처럼 하나님 아들의 피가 죄를 위해 쏟아져야만 했고 그가 옳으시고 의로우신 하나님이심을 세상으로 보게 하셔야 했습니다. 하나님의 공의는 조금이라도 적게 만족될 수도 없고 그렇게 되어서도 안 됩니다. 그래서 로마서 8장은 "자기 아들을 아끼지 아니하시고 우리 모든 사람을 위하여 내주신 이가"(롬 8:32)라고 말합니다. 만일 우리가 누군가에게 인내를 기대할 수 있다면, 그것은 분

명히 하나님이실 것입니다. 그분은 긍휼과 부드러운 자비가 가득한 분이시기 때문입니다. 하지만 하나님은 그를 아끼지 않고 내어주셨습니다. 만일 긍휼이나 형벌이 감해지는 일을 기대할 수 있는 사람이 있다면, 그리스도야말로 자기 아버지로부터 그 모든 것을 기대하실 수 있는 분일 것입니다. 하지만 하나님은 자기의 친아들을 아끼지 않으셨습니다. 하나님께서는 그의 고난에 정해진 시간 중 일 분도 감해주지 않으셨습니다. 그가 감당해야 할 진노의 한 눈금도 줄여주지 않으셨습니다. 아, 그리스도께서 얼굴을 땅에 대시고 슬프고 가련한 목소리로 '아버지여 할만하시거든 이 잔을 내게서 지나가게 하옵소서'라고 동산에서 부르짖을 때도 그의 고통을 조금도 감해주지 않으셨습니다. 모든 긍휼의 아버지께서 사랑하는 아들이 자기 앞에 겸비하게 서 있는 것을 보셨지만 극단적인 잔혹함으로 그를 대하셨습니다. 공의의 칼날은 과거 세상에 시행되어온 모든 두려운 심판들 안에 어느 정도 잠들어 있었다 할 수 있습니다. 그러나 이제 그 칼날은 깨어나야 했고 복되신 구세주의 심장을 찌르기 위해 높이 들려야 했습니다. "만군의 여호와가 말하노라 칼아 깨어서 내 목자, 내 짝 된 자를 치라"(슥 13:7). 만일 신적 공의가 이 땅에 눈에 보이는 형태로 임하고, 그래서 억만 죄인들이 그 진노의 사슬에 매달린다고 하여도, 그것은 그의 친아들의 고난과 죽으심 만큼 하나님의 진노나 죄에 대한 그의 증오의 입증이라 말할 수 없을 겁니다. 우리가 하나님께서 자기 친아들을 최고의 진노와 보복에 노출하셨다는 말을 들을 때, '오, 죄의 영원한 악함이여, 오, 신적 공의의 확고부동한 가혹함이여'라고 외칠 수밖에 없을 겁니다. 살아계신 하나님의 손안에 떨어지는 두려운 일입니다!

4. 하나님의 공의는 마지막 날에 확실하게 나타날 것입니다. 하나님께서는 그의 가장 오만한 원수들을 파멸시킴으로 자신의 능력과 공의의 영예를 드높이는 많은 트로피들을 이미 들어 올리셨습니다. 그러나 그날이 가장 엄위한 신적 공의의 트로피가 될 것입니다. 사도는 사도행전 17장에서 이렇게 말합니다. "이는 정하신 사람으로 하여금 천하를 공의로 심판할 날을 작정하시고 이에 그를 죽은 자 가운데서 다시 살리신 것으로 모든 사람에게 믿을 만한 증거를 주셨음이니라"(행 17:31). 그 두려운 날에 하나님의 의와 정의가 명백히 나타날 것이며, 따라서 그날은 "하나님의 의로우신 심판이 나타나는 그 날"(롬 2:5)이라고 불립니다. 하나님의 간섭과 섭리의 공평하심이 지금은 온전히 보이지 않습니다. 그러나 그날에는 모든 것이 드러나고 나타날 것입니다. 그때 그분은 의인들에게 아낌없는 상을 베푸시고 악인들에게는 엄한 벌을 주실 것입니다.

5. 하나님의 공의는 저주받은 자들이 지옥에서 겪는 고통 안에서 영원히 빛을 발할 것입니다. 유황불의 연기와 그들의 울부짖음은 하나님의 냉혹한 공의와 엄위함을 영원토록 선포할 것입니다. 죄인들을 하늘과 행복에서 몰아내는 것만으로는 그의 공의를 만족시키기에 충분하지 않습니다. 그들을 지옥으로 보내어 그들의 감각과 양심 위에 가장 고통스러운 형벌을 내리실 것입니다. 왜냐하면 영혼과 몸이 모두 이 세상에서 범죄하되, 하나는 죄의 인도자가 되고 다른 하나는 죄의 도구가 되었으므로 이후로는 그 둘 다 형벌의 결과를 맛보도록 하는 것이 바르고 공정한 일이기 때문입니다. 그때 죄인들은

그들이 가장 즐거워하던 자리에서 고통을 맛볼 것입니다. 그들의 감각 기관들 속에 가장 고통스러운 자각을 일으키는 것들로 둘러싸이게 될 것입니다. 불과 유황 연못, 캄캄한 어둠, 영원함 등은 두려움을 안겨주는 단어들입니다. 그러나 그 어떤 단어도 그들의 불행이 가지는 두려움의 요소들을 다 표현할 수 없습니다. 그들의 형벌은 그들이 조롱한 하나님의 위엄의 영광과 그의 능력의 범위에 비례할 것입니다. 또한 영혼이 핵심이고 몸은 단지 죄의 행위가 드러나는 하나의 장식용 도구에 지나지 않습니다. 따라서 영혼의 무한한 기능은 외적 감각들이 지닌 제한된 기능이 겪는 고통에 비해 훨씬 더 큰 고통을 맛보게 될 것입니다. 하나님의 불같은 속성들은 양심의 유리를 관통하여 침입할 것이며 저주받은 영들 위에 집중될 것입니다. 외부의 불은 그들 내부의 불만큼 고통스럽지 않을 것입니다. 그때는 모든 고통스러운 격정들이 불타오르게 될 것입니다. 그들에게 지옥 형벌을 내린 공의로운 능력을 향한 증오와 저항심, 분노는 얼마나 크겠으며, 그 형벌의 원인이 된, 고의적이고 돌이킬 수 없는 죄를 범한 자신들을 향한 참을 수 없는 분노는 또 얼마나 크겠습니까! 자신들의 창조가 얼마나 저주스러울 것이며 자신들이 겪는 불행을 면할 최후의 치료책으로 완전히 소멸되기를 얼마나 바라겠습니까! 그러나 그 모든 간절한 소원들은 무익할 것입니다. 왜냐하면 죄책은 결코 속죄되지 않고 하나님께서도 그것들을 무효로 할 만큼 화목하지 않으실 것이기 때문입니다. 하늘에 공의가 있고 지옥 불에도 공의가 있는 한, 하나님과 영원성이 계속되는 한, 그들은 천사의 힘과 인내로도 한 시간도 감당할 수 없는 그러한 고통을 반드시 겪어야만 합

니다. 하나님의 공의는 저주 받은 자들의 고뇌와 고통 안에서 영원
토록 불타오를 것입니다.

앞에서 진술되고 답변된 하나님의 공의에 대한 그럴듯한 반대

반대 1. 만일 하나님이 영원히 공의롭고 의로운 분이시라면, 그의
위엄과 율법에 대한 오만한 멸시자들이 이 세상에서 번영을 누리는
것과 어떻게 조화를 이룰 수 있습니까? 이러한 반대는 이미 오래전
성도들이 제기했던 것입니다. 시편 73편 5-7, 12절을 보십시오.[18] 또
한 하나님의 친 백성들 중 어떤 사람들에게 걸려 넘어지는 돌과 같
은 역할을 했고 그의 공의에 대한 의문을 제기하게 하는 일이었습니
다. "어찌하여 악인이 생존하고 장수하며 세력이 강하냐 그들의 후
손이 앞에서 그들과 함께 굳게 서고 자손이 그들의 목전에서 그러하
구나 그들의 집이 평안하여 두려움이 없고 하나님의 매가 그들 위에
임하지 아니하며 그들의 수소는 새끼를 배고 그들의 암소는 낙태하
는 일이 없이 새끼를 낳는구나 그들은 아이들을 양 떼 같이 내보내
고 그들의 자녀들은 춤추는구나 그들은 소고와 수금으로 노래하고
피리 불어 즐기며 그들의 날을 행복하게 지내다가 잠깐 사이에 스올
에 내려가느니라"(욥 21:7-14). "여호와여 내가 주와 변론할 때에는 주
께서 의로우시니이다 그러나 내가 주께 질문하옵나니 악한 자의 길

---

18 시 73:5-7, 12 사람들이 당하는 고난이 그들에게는 없고 사람들이 당하는 재앙도 그들에게는
없나니 그러므로 교만이 그들의 목걸이요 강포가 그들의 옷이며 살찜으로 그들의 눈이 솟아나
며 그들의 소득은 마음의 소원보다 많으며… 볼지어다 이들은 악인들이라도 항상 평안하고 재
물은 더욱 불어나도다

이 형통하며 반역한 자가 다 평안함은 무슨 까닭이니이까 주께서 그들을 심으시므로 그들이 뿌리가 박히고 장성하여 열매를 맺었거늘 그들의 입은 주께 가까우나 그들의 마음은 머니이다"(렘 12:1-2). 하지만 답변해보겠습니다. 다음 내용을 숙고해 보십시오.

1. 악인들은 때로 하나님의 일을 행하는 도구가 될 수 있습니다. 비록 그들이 원하거나 의도한 것은 아니지만 하나님의 뜻을 진행시키는 데 도구적 역할을 하는 것입니다. 고레스가 예루살렘에 하나님의 성전을 짓는 일에 도구가 된 것처럼 말입니다. 그러한 사람들이 일시적인 상을 받아야 하는 일에 공의의 요소가 깃들어 있습니다. 하나님께서는 자신의 백성들을 위해 날개 아래 그들을 보호하도록 하시고 그 안에서 번영하게 하기를 기뻐하십니다. 그는 어떤 사람에게도 빚을 지지 않으실 것입니다. 느부갓네살은 하나님을 위한 많은 섬김을 실천했고, 주님은 그것에 대해 그의 위대함이 더욱 확장되게 하시는 상을 베푸셨습니다. 에스겔 29장 18-20절을 보십시오.[19]

2. 하나님께서는 악인들이 그들의 죄 가운데서 항상 번성하게 하지는 않으십니다. 그들을 공개적으로 심판하셔서 모든 이들이 하나님의 공의를 목격하도록 하십니다. 그래서 시편 기자는 이렇게 말했습니다. "악인은 자기가 손으로 행한 일에 스스로 얽혔도다"(시 9:16). 그들의 번성은 짧게 끝나며 시편 기자가 지적하듯이 갑자기 망하니

---

19 겔 29:18-20 인자야 바벨론의 느부갓네살 왕이 그의 군대로 두로를 치게 할 때에 크게 수고하여 모든 머리털이 무지러졌고 모든 어깨가 벗어졌으나 그와 군대가 그 수고한 대가를 두로에서 얻지 못하였느니라 그러므로 주 여호와께서 이같이 말씀하셨느니라 내가 애굽 땅을 바벨론의 느부갓네살 왕에게 넘기리니 그가 그 무리를 잡아가며 물건을 노략하며 빼앗아 갈 것이라 이것이 그 군대의 보상이 되리라 그들의 수고는 나를 위하여 함인즉 그 대가로 내가 애굽 땅을 그에게 주었느니라 주 여호와의 말씀이니라

다. 시편 73편 18-20절을 보십시오. "주께서 참으로 그들을 미끄러운 곳에 두시며 파멸에 던지시니 그들이 어찌하여 그리 갑자기 황폐되었는가 놀랄 정도로 그들은 전멸하였나이다 주여 사람이 깬 후에는 꿈을 무시함 같이 주께서 깨신 후에는 그들의 형상을 멸시하시리이다"(시 73:18-20). 그의 공의는 때로 죄의 행위를 범하는 순간에 죽음으로 치시는 것으로 나타나기도 합니다. 시므리와 고스비,[20] 바로왕, 산헤립[21] 등의 경우가 그러합니다.

3. 하나님께서는 인간들이 계속 범죄하면서도 번성하도록 처분하십니다. 그래서 심판의 때에 더욱 더 핑계할 수 없도록 만드십니다. 이러한 하나님의 선하심과 오래 참으심은 반드시 그들을 회개함으로 인도해야 마땅하지만 그렇지 않을 때 그것은 그들의 죄를 더욱 악화시켜서 그가 그들을 판단하러 오실 때 더욱 변명할 수 없게 만듭니다. 요한계시록 2장은 이세벨에 대해 이렇게 말합니다. "또 내가 그에게 회개할 기회를 주었으되 자기의 음행을 회개하고자 하지 아니하는도다"(계 2:21). 하나님은 죄인들을 향하여 긍휼의 시간을 연장시켜 주십니다. 만일 그들이 회개하고 돌아서지 않으면 그의 인내가 그들을 대적하는 증인이 될 것이며 그의 공의는 그들에 대한 정죄 속에 더욱 분명히 드러날 것입니다.

4. 하나님께서 악인들을 한동안 번성케 하신다면 그의 진노의 유리병은 그 시간 동안 가득 차고 그의 칼을 가시는 것입니다. 그가 그들을 오래 참으신다고 해도 그 오랜 인내가 곧 용서를 의미하지는

---

20 역자 주: 왕상 16:18, 민 25:15 참고
21 역자 주: 사 37:38

않습니다. 그가 치시기 전의 시간이 길수록 치실 때의 그 충격은 더욱 클 것입니다. 다가오는 공의의 마지막 장면은 악인과 하나님을 잊은 세상 모든 민족들이 지옥으로 던져지는 것입니다. 진노의 날이 다가오고 있습니다. 하나님의 의로운 심판이 나타나는 날입니다. 그때 하나님은 그들 모두의 죄를 보응하심으로 자신의 공의를 영화롭게 하실 것입니다. 하나님은 악인들을 심판하실 영원성을 소유하고 계십니다. 신적 공의는 한동안 잠자는 사자와 같았을 것입니다. 마침내 이 사자는 깨어나서 죄인들을 향해 포효할 것입니다. 그들의 오랜 번영이 그들의 영원한 정죄를 드높일 것입니다. 세상에서 부귀영화를 누리며 살았던 많은 죄인들이 지옥에 있으며 지금 이 시간 단호한 공의의 두려운 채찍질 아래 신음하고 있습니다. 이처럼 여러분은 악인의 번성과 하나님의 공의는 전혀 모순이 없다는 것을 알 수 있을 것입니다.

반대 2. 하나님의 택한 백성들도 세상에서 종종 큰 고통을 맛봅니다. 박해를 받기도 하고 억압을 당하며 여러 가지 어려움을 만납니다. 시편 73편의 말씀처럼 말입니다. "나는 종일 재난을 당하며 아침마다 징벌을 받았도다"(시 73:14). 이런 일이 하나님의 공의와 어떻게 조화될 수 있습니까?

답변 1. 하나님의 심판 방식들은 비록 때때로 은밀히 감추어져 있지만, 결코 불의하지 않습니다. 하나님은 사람의 자녀들에게 고의로 어려움을 주시거나 괴롭게 하지 않으십니다. 고난의 근원이 될 만한 책망의 요인들이 분명 그들 안에 있습니다. 다른 사람들뿐 아니라 그들 역시 점과 흠을 지니고 있습니다. 그들이 크고 흉악한 범죄로부터 자유로울 수 있습니다. 하지만 그들도 교만과 정욕, 모욕, 세속성 등과 같은 죄들을 범합니다. 하나님 백성들의 죄는 다른 사람들의 눈에 보다 하나님의 눈에 더욱 심각하게 여겨집니다. 또한 하나님은 그것들을 바로잡지 않고 지나가도록 처분하지 않을 것입니다. 아모스 3장은 이렇게 말합니다. "내가 땅의 모든 족속 가운데 너희만을 알았나니 그러므로 내가 너희 모든 죄악을 너희에게 보응하리라"(암 3:2). 이런 사실은 그들에게 임한 모든 악한 일에 있어서 하나님의 정당성을 입증합니다.

답변 2. 경건한 자들의 모든 시련과 고난들은 그들을 정결하고 순결하게 하려는 목적을 지니고 있으며 그들의 영적이고 영원한 유익을 증진시키기 위한 것입니다. 히브리서는 이렇게 말합니다. "그들은 잠시 자기의 뜻대로 우리를 징계하였거니와 오직 하나님은 우리의 유익을 위하여 그의 거룩하심에 참여하게 하시느니라"(히 12:10). 하나님께서 그들을 더 나은 사람으로 만들 수 있는 과정으로 이끄시는 것만큼 하나님의 성실하심을 선언하는 일도 없습니다. 그래서 다윗은 시편 119편에서 이렇게 말합니다. "여호와여 내가 알거니와 주의 심판은 의로우시고 주께서 나를 괴롭게 하심은 성실하심 때문이니이다"(시 119:75). 그들이 때로는 궁핍을 겪기도 하고 다양한 외적 어려움들을 만나기도 하지만 그러한 일들조차 은혜로운 약속의 성취이며 그들의 선을 위해 명령된 것입니다. 그 어려움들은 그들의 죄를 책망하기 위한 것이며, 회개하고 죄를 뿌리 뽑도록 그들을 깨어나게 하고, 그들의 믿음과 인내, 하나님을 향한 그들의 신실함과 사랑을 연단하고 훈련시키며, 그들의 마음을 세상과 작별하게 하고 은혜 안에서 더욱 잘 성장하도록 돕기 위한 것입니다.

답변 3. 하나님 안에는 더 큰 징벌을 막기 위해 더 작은 징벌을 가하는 것과 같은 불공정이란 존재하지 않습니다. 최고의 하나님의 자녀들이라도 지옥에 합당한 행위를 그들 안에 지니고 있습니다. 하나님께서 그들을 막대기와 전갈로 벌하실 때 그들을 부당하게 대우하는 것입니까? 지상의 부모라도 만약 상속권을 박탈해야 마땅한 자녀를 바르게 잡아주기 위해서 징벌을 가한다면, 세상으로부터 가혹하다거나 불의하다고 평가받지 않을 것입니다. 하나님께서 자기 자녀들을 바로잡고자 하실 때, 그는 그들의 잔에 지옥불의 고통으로 채우실 수 있음에도 단지 쑥을 두실 뿐입니다. 그 같은 최고의 압력 아래서 그들은 그의 긍휼에 감격할 이유를 지니고 있습니다. 그의 공의에 대한 불평을 하기 보다는 말입니다. 그래서 고난 속의 교회들 역시 "여호와의 자비와 긍휼이 무궁하시므로 우리가 진멸되지 아니함이니이다"(애 3:22)라고 말했습니다.

반대 3. 만일 하나님이 영원히 공의로우시다면 어떻게 죄인에게서 심판을 옮길 수 있으셨습니까? 이것은 택하신 자들의 죄를 위한 그리스도의 고난에 대해 소시니안들이 던지는 반대입니다. 그들은 이 사람에게서 저 사람에게로 벌을 옮기는 것은 공의의 위반이라고 말합니다. 어떻게 의로우신 하나님께서 자신의 순결한 아들을 우리 죄를 위해 심판하실 수 있었습니까?

저는 이 질문에 대해 일반론적으로 답변하려고 합니다. 즉, 어떤 경우에 있어서 죄인을 위해 무죄한 자를 심판하는 일이 꼭 불의한 일이 아닐 수 있습니다. 물론 무죄한 사람이 무죄한 자로서 고난을 받는 것이 불공평하다고 말할 수 있을지도 모릅니다. 하지만 그가 마땅한 고난에 자신을 노출시키는 의무 계약을 자발적으로 받아들일 수도 있습니다. 그 무죄한 사람이 죄인을 위해 고난 받을 수 있는 경우는 그가 자신의 생명을 내어줄 수 있는 권세가 있고, 자유롭고 자발적인 마음으로 자신을 고난의 의무 아래 두며, 징벌을 하는 권세를 가진 사람에 의해 고난 받기를 허락 받고, 어떠한 손실도 없으며 도리어 그 일로 공공에 유익이 발생할 때라면 말입니다. 이런 상황 속에서 무죄한 사람이 죄인의 자리를 대신해 벌을 받는 일에 공의의 여부를 말할 수는 없습니다. 여기서 다루는 문제와 관련된 이모든 주장들에 대해 동의할 수 있습니다.

1. 왜냐하면 그리스도께서 자신을 내어줄 수 있는 절대적인 권세를 지니셨기 때문입니다. 인간은 다른 사람을 위해 자신의 생명을 내어주는 것이 허용되지 않는데, 그 이유는 그 생명의 처분이 자신에게 달려 있지 않기 때문입니다. 하지만 그리스도는 자신이 소유한 생명의 절대적 주인이셨고, 자신이 원하는 대로 그것을 내려놓거나 지킬 수 있는 능력도 지니고 있으셨습니다. 그래서 그는 요한복음 10장에서 "이를 내게서 빼앗는 자가 있는 것이 아니라 내가 스스로 버리노라 나는 버릴 권세도 있고 다시 얻을 권세도 있으니 이 계명은 내 아버지에게서 받았노라"(요 10:18)라고 선언하십니다.

2. 그는 누구로부터의 강요도 없이 자기 백성들을 위해 고난 받는 것에 동의하셨고 그들에게 합당한 징벌을 감당하기로 하셨습니

다. 무죄한 사람을 다른 사람의 잘못을 위해 고난당하도록 강요하는 일은 하나의 상처가 될 것입니다. 하지만 이 경우에는 그 어떠한 압박도 없었습니다. 왜냐하면 그리스도께서는 가장 자발적으로 자신을 드렸기 때문입니다. 그렇습니다. 그는 자원하셨을 뿐 아니라 우리의 위치에서 고난 받기를 간절히 원하고 바라셨습니다. 누가복음 12장을 보십시오. "내가 불을 땅에 던지러 왔노니 이 불이 이미 붙었으면 내가 무엇을 원하리요"(눅 12:50).

3. 성부께서는 그를 우리의 보증으로 인정하셨고 그의 고난이 우리를 대신하도록 기꺼이 승인하셨으며 그 위에서 우리가 해방되고 면제되도록 하셨습니다. 그리스도께서 이 사역을 감당하도록 하시는 일은 성부의 뜻이었습니다. 그래서 시편 40편은 이렇게 말합니다. "나의 하나님이여 내가 주의 뜻 행하기를 즐기오니 주의 법이 나의 심중에 있나이다 하였나이다"(시 40:8). 성부께서는 그리스도를 사랑하셨고, 그는 성부의 뜻에 기쁘게 동의하셨기 때문입니다. 요한복음 10장을 보십시오. "내가 내 목숨을 버리는 것은 그것을 내가 다시 얻기 위함이니 이로 말미암아 아버지께서 나를 사랑하시느니라"(요 10:17).

4. 그리스도의 죽음으로 인하여 공공에 어떠한 손실도 없었습니다. 오히려 그 반대입니다. 그 일로 말미암아 많은 사람에게 미치는 유익이 배가 되었습니다. 무죄한 사람이 악행자를 위해 고난 받는 것이 비난받는 한 가지 이유는, 그 사회가 선한 사람 하나를 잃고, 나쁜 구성원 한 사람을 남김으로써 고통을 당하게 되기 때문이며, 죄 없이 고난당한 사람이 생명을 한번 상실하면 다시 회복하는 일

이 불가능하기 때문입니다. 그러나 이는 그리스도의 죽음과 모든 점에 있어서 완전히 다릅니다. 왜냐하면 그리스도는 생명을 내려놓으셨으나 그것을 다시 얻으셨기 때문입니다. 그는 사흘 만에 살아나셨고 사망은 이김에게 삼킴을 당했습니다.[22] 그의 고난으로 고난당한 자들이 찾아진 바 되었고 결과적으로 변화되어 하나님과 사람을 섬기기에 합당한 자들이 되었습니다. 따라서 그리스도의 고난으로 말미암아 그 어느 편도 상처를 입는 일은 없었습니다. 그분이 비록 죄 없는 분이셨음에도 불구하고 말입니다. 그가 위하여 죽어주신 사람들 편에도 어떤 상처가 없습니다. 왜냐하면 그들은 그 일로 인해 형언할 수 없는 유익을 얻었기 때문입니다. 그는 그들에게 지혜와 의로움과 거룩함과 구원함이 되어 주십니다.[23] 고난당한 자신 편에도 상처가 없습니다. 왜냐하면 그는 철저히 자원하셨고 동의 없이 받은 고난은 하나도 없기 때문입니다. 하나님 편에도 상처가 없습니다. 왜냐하면 속량물(ransom)을 찾아내신 분이 하나님 자신이요 그리스도를 우리의 보증으로 인정하신 분도 하나님이시기 때문입니다. 하나님의 통치 안에 있는 그 어느 것에도 근심 어린 요소는 없습니다. 왜냐하면 그리스도의 죽으심으로 인해 하나님 통치의 모든 목적들이 보장되었기 때문입니다. 이로써 그의 명예는 옹호되었고 그의 율법의 권위는 보존되었으며 그를 따르는 자들은 그의 친아들 위에 가해진 엄정한 형벌로 인해 율법 어기는 삶을 단념하게 되었습니다. 이

---

22 고전 15:54 이 썩을 것이 썩지 아니함을 입고 이 죽을 것이 죽지 아니함을 입을 때에는 사망을 삼키고 이기리라고 기록된 말씀이 이루어지리라

23 고전 1:31 너희는 하나님으로부터 나서 그리스도 예수 안에 있고 예수는 하나님으로부터 나와서 우리에게 지혜와 의로움과 거룩함과 구원함이 되셨으니

처럼 자기 백성을 대신하는 그리스도에 대한 하나님의 벌하심에는 그 어느 편에도 불의함이란 있을 수 없습니다.

반대 4. 일시적인 죄를 지옥의 영원한 고통으로 벌하시는 일이 하나님의 공의와 어떻게 조화를 이룰 수 있습니까? 어떤 사람들은 이 문제에 어려움을 느낍니다. 짧은 시간 안에서 범한 죄에 대해 영원한 심판을 가하는 일을 무한한 공의와 조화를 찾기는 거의 불가능하다고 말입니다. 그러나 이 점에 있어서 하나님의 공의를 분명히 하기 위해, 다음 내용을 숙고해 보십시오.

1. 그 영원한 심판은 율법의 형벌 조항에 일치합니다. 하나님의 지혜는 범죄자에게 가해지는 형벌이 그 자체의 본질에 있어서 두렵고 끔찍한 것이어야 할 것을 요구했습니다. 그래서 그 두려움이 모든 죄의 꾀임과 유혹을 극복하고 지배할 수 있도록 말입니다. 만일 그렇지 않았다면 율법 수여자의 지혜는 그 추종자들을 그들의 의무에 충분히 굳게 묶지 않았다는 사실로 인해 마치 그분에게 결점이라도 있는 것처럼 비쳐졌을 것이며 그의 다스리심의 목적도 달성될 수 없었을 겁니다. 그러므로 첫째, 둘째 사망[24]은 불순종하는 일에 있어서 아담에게 위협적인 것이었습니다. 두려움은 깨어 있는 보초처럼 그의 마음속에 세워져 있어서 어떤 죄 지을 생각이나 비정상적 욕망이 끼어들지 못하게 하여 거기 자리 잡은 율법의 식탁을 뒤집어 엎지 못하게 했습니다. 이처럼 영원한 죽음은 율법의 형벌 조항에 의

---

24 역자 주: 육체적인 사망과 지옥의 형벌을 의미한다(계 20:14 참고).

한 것으로 죄인들 때문에 주어진 것입니다.

2. 하나님께서 자신을 신실히 섬기고 순종하는 모든 자에게 영원한 행복으로 상 주실 것임을 그의 실패 없는 약속으로 우리에게 확신시켜 주신다는 사실을 숙고한다면, 악인을 영원토록 지옥에 벌하는 일에 있어서도 하나님의 의로우심을 발견하게 될 것입니다. 하나님을 섬기는 자들은 하나님께서 주실 수 있는 가장 고귀한 복락을 얻되 우리의 총체적 이해와 상상조차 크게 초월하는 복락을 누리게 될 것입니다. 왜냐하면 하나님께서 자기를 사랑하는 자들을 위해 준비하신 것은 인간의 눈으로 보지 못했고 귀로 듣지도 못했으며 마음으로 품어보지도 못한 것이기 때문입니다. 만일 영원한 복락이 멸시를 당하고 거절된다면, 죄인의 몫으로 남는 것은 오직 끝없는 불행뿐일 것입니다. 그 결과는 피할 수 없을 것입니다. 왜냐하면 만일 이성적 피조물이 죄를 선택하여 영원한 지옥과 함께할 동반자로 품는다면 자신의 선택에 책임을 지는 것이 가장 의롭고 공평한 일이기 때문입니다. 사탄의 노예가 되어 이 세상에서 그의 편에 가담하는 자들에게 이 땅을 떠난 후 사탄와 함께 보상을 얻는 일보다 더 의롭고 합당한 일이 있을 수 있을까요? 지금 전능자를 향해 "우리를 떠나십시오. 우리는 당신의 길을 조금도 알고 싶지 않습니다"[25]라고 말하는 자들이 마지막 날에 "저주를 받은 자들아 나를 떠나 영영한 불에 들어가라"(마 25:41)라는 두려운 선고를 받는 일보다 더 의로운 일은 있을 수 없습니다.

---

25 역자 주: 시 95:10 내가 사십 년 동안 그 세대로 말미암아 근심하여 이르기를 그들은 마음이 미혹된 백성이라 내 길을 알지 못한다 하였도다

3. 저주받은 자들의 형벌은 반드시 영원해야 합니다. 그 이유는 죄가 지니는 무한한 책임과 영원한 악함 때문입니다. 상식적으로도 범죄의 질과 징벌의 수위는 서로 비례해야만 합니다. 공의는 칼을 들기 전에 한 손으로 저울을 듭니다. 어떤 범죄의 심각성은 그 잘못이 가해진 대상의 존귀함의 수준에 따라 평가됩니다. 그렇다면 하나님의 위엄은 진실로 영원하며, 죄는 바로 그분을 대적하는 행위입니다. 결과적으로 죄책은 우리 생각의 범위를 뛰어넘습니다. 죄의 행위는 하나님을 대적하는 반역이고 그 안에는 그의 위엄에 대한 경멸과 특별한 영광인 그의 거룩하심에 대한 반항이 포함되어 있습니다. 또한 마치 그분이 하늘에만 제한적으로 계신 것처럼 여기고, 별들의 조화로운 운행에 신경 쓰느라 그 아래 이 땅에서 벌어지는 일을 보지 못한다고 여기는, 곧 하나님께서 모든 것을 아시고 어디에나 계시는 분이심을 부정하는 것 등이 그 죄 안에 포함되어 있습니다. 또한 그 죄 안에는 그의 영원한 능력에 대한 저항과 그의 질투를 촉발시키는 일이 들어 있는데, 그것은 마치 우리가 그분보다 강한 것처럼 행동하는 것입니다. 아, 먼지와도 같은 교만한 존재가 그의 얼굴에서 도망하고자 하고, 그의 권위를 제멋대로 주무르려고 하는 일은 영광의 하나님의 존귀를 얼마나 크게 훼손시키는 일인지요! 본성적으로나 필요에 의해서나 복종해야 할 이성적 피조물이 신성한 법과 율법 수여자를 경멸하고자 하는 일은 또 지존하신 그분께 얼마나 끔찍한 도발입니까! 이로 볼 때 죄는 영원한 악이라는 점이 드러나며 그 안에 불경건, 배은망덕함, 배신 등이 담겨 있고 범죄 하나를 사악함의 극치로 끌어올릴 수 있는 모든 것이 들어 있습니다. 이처럼 영

원하신 하나님을 대적하는 죄를 생각할 때 그것에 대한 형벌 또한 반드시 영원한 것이어야 합니다. 또한 피조물은, 그것이 지닌 유한하고 제한된 본성을 생각할 때, 무한한 수준의 형벌을 견딜 수 없으므로 형벌을 받는 기간 또한 반드시 무한한 것이어야 합니다. 바로 이러한 이유 때문에 저주받은 자들의 형벌은 결코 끝나지 않을 것입니다. 하나님의 전능한 능력은 그들의 존재를 계속 이어가게 하지만 그들은 저주와 신성모독을 그치지 않을 것이며 그것은 그들에게만 주어지게 될 영속적 고통을 지지해 주는 것이 될 것입니다. 그들은 억만 번이라도 하나님께서 그들을 단번에 파멸시켜 주셔서 영원히 소멸되기를 바랄 것입니다. 그러나 그 일은 결단코 일어나지 않을 것입니다. 그렇지 않습니다. 그들은 그토록 간절히 바라는 죽음의 위로를 얻지도 못할 것이며 소멸되어 하나님의 보복을 피하지도 못할 것입니다.

4. 그들의 형벌은 반드시 영원해야 합니다. 왜냐하면 그들은 가장 작은 호의조차 받을 만한 자격 없이 영원히 머물러 있을 것이기 때문입니다. 저주받은 이들은 지옥에서도 변하지 않습니다. 거기서도 하나님을 향한 증오와 신성모독을 이어갈 것입니다. 이러한 행위의 씨앗은 이 세상에 사는 완고한 죄인 안에 심겨져 있으며 그들은 '하나님을 미워하는 자(haters of God)'로 불립니다. 그리고 저주받은 자들 안에 있는 증오심은 직접적이고 노골적입니다. 그 열기는 광란으로 격렬해집니다. 영광스럽고 영원히 복되신 하나님이 그들의 저주와 영원한 증오의 대상입니다. 우리 주님께서 우리에게 이렇게 말씀하십니다. 지옥에서 '슬피 울며 이를 갈 것이다.' 즉 극한 슬픔과 분

노가 있을 것이라는 말입니다. 절망과 분노는 상실된 영혼들의 적합한 고난입니다. 왜냐하면 죄로 인해 고난당하는 자들은 너무나 약하여 자기들의 고통을 인내로 견딜 수 없고, 그들에게 가해지는 능력을 힘으로 저항할 수도 없기 때문입니다. 게다가 악하고 완고하기까지 해서 그들은 자신들의 불행을 보면서 분노와 괴로움에 사로잡히고 결국 의로우신 재판관을 향하여 거품을 물고 신성모독을 쏟아낼 것이기 때문입니다. 우리는 짐승을 경배하는 자들에 대한 말을 이에 적용시킬 수 있습니다. 요한계시록 16장을 보십시오. "사람들이 아파서 자기 혀를 깨물고 아픈 것과 종기로 말미암아 하늘의 하나님을 비방하고 그들의 행위를 회개하지 아니하더라"(계 16:10-11). 이 완고한 우상숭배자들의 고통과 신성모독은 저주받은 자들의 상태를 보여주는 참된 표징입니다. 이처럼 그들은 항상 죄를 범할 것이기에 항상 고난을 받아야만 합니다. 이러한 사실을 근거로 그들의 아픔과 고통이 영원한 것은 하나님의 지혜요 공의라는 점에 동의할 수 있습니다.

하나님의 공의에서 얻는 중요한 교훈

1. 하나님은 무한히 의로우십니까? 그렇다면 다가올 심판이 있습니다. 하나님의 공의는 인간이 뿌린 대로 거두어야 할 것을 요구합니다. 의인은 복을 받고 악인은 망할 것을 요구합니다. 그러나 오늘날 이 세상에서는 그 점이 명백하지는 않습니다. 세상은 죄가 만연하고 거침없는 폭력으로 가득합니다. 죄를 많이 짓는 사람들이 이

땅에서 형벌을 받지 않는 일이 흔히 일어납니다. 그들은 인간의 공의에서도 벗어날 뿐 아니라 하나님의 공의의 두드러진 표시 아래에도 있지 않습니다. 죄인들은 번영하고 번성하지만 성도들은 어려움을 겪고 핍박을 받습니다. 성도들은 종종 올바른 대의에 헌신하면서도 세상에서 어떤 공의로운 처분도 받지 못합니다. 그렇습니다. 가장 훌륭한 사람이 종종 최악의 상태에 떨어지는데, 그 이유가 단지 그들의 선함 때문일 때가 있습니다. 그들은 저항하지 않기 때문에 짓밟히고 억압당합니다. 여러 차례 고난이 가중 되지만 그들은 그것을 인내로 참아내기 때문입니다 이러한 섭리가 나타나는 이유는 지금이 하나님의 인내의 때요, 우리의 시련의 때이기 때문입니다. 그러므로 하나님의 공의를 드러내어 줄 날이 반드시 있을 것이며 그날에 그분이 모든 것을 바르게 잡아 주실 것입니다. 의인들에게는 면류관을 씌워 주실 것이며 악한 자는 책망하실 것입니다. 그날에 하나님은 그의 공의의 영광을 받으실 것이며 그의 의로우심이 공개적으로 인정받게 될 것입니다. 마지막 날에 하나님의 칼이 불순종하는 자들을 향해 뽑힐 것이며 그의 공의가 온 세상 앞에 드러날 것입니다. 그날에 모든 입이 막히고 하나님의 공의가 불의한 자들의 모든 트집과 비난들로부터 완벽히 명예를 회복하게 될 것입니다.

2. 이것은 대다수 사람들이 하나님과 얼마나 다른지를 깨닫게 합니다. 어떤 이들은 전혀 의롭지 않습니다. 그들의 자리와 직무가 그들에게 그것을 요구할지라도 그들은 하나님을 두려워하지 않고 사람을 무시합니다. 반복적으로 공의를 바꾸며 불의한 법령을 반포합

니다. 이사야 10장을 보십시오. "불의한 법령을 만들며 불의한 말을 기록하는…자는 화있을진저"(사 10:1). 많은 사람이 불의하게 일처리를 합니다. 사기를 치고 속이며 이웃을 착취합니다. 때로는 거짓 추를 사용하기도 하고 속이는 저울을 손에 들기도 합니다. 호세아 12장 7절[26]이 말하는 것처럼 말입니다. 어떤 사람들은 한 손에는 성경을, 다른 손에는 거짓 추를 들고 있습니다. 그들은 허울뿐인 신앙고백 아래 기만하고 착취하며 속입니다. 어떤 이들은 불량품을 만듭니다. 그들의 포도주에는 물이 섞여 있습니다. 이사야 1장 22절[27]이 말하는 것처럼 말입니다. 그들은 품질 좋은 곡식을 나쁜 곡식과 섞어서 좋은 곡식인 것처럼 팝니다. 사람들이 이웃을 속여 이용하는 방식은 너무나 많습니다. 이 모든 것들은 그들 안에 의로운 생활 요소가 얼마나 적은지를 보여줍니다. 그러나 이것은 하나님과 너무나 다른 것임을 기억하십시오. 왜냐하면 그분은 의롭고 바른 분이시기 때문입니다. 그는 그의 모든 길에서 의로우십니다. 의롭지 않은 사람은 경건한 사람이 될 수 없습니다. 우리는 하나님의 공유적 속성인 완전함을 닮으라는 명령을 받았습니다. 그가 여러분에게 전능함을 강요하지는 않으시지만, 여러분은 반드시 의로워야 합니다.

3. 하나님께서 무한히 의로우십니까? 그렇다면 우리는 그의 행위들의 이유를 묻거나 그를 훈계하려고 해서는 안 됩니다. 그분은 스스로 권위를 지니고 계실 뿐 아니라 의와 공평도 지니고 계십니다.

---

26 호 12:7 그는 상인이라 손에 거짓 저울을 가지고 속이기를 좋아하는도다
27 사 1:22 네 은은 찌꺼기가 되었고 네 포도주에는 물이 섞였도다

인간들을 향한 그의 모든 섭리 안에서 때로는 그것들이 서로 충돌을 일으킨다고 해도 그분은 옳고 의로우십니다. 그분은 이사야 28장이 말하듯, "정의를 측량줄로 삼고 공의를 저울추로 삼는"(사 28:17) 분이십니다. 그가 진행하시는 어떤 일에 대해서도 우리에게 설명을 제공하는 것은 그를 낮추는 일입니다. 우리 이성의 다림줄은 하나님의 무한한 공의의 깊이를 재기에는 너무나 짧습니다. 로마서 11장 33절이 말하듯, 그의 판단은 측량할 수 없고 그의 길은 찾을 수 없기 때문입니다. 우리는 그의 의로우심을 경배해야 합니다. 그 일의 이유를 찾을 수 없는 자리에서도 말입니다. 하나님의 공의는 자주 오해를 받아왔습니다. 하지만 그 누구에게도 해를 입히지 않았습니다. 그렇다면 인간이 하나님을 향하여 논쟁하고 그를 훈계한다는 것은 얼마나 부당한 일입니까!

4. 하나님께서 무한히 의로우십니까? 그렇다면 그리스도를 믿은 신자들의 구원은 가장 안전합니다. 그들은 죄사함과 영접하심에 대해 의심할 필요가 없습니다. 요한일서는 이렇게 말합니다. "그는 미쁘시고 의로우사 우리 죄를 사하시며"(요일 1:9). 하나님께서 그렇게 약속하셨습니다. 그 약속을 깨뜨리지 않으실 것입니다. 그렇습니다. 그분은 그 일을 행하시려고 자신을 공의에 묶고 서 계십니다. 왜냐하면 그리스도께서 신자 된 여러분의 모든 죄를 위하여 그의 공의를 만족케 하셨기 때문입니다. 따라서 공의가 여러분에 대해 요구할 것이 아무것도 남아 있지 않습니다. 여러분에게서 똑같은 액수의 빚을 요구하는 것은 하나님의 공의에 맞지 않습니다. 여러분의 구원자께

서는 공의를 만족시키신 것만이 아닙니다. 그는 여러분 대신 그 의를 실천하는 덕도 쌓으셨습니다. 바로 이것이 하나님께서 예수를 믿는 신자들을 의롭다 하시기 위해 공의에 묶이셨다는 뜻입니다. 왜냐하면 그는 의로우시며 예수 믿는 자를 의롭다 하시는 분이시기 때문입니다. 로마서 3장 26절[28]이 말하듯 말입니다. 따라서 신적 공의에 대한 묵상들이라 해도 다른 사람들에게는 두려운 것이지만, 신자들에게는 위로가 될 수 있는 것입니다.

5. 하나님께서 무한히 의로우십니까? 그렇다면 악인과 회개치 않은 죄인들의 파멸은 불 보듯 확실한 것입니다. 왜냐하면 의로우신 하나님은 결단코 죄책을 거저 넘기지 않으실 것이기 때문입니다. 그의 공의는 그분께 핵심적인 것으로 보복을 피할 수 없는 것입니다.

6. 마지막으로, 비록 주께서 우리를 냉혹하게 다루신다고 하더라도, 그는 우리에게 어떠한 잘못을 하지 않으시며 어떤 잘못도 할 수 없는 분이십니다. 그러므로 우리는 손을 입에 대야만 합니다. "살아 있는 사람은 자기 죄들 때문에 벌을 받나니 어찌 원망하랴"(애 3:39).

28　롬 3:26 곧 이 때에 자기의 의로우심을 나타내사 자기도 의로우시며 또한 예수 믿는 자를 의롭다 하려 하심이라

하나님의 기이한 선하심이 나타나 있는 일

1. 하나님의 선하심은 창조 안에 나타납니다. 신적 본질의 다른 완전함들 가운데 이 선하심만큼 피조 세계의 모든 책 안에 명백히 가시화된 것은 없습니다. 그의 선하심은 그가 지으신 모든 것들을 존재하게 했고, 그의 지혜는 그가 지으신 모든 것들을 질서 있고 조화롭게 했습니다. 바로 여기에서 하나님의 선하심이 영광스러운 광채를 발합니다. 그가 지으신 피조물의 온갖 다양함은 많은 광선이요 그의 선하심의 현현입니다. 자신이 아닌 다른 대상들과 교제하는 일은 놀라운 선하심이었고, 공허한 깊음으로부터 무수한 존재들을 끌어내시고 이 피조물들 중 어떤 것들에게는 생명과 호흡을 주시는 일 또한 큰 선하심이었습니다. 신적 선하심이 그것들의 본질을 조성했고, 여러 가지 장식과 흠 없는 것으로 그것들을 꾸미고 화려하게 만들었습니다. 이로써 모든 것들이 보편 세상의 선에 기여할 수 있게 되었습니다. 모든 피조물은 그 자신 안에 신적 선하심의 특성을 지니고 있습니다. 온 세상은 하나님의 사랑스러운 완전하심을 선포하는 전령이요 그것을 표현하는 일종의 지도입니다. 그러한 하나님의 선하심은 특별히 인간 창조에서 나타납니다. 그는 자신의 전능한 능력으로 인간을 티끌로부터 만드셨습니다. 또한 다른 모든 피조물을 능가하는 가장 탁월한 지위를 얻게 하셨고 그에게 존귀한 특권을 부여하셨습니다. 인간의 몸과 영혼은 얼마나 놀랍습니까! 마치 값비싸고 고귀한 보석을 담은 기이한 형상이 새겨진 보석함과도 같습니다. 하나님은 그를 전 창조의 축소판으로 만드셨습니다. 두 세상, 곧 하

늘과 땅의 연결고리가 그 인간 안에서 결합되어 있습니다. 그는 몸을 구성하는 흙의 요소로 땅과 교통하고, 수정 같은 영혼의 요소로 하늘에 참여합니다. 그의 이성으로는 천사들의 생명을 소유하고 감각으로는 동물의 생명을 지닙니다. 신적 선하심은 무엇보다 인간을 그의 형상으로 지으신 일과 무수한 피조물로 가득한 세상을 그의 활용 도구로 주신 일 안에서 드러납니다. 또한, 자신의 손으로 만드신 것들을 다스리게 하시고 인간을 이 낮은 세상의 머리로 삼으신 일 안에서도 나타납니다.

2. 하나님의 선하심은 예수 그리스도로 인한 우리의 구속하심 안에 나타납니다. 위대하시고 영광스러운 하나님께서 본성적으로 가증한 반역을 품고 원수 된 사람들을 위해 자기 외아들을 주신 일은 얼마나 놀라운 선하심입니까! 하나님의 선하심은 그리스도로 말미암아 그분의 사랑 아래서 우리를 구속하신 유일한 이유가 됩니다. "하나님이 세상을 이처럼 사랑하사 독생자를 주셨으니 이는 그를 믿는 자마다 멸망하지 않고 영생을 얻게 하려 하심이니라"(요 3:16). '이처럼'이라는 단어는 표현할 길이 없는 단어입니다. 하늘의 모든 천사조차 분석할 길이 없습니다. 그것의 한이 없는 넓이와 길이는 누구도 이해하거나 깨달을 수 없습니다. 하나님은 우리에게 자기 사랑을 알게 하시려고 그리스도를 주셨고 기이한 광채로 그것이 시작 되게 하셨습니다. 사도는 "우리가 아직 죄인 되었을 때에 그리스도께서 우리를 위하여 죽으심으로 하나님께서 우리에 대한 자기의 사랑을 확증하셨느니라"(롬 5:8)라고 말했습니다. 아, 이 얼마나 값비싼 선

함이요 사랑입니까! 우리를 구속해 주신 대가는 하나님께서 온 세상을 창조하실 때 들인 것보다 더 값집니다. 시편 기자는 "그들의 생명을 속량하는 값이 너무 엄청나서"(시 49:8)라고 말합니다. "우리가 구속된 것은 은이나 금같이 없어질 것으로 한 것이 아니요…그리스도의 보배로운 피로 한"(벧전 1:18-19) 것입니다. 이처럼 하나님은 우리를 위해 자신의 가장 비싼 보석을 나눠 주셨고 그 영혼의 영원한 기쁨을 나눠 주셨습니다. 그 대가가 사랑하는 그리스도입니다. 이 의의 태양은 빛이 가려져야 했고 그의 신적 영광의 광채 또한 숨겨져야만 했습니다. 그는 스스로 명예를 내려놓으셨고 종의 형체를 취하시고 죄 있는 육체의 모양으로 나타나셨습니다. 그는 많은 수행원을 데리고 즐겁게 여행하듯 세상의 화려함이나 위엄 있는 모습으로 나타나지 않으셨습니다. 도리어 낮고 초라한 모습으로 나타나셨습니다. 머리 둘 곳조차 없으셨고 가난과 멸시 속에 사셨습니다. 그는 슬픔의 사람이었고 질고를 아는 사람이었습니다. 그의 생애 마지막 모습은 가장 고통스러운 것이었습니다. 그의 마지막 고난을 잘 보여주는 것은 "그가 슬퍼하기 시작했다(He began to be sorrowful)"[29]는 표현입니다. 마치 그때까지는 고뇌가 무엇인지 알지 못하셨던 것처럼 말입니다. 그는 자기 백성들이 지옥에서 영원히 견뎌야 마땅한 모든 진노와 불행을 상상할 수 없는 인내로 견뎌내셨습니다. 아, 우리의 방주 위에 하늘로부터 쏟아진 진노와 불타는 노여움의 홍수는 얼마나 두

---

29 역자 주: 마태복음 26장 37절 "베드로와 세베대의 두 아들을 데리고 가실새 고민하고 슬퍼하사"의 흠정역(KJV)은 "He took with him Peter and the two sons of Zebedee, and began to be sorrowful"이다.

려운 것이었습니까! 노아만이 그것이 무엇인지 알았지만, 그는 단지 모형이었을 뿐입니다. 그 동산에서 고뇌할 때 그는 깨어져 가루처럼 부서졌습니다. 아, 그의 순결한 영혼이 신적 진노의 불꽃 아래에서 어떻게 끓어 올라야 했습니까! 그 극렬한 화염으로 인해 그의 피는 혈관 모든 모공들을 통해 터져 나왔습니다. 하나님은 자기 아들을 아끼지 않으셨습니다. 오히려 가장 냉혹하게 다루셨습니다. 그는 자기 백성들의 죄에 대해 공의가 요구하는 만족의 대가를 한 푼도 남김없이 지불하셨습니다. 아, 이곳에 나타난 사랑과 선하심은 얼마나 경탄할 만한 것입니까!

3. 그의 섭리적 행하심과 다스리심 안에 나타납니다. 여기서 우리는 하나님의 선하심을 일반적 선하심과 특별한 선하심으로 구분해서 생각해야 합니다.

(1) 하나님의 일반적 선하심은 모든 피조물들에 미치는 선하심을 말합니다. 시편 기자는 "여호와께서는 모든 것을 선대하시며"(시 145:9)라고 말합니다. 모든 피조물들은 그의 선하심을 맛보고 있습니다. 그는 그들의 존재를 보존하시며, 모든 종들이 대를 이어가게 하시고, 그것들이 고유의 직무를 이행하도록 도우시고, 자연의 태를 여십니다. 다윗은 "여호와여 주는 사람과 짐승을 보호하시나이다"(시 36:6)라고 말합니다. 그는 날마다 우리에게 다가오시며 비와 열매 맺는 계절을 주심으로 그의 선하심의 결과들을 경험하게 하시고 음식과 기쁨을 우리 마음에 가득하게 하십니다. 그는 비를 뿌려 물이 땅에 가득하게 하시고 날마다 그의 선하심의 새 빛으로 비추어 주십니다.

(2) 자기 백성들에게 주시는 하나님의 특별한 선하심이 있습니다. 그는 영적이고 구원하는 복의 특권을 그들에게 제공하십니다. 그들을 위한 선하심은 실로 놀랍습니다. 그들의 허물을 사하시고 영적인 병을 고치시며 그들의 본성을 성화시키시고 그들의 기도를 들으시고 응답하십니다. 또한 그들의 연약함을 참으시고 온전하지 못한 섬김을 받아 주시며 그들을 붙드시고 유혹에서 건지시고 의심을 풀어 주시고 시련 속에서 바른길을 지도하시고 인도하십니다.

4. 하나님의 선하심은 마지막 날에 가장 의미 있게 드러나게 될 것입니다. 그 선하심은 하늘에 쌓여 있습니다. 시편 31편은 이렇게 말합니다. "주를 두려워하는 자를 위하여 쌓아 두신 은혜 곧 주께 피하는 자를 위하여 인생 앞에 베푸신 은혜가 어찌 그리 큰지요"(시 31:19). 아, 거기 쌓여 있는 선하심이 얼마나 큰 것인지 누가 말할 수 있겠습니까! 하늘에서 그들은 그의 선하심을 충만하게 마시게 될 것입니다. 마시고 싶은 만큼 충분히 말입니다. 그곳에서 하나님은 그들에게 만유 안의 만유가 되실 것이며, 규범들의 간섭 없이 그들과 직접적으로 교제하게 될 것입니다.

하나님의 진실한 속성이 영광스럽게 드러난 일

1. 하나님의 진실함은 창조와 섭리, 이 두 사역 안에 나타나 있습니다. 피조물을 보존하고 다스리시는 일과 같은 보편적이고 보다 일반적인 섭리 사역 안에 나타나 있고, 또한 영광스러운 구속 사역,

그의 위대하고 기적적인 활동들, 가장 큰 위험에 처한 그의 교회와 백성들에게 베푸시는 구원 등과 같은 특별한 일들 속에 나타나 있습니다. 하나님은 이 모든 일 안에서 진실하십니다. 시편 111편은 이렇게 말합니다. "그의 손이 하는 일은 진실과 정의이며 그의 법도는 다 확실하니 영원 무궁토록 정하신 바요 진실과 정의로 행하신 바로다"(시 111:7-8). 시편 25편도 보십시오. "여호와의 모든 길은 그의 언약과 증거를 지키는 자에게 인자와 진리로다"(시 25:10). 요한계시록 15장은 교회가 부른 노래가 나옵니다. "주 하나님 곧 전능하신 이시여 하시는 일이 크고 놀라우시도다 만국의 왕이시여 주의 길이 의롭고 참 되시도다"(계 15:3). 요한계시록 16장도 보십시오. "주 하나님 곧 전능하신 이시여 심판하시는 것이 참되시고 의로우시도다"(계 16:7). 하나님의 모든 행위들은 참되며 실제석입니다. 망상이나 외형만이 아니라는 말입니다. 그는 참된 판단을 내리시며 참된 구원을 베푸시고 참된 기적을 일으키십니다. 그의 긍휼은 참된 긍휼이며 그의 위로는 참된 위로입니다. 그는 공허한 자랑이나 외형만으로 자기 백성들을 속이거나 현혹하지 않으십니다.

4.[30] 그의 말씀 안에 나타납니다. 그의 말씀은 가장 순수한 진리입니다. 요한복음 17장에서 우리 구주께서 말씀하십니다. "주의 말씀은 진리니이다"(요 17:17).

(1) 하나님은 자신이 계시하신 모든 교리들 안에서 진실하십니다.

---

30 역자 주: 2, 3번 항목은 본서의 원 편집자인 사무엘 맥밀란 목사가 싣지 않았다.

그 중 어느 것에서도 흠이나 부패를 찾을 수 없습니다. 그것들은 모두 건전한 말씀의 참된 모습입니다. 특별히 그는 복음의 교리들 안에서 참되십니다. 그래서 우리는 갈라디아서 2장 5절에서 '복음의 진리'라는 표현을 읽습니다. 에베소서 1장 13절에서 복음은 '진리의 말씀'이라고 불립니다. 거기 계시된 교리들의 상당 부분은 인간 이성의 높이를 뛰어넘는 것들입니다. 영광스럽고 경외스러운 삼위일체 교리와 그리스도의 인격 안에 있는 두 본성의 연합, 또한 그분과 신자들의 신비한 연합 등의 내용이 그러합니다. 그러나 그것들을 이성으로 이해할 수 없다 하더라도 반이성적인 것은 아닙니다.

(2) 말씀 안에 그가 기록하신 역사적 서술들, 즉 창조의 이야기들, 인간의 타락, 옛 세상이 홍수로 잠긴 이야기, 그리스도의 성육신, 그가 행하신 많은 기적들, 그의 삶의 피 흘리신 죽음 등의 내용 안에서 진실하십니다. 이 이야기들과 우리가 하나님의 말씀 안에서 지닌 다른 역사적 관련물들 안에는 어떠한 거짓이나 실수가 결코 존재하지 않습니다. 그래서 누가는 그의 복음서 1장 서문에서 이렇게 말합니다. "그 모든 일을 근원부터 자세히 미루어 살핀 나도 데오빌로 각하에게 차례대로 써 보내는 것이 좋은 줄 알았노니 이는 각하가 알고 있는 바를 더 확실하게 하려 함이로라"(눅 1:3-4).

(3) 그의 선지자적 예언들 안에서도 진실하십니다. 그것들 중에 실패하거나 이루어지지 않은 것들은 하나도 없습니다. 때가 찰 때 모두 성취됩니다. 인간도 자연적 원인들에 의존하여 어떤 일들을 예고할 수 있습니다. 비나 눈이 온다거나 덥고 춥다거나 태양과 달의 일식과 월식 등에 대해서 말입니다. 그러나 성경에서 예언되는 일들

은 하나님의 값없는 은혜나 인간의 자유의지에 의존하는 그저 불확실한 것들입니다. 유대인들의 배척이나 이방인의 부르심 등과 같은 예언이 그렇습니다. 그 예언들 중 어느 것도 땅에 떨어지는 법이 없습니다. 천지는 없어져도 그의 말씀은 사라지지 않을 것입니다. 주께서 하박국 선지자에게 말씀하십니다. "이 묵시는 정한 때가 있나니 그 종말이 속히 이르겠고 결코 거짓되지 아니하리라"(합 2:3). 여러 가지 선지적 예언들이 지나간 후 요한계시록 22장에서는 이렇게 말합니다. "이 말은 신실하고(true) 참된지라"(계 22:6).

(4) 그의 명령들 안에서도 진실하십니다. 그의 모든 명령은 신실하며 그의 율법은 진리입니다. 그가 우리에게 주신 모든 교훈들은 그 자신의 마음에 일치하는 것들이며 그가 인정하는 뜻의 복사본입니다. 그 내용들은 정확히 그의 거룩하심과 조화를 이루고 그의 눈에 가장 받음직하고 사랑스러운 것입니다. 하나님께서는 자신이 명하신 모든 것들을 인정하십니다. 따라서 그의 교훈은 거룩을 위한 참되고 완전한 법칙으로 흠도 티도 없는 것입니다.

(5) 그의 경고의 말씀들 안에서도 진실하십니다. 그것들은 항상 제 때에 성취됩니다. 그 어느 것 하나도 실패하지 않습니다. 스가랴 1장에서 선지자를 통해 주께서 유대인들에게 말씀하십니다. "내 말과 내 법도들이 어찌 너희 조상들에게 임하지 아니하였느냐"(슥 1:6). 또한 로마서 2장에서 바울은 말합니다. "이런 일을 행하는 자에게 하나님의 심판이 진리대로 되는 줄 우리가 아노라"(롬 2:2). 실로 어떤 경고들은 조건적이며 회개의 예외와 함께 이해되어야 하고, 그래서 거짓 없는 회개와 개혁이 그 경고들의 실행을 막는 것도 사실입

니다. 느헤미야의 경우 그 점을 분명히 보여주며 예레미야 18장에도 나타납니다. "내가 언제든지 어느 민족이나 국가를 뽑거나 부수거나 멸하려 할 때 만일 내가 말한 그 민족이 그 악에서 돌이키면 내가 그에게 내리기로 생각하였던 재앙에 대하여 뜻을 돌이키겠고"(렘 18:7-8). 그러나 신적 경고들은 회개하지 않고 돌이킬 수 없는 죄인들에게는 확실하게 시행될 것입니다.

(6) 그의 약속들 안에서 진실하십니다. 모든 약속들은 '예와 아멘'입니다.[31] 즉, 실패 없는 성취가 나타날 것입니다. 그러므로 약속된 축복들은 '확실한 은혜'라고 표현됩니다. 이사야 55장을 보십시오. "너희는 귀를 기울이고 내게로 나아와 들으라 그리하면 너희의 영혼이 살리라 내가 너희를 위하여 영원한 언약을 맺으리니 곧 다윗에게 허락한 확실한 은혜이니라"(사 55:3). 모든 약속들의 요약이라 할 수 있는 복음은 종종 '진리의 말씀'이라고 불립니다.[32] 하나님의 백성들은 그들의 복된 체험 속에서 여러 차례 그 약속들의 진리를 발견했습니다. 여호수아는 이스라엘 자손들에게 이렇게 말합니다. "너희의 하나님 여호와께서 너희에게 대하여 말씀하신 모든 선한 말씀이 하나도 틀리지 아니하고 다 너희에게 응하여 그중에 하나도 어김이 없음을 너희 모든 사람은 마음과 뜻으로 아는 바라"(수 23:14). 여호수아는 죽기 직전이었습니다. 따라서 꾸미거나 속이는 말이라고 생각할 수가 없습니다. 그는 자신의 양심에 호소합니다. "너희가…아는 바

---

31 고후 1:20 하나님의 약속은 얼마든지 그리스도 안에서 예가 되니 그런즉 그로 말미암아 우리가 아멘 하여 하나님께 영광을 돌리게 되느니라
32 골 1:5 너희가 전에 복음 진리의 말씀을 들은 것이라

라”라고 말하면서 말입니다. 열왕기상에서 솔로몬도 같은 목적으로 말합니다. “여호와를 찬송할지로다 그가 말씀하신 대로 그의 백성 이스라엘에게 태평을 주셨으니 그 종 모세를 통하여 무릇 말씀하신 그 모든 좋은 약속이 하나도 이루어지지 아니함이 없도다”(왕상 8:56). 그가 자기 백성들에게 주신 모든 약속들은 적합한 때에 성취될 것입니다. 하나님의 진리는 이러한 의미에서 성경 속에 자주 언급되며 이 안에서 그의 신실하심이 깃들어 있습니다.

1) 하나님의 이러한 진실함과 성실하심은 성경에 기록된 수많은 약속들을 성취하는 과정 속에서 독특한 광채를 발합니다. 예를 들어 아브라함에게 그의 후손에 관해 주어진 약속 같은 경우입니다. 그들은 이방 땅에서 430년간 떠도는 삶을 산 후 많은 부를 안고 다시 거기서 나와야 할 것이 약속되었습니다. 그 약속은 정확히 성취되었습니다. 왜냐하면 모세가 출애굽기 12장에서 “사백삼십 년이 끝나는 그 날에 여호와의 군대가 다 애굽 땅에서 나왔은즉”(출 12:41)이라고 말하기 때문입니다. 이스라엘 자손들이 70년 만에 바벨론에서 귀환한다는 약속이 성취되는 것도 마찬가지입니다. 시간의 길이나 장소의 거리가 하나님의 생각 속에서 약속에 대한 기억을 흐리게 할 수 없습니다. 시편 105편은 “이는 그의 거룩한 말씀과 그의 종 아브라함을 기억하셨음이로다”(시 105:42)라고 말합니다.

2) 메시아 관련 약속들의 성취에서도 그러합니다. 그래서 “은혜와 진리는 예수 그리스도로 말미암아 온 것이라”(요 1:17)고 말합니다. 여기서 은혜는 우리의 죄사함과 관련된 것이요 진리는 하나님의 약속과 관련된 것입니다. 이 일은 세월의 많은 혁명적 변화가 지난 후,

오랜 동안 그의 오심을 기대하고 기대한 후, 많은 나라가 흥하고 망한 후, 또한 첫 약속이 주어진 지 4천 년의 긴 기다림 끝에, 그리스도의 성육신 약속의 성취 안에서 나타납니다. 이 모든 일 후에 하나님은 자기 아들을 세상에 보내심으로 그의 말씀을 선으로 만드셨습니다. 그의 고난과 죽으심에 대한 약속의 성취 안에도 나타납니다. 하나님께서는 자기 말씀을 교회에 전달하셨습니다. 그의 아들이 죽음의 고난을 당해야 할 것과 택하신 죄인들을 위해 하나님의 진노를 담당해야 할 것을 말입니다. 이를 위한 그의 말씀을 한번 전하신 후 그는 자기의 사랑하는 친 아들이 반드시 그 몸으로 고통스럽고 수치스러우며 저주 받은 죽음의 고통을 담당해야 하며 그의 순결한 영혼으로 하나님의 진노를 담당하셔야 한다는 그의 말씀을 깨뜨리지 아니하시고, 도리어 그 아들을 아끼려 하지 않으셨습니다. 죽음에서 그의 부활에 대한 약속의 성취 안에서도 나타납니다. 하나님께서 "그의 영혼을 음부에 버리지 아니하시며 주의 거룩한 자로 썩음을 당치 않게 하실 것임이로다"(행 2:27)라고 말씀하셨습니다. 이 예언과 약속은 그대로 이루어졌습니다. 왜냐하면 그리스도께서 엄숙한 승리로 죽은 자들 가운데서 살아나셨기 때문입니다. 그의 부활을 천사들이 보았고 땅이 흔들리고 깨졌으며 그것은 정복의 표시요 승리의 증거였습니다. 이로써 그리스도는 하나님께서 자신의 통치로 죽음을 정복한 분이시요 그의 모든 원수들에 대한 영광스러운 정복자로서 자기 머리를 드신 분임을 온 세상에 알리셨습니다. 그가 약속하신 대로 그리스도께서 죽은 자들 가운데서 사흘 만에 살아나신 그 일이 완벽하게 성취되었습니다.

3) 하나님의 진실하심과 성실하심은 그의 약속들의 성취 과정에 커다란 어려움과 불확실성이 놓여 있을 때에도 그것을 성취하는 일 속에 나타납니다. 하나님께서 아브라함에게 아들 주시기를 약속하셨지만, 사라의 생리가 끊어지고 아브라함 사라 모두 나이가 많음에도 그 약속을 이루신 경우가 그러합니다. 하나님께서 포로들을 바벨론으로부터 귀환시킬 때 거의 불가능해 보이고 그 약속을 성취하는 길에 많은 장애물들이 있었음에도 그 일을 성취하신 경우 또한 이에 해당합니다. 어려움이란 인간에게나 해당되는 것이지 하나님께는 해당되지 않습니다. 창세기 18장은 말합니다. "여호와께 능하지 못한 일이 있겠느냐"(창 18:14). 스가랴 8장 6절도 보십시오.[33] 그는 인간의 예측 가능성에 매이지 않으십니다. 자기의 말씀을 성취하는 선을 포기하기보다 차라리 자연 질서를 뒤집을 것입니다.

4) 그의 백성들의 소망과 기대가 무너졌을 때조차도 그것을 성취하는 일 속에 하나님의 진실하심과 성실하심이 나타납니다. 에스겔 37장의 경우를 보십시오. "또 내게 이르시되 인자야 이 뼈들은 이스라엘 온 족속이라 그들이 이르기를 우리의 뼈들이 말랐고 우리의 소망이 없어졌으니 우리는 다 멸절되었다 하느니라"(겔 37:11). 이사야 49장도 보십시오. "오직 시온이 이르기를 여호와께서 나를 버리시며 주께서 나를 잊으셨다 하였거니와"(사 49:14). 의로운 사람들조차 많은 불신에 떨어지고 그들의 믿음도 심하게 휘청거렸을 것입니다. 하지만 하나님은 신실하시고 진실하십니다. 인간은 그의 약속에 많은 의

---

33 슥 8:6 만군의 여호와가 이같이 말하노라 이 일이 그 날에 남은 백성의 눈에는 기이하려니와 내 눈에야 어찌 기이하겠느냐 만군의 여호와의 말이니라

문을 제기할 수 있습니다. 그러나 디모데후서 2장이 말하듯 하나님은 자신을 부인하실 수 없습니다. "우리는 미쁨이 없을지라도 주는 항상 미쁘시니 자기를 부인하실 수 없으시리라"(딤후 2:13).

5) 약속을 지키는 일에 있어서 하나님의 진실하고 성실하심은 모든 세대의 성도들이 그 사실에 대해 제공하는 증거로 확증됩니다. 그들 모두는 하나님이 진실하시다는 사실을 분명하게 입증해 왔습니다. 모두가 하나님을 위해 증언해 왔고 그의 흠 없는 신실하심을 미래 세대에게 입증해 왔습니다. 예를 들어 신명기 7장 9절,[34] 여호수아 23장 14절,[35] 열왕기상 8장 56절,[36] 시편 146편 6절[37] 등입니다. 모든 학식 있는 자들은 체험적입니다. 모든 세대의 성도들 역시 하나님의 약속의 말씀에 대해 체험했고 언제나 그분이 진실하고 성실하다는 사실을 발견해 왔습니다. 시편 기자는 "여호와의 말씀은 순수하니(The word of the Lord is tried)"라고 말합니다.[38] 그의 약속을 의지한 사람들 가운데 실망한 사람은 지금까지 아무도 없었습니다.

우리는 여기서 하나님의 신실하심의 근거도 간단히 살피고자 합니다. 신적 본질은 다양한 영광스럽고 완전한 속성을 지니고 있으며, 약속을 지키시는 그의 진실하고 성실하심을 떠받치는 역할을 하

---

34 신 7:9 그런즉 너는 알라 오직 네 하나님 여호와는 하나님이시요 신실하신 하나님이시라 그를 사랑하고 그의 계명을 지키는 자에게는 천 대까지 그의 언약을 이행하시며 인애를 베푸시되

35 수 23:14 보라 나는 오늘 온 세상이 가는 길로 가려니와 너희의 하나님 여호와께서 너희에게 대하여 말씀하신 모든 선한 말씀이 하나도 틀리지 아니하고 다 너희에게 응하여 그 중에 하나도 어김이 없음을 너희 모든 사람은 마음과 뜻으로 아는 바라

36 왕상 8:56 여호와를 찬송할지로다 그가 말씀하신 대로 그의 백성 이스라엘에게 태평을 주셨으니 그 종 모세를 통하여 무릇 말씀하신 그 모든 좋은 약속이 하나도 이루어지지 아니함이 없도다

37 시 146:6 여호와는 천지와 바다와 그 중의 만물을 지으시며 영원히 진실함을 지키시며

38 역자 주: 시편 18편 30절의 흠정역(KJV)은 "The Word of the Lord is tried"로 저자는 하나님의 약속의 말씀들이 진실한지 신자들이 시험하여 그 진실성을 체험했다는 뜻으로 이 본문을 인용한다.

는데, 마치 여러 개의 기둥처럼 강하고 견고합니다.

1) 왜냐하면, 지나간 모든 일에 대한 그의 완전한 지식 때문입니다. 그의 지식은 말라기 3장 16절이 말하듯,[39] '기념책'이라고 불립니다. 그것은 지나간 모든 일들이 그분 앞에 지속적으로 현재와 같음을 나타내는 것입니다. 인간은 종종 자기들의 말을 어깁니다. 그들 자신의 약속을 잊기 때문입니다. 그러나 무한한 지식을 지닌 하나님께 망각은 일어날 수 없는 일입니다. 그는 자신의 언약을 언제나 기억하실 것이며 시편 기자가 말하듯 그의 거룩한 언약과 약속들을 기억하실 것입니다.[40]

2) 그의 불변성 때문입니다. 약속을 할 때 인간들도 그것을 시행하겠다는 굳은 목적을 품을 수 있습니다. 하지만 그들은 나중에 생각이 바뀔 수 있습니다. 그러나 하나님은 항상 자신의 목적을 굳게 붙드십니다. 생각을 바꾸실 수도 없습니다. 그의 변하지 않는 본질 때문입니다. 말라기는 이렇게 말합니다. "나 여호와는 변하지 아니하나니 그러므로 야곱의 자손들아 너희가 소멸되지 아니하느니라"(말 3:6). 야고보서 1장도 보십시오. "온갖 좋은 은사와 온전한 선물이 다 위로부터 빛들의 아버지께로부터 내려오나니 그는 변함도 없으시고 회전하는 그림자도 없으시니라"(약 1:17). 다시 말해서 인간들은 종종 약속을 충동적으로 하고 그들이 예상치 못한 일을 만납니다. 그러나 하나님은 모든 일을 영원 전부터 보고 아십니다. 따라

---

39 말 3:16 그때에 여호와를 경외하는 자들이 피차에 말하매 여호와께서 그것을 분명히 들으시고 여호와를 경외하는 자와 그 이름을 존중히 여기는 자를 위하여 여호와 앞에 있는 기념책에 기록하셨느니라

40 시 105:8 그는 그 언약 곧 천대에 명하신 말씀을 영원히 기억하셨으니

서 그의 모든 약속들은 영원한 지혜와 판단으로 이루어집니다. 그 약속을 이루는 목적은 호세아 2장에 등장합니다. "내가 네게 장가들어 영원히 살되 공의와 정의와 은총과 긍휼히 여김으로 네게 장가들며"(호 2:19).

3) 그의 능력 때문입니다. 그가 자기 백성들에게 주신 약속이 무엇이든, 그는 그것을 성취하실 수 있습니다. 때때로 인간은 자신들의 약속을 어깁니다. 혹은 능력의 부족으로 자신들의 말을 성취할 수 없을 때가 있습니다. 그러나 하나님은 결코 약속을 스스로 취소하지 않으십니다. 그는 자신이 하고자 하는 모든 일을 행하실 수 있습니다. 시편 135편은 말합니다. "여호와께서 그가 기뻐하시는 모든 일을 천지와 바다와 모든 깊은 데서 다 행하셨도다"(시 135:6). 참으로 그렇습니다. 하나님께는 모든 것이 가능합니다. 이것이 아브라함의 믿음의 기초였습니다. 그것이 약속이 성취되는 길에 놓인 온갖 일어날 것 같지 않은 일들로 마음이 흔들리는 것을 막아주었습니다. 로마서 4장에서는 이렇게 말합니다. "약속하신 그것을 또한 능히 이루실 줄을 확신하였으니"(롬 4:21). 민사 빚 소송의 경우, 다른 사람이 약속을 깨뜨려서 자신도 약속을 지킬 수 없게 되는 경우가 있습니다. 그러나 하나님은, 온 창조 세계가 약속을 깨뜨린다 해도, 영원히 약속을 이루실 수 있습니다. 그래서 하박국 선지자는 이렇게 노래합니다. "비록 무화과나무가 무성하지 못하며 포도나무에 열매가 없으며 감람나무에 소출이 없으며 밭에 먹을 것이 없으며 우리에 양이 없으며 외양간에 소가 없을지라도 나는 여호와로 말미암아 즐거워하며 나의 구원의 하나님으로 말미암아 기뻐하리로다"(합 3:17-18). 그리스

도 안에 있는 신자들은 결코 버림당할 수 없습니다. 비록 온 창조 세계가 풀어지고 파멸된다고 하더라도 말입니다.

4) 그의 거룩하심 때문입니다. 어떤 사람들은 너무 악하고 부도덕하여 할 수 있음에도 불구하고 약속을 지키지 않을 것입니다. 그러나 그 일은 하나님께는 해당하지 않습니다. 그는 어떤 사악함에도 책임이 없는 분이십니다. 왜냐하면 시편 92편 15절이 말하듯,[41] 그의 본질이 지닌 완전한 거룩함을 생각할 때 그에게는 어떠한 불의도 없으시기 때문입니다. 그가 거짓말하는 것은 불가능합니다. 인간들 안에는 속임과 사기가 발견됩니다. 그것들은 그들 마음에 심기어진 부패로부터 흘러나옵니다. 그러나 신적 본질은 무한히 순결하고 거룩합니다. 민수기 23장은 이렇게 말합니다. "하나님은 사람이 아니시니 거짓말을 하지 않으시고 인생이 아니시니 후회가 없으시도다 어찌 그 말씀하신 바를 행하지 않으시며 하신 말씀을 실행하지 않으시랴"(민 23:19).

5) 그의 공의와 의로우심 때문입니다. 인간은 약속의 덕을 따라 약속한 일에 대한 책임을 지닙니다. 따라서 그 일은 그의 의무입니다. 공의는 모든 사람에게 그들 자신의 의무를 다할 것을 요구합니다. 이처럼 하나님도 자신의 약속으로 말미암아 스스로를 빚진 자로 만드십니다. 그의 공의는 그 빚을 갚을 의무를 제공합니다. 그래서 요한일서 1장은 이렇게 말합니다. "그는 미쁘시고 의로우사 우리 죄를 사하시며"(요일 1:9). 그는 죄사함에 신실하십니다. 왜냐하면 자신이 그것을 약속하셨기 때문입니다. 약속을 지키는 일에 신실하신 것

---

41 시 92:15 여호와의 정직하심과 나의 바위 되심과 그에게는 불의가 없음이 선포되리로다

은 그가 공의로우시기 때문입니다. 약속을 주시는 것은 그가 선하시고 긍휼히 여기는 분이시기 때문이지만, 그의 공의는 그것을 이룰 것을 요구합니다. 하나님께서 자신의 약속으로 인해 스스로를 빚진 자로 만드실 때 그 빚은 은혜의 빚입니다. 하지만 그것은 하나님께서 갚는 것이 마땅한 빚이기도 합니다. 그러므로 그의 약속의 말씀은 시편 119편 123절에서 '그의 의로운 말씀'이라고 불리는 것입니다.[42]

6) 그의 이름이 지닌 영광과 존귀가 그의 약속을 이루시는 신실하심에 대한 충만한 확신을 우리에게 주기 때문입니다. 그는 모든 일을 자신의 영광을 위해 행하십니다. 따라서 여러분이 약속을 발견하는 곳이 어디든지 그 약속의 성취는 하나님의 명예를 걸고 보증됩니다. 그래서 그의 백성들은 그 약속들을 이루어 달라는 강력한 주장을 이 사실에 근거하여 호소합니다. 그래서 여호수아는 그의 책 7장에서 이렇게 말합니다. "주의 크신 이름을 위하여 어떻게 하시려 하나이까"(수 7:9). 그것은 마치 이렇게 말하는 것입니다. "오 주님, 당신의 명예는 우리들의 생명보다 수천만 배 더 귀합니다. 우리가 어떻게 되느냐는 그리 중요한 일이 아닙니다. 그러나, 아, 주님의 이름의 영광이 보존되는 일과 주님의 신실하심이 이 땅에서 순결하고 흠 없이 지켜지는 일은 무한히 중요한 일입니다." 우리는 모세도 같은 목적으로 호소하는 것을 봅니다. "여호와여 어찌하여 그 큰 권능과 강한 손으로 애굽 땅에서 인도하여 내신 주의 백성에게 진노하시나이까 어찌하여 애굽 사람들이 이르기를 여호와가 자기의 백성을 산

---

42   시 119:123 내 눈이 주의 구원과 주의 의로운 말씀을 사모하기에 피곤하니이다

에서 죽이고 지면에서 진멸하려는 악한 의도로 인도해 내었다고 말하게 하시려 하나이까 주의 맹렬한 노를 그치시고 뜻을 돌이키사 주의 백성에게 이 화를 내리지 마옵소서"(출 32:11-12). 그것은 마치 이렇게 말하는 것입니다. "애굽 사람들의 손이 당신 백성들을 치는 것은 정말 슬픈 일이 될 것입니다. 그러나 그보다 무한히 더 끔찍한 일은 애굽 사람들의 혀가 당신의 이름을 모독하는 일입니다." 말하자면 모든 하나님의 속성들의 영광은 그의 약속들의 성취에 달려 있습니다. 특별히 그의 신실하심과 능력이 그러합니다. 이처럼 그의 모든 속성은 약속을 지키시는 하나님의 진실하고 성실하심을 떠받치는 견고한 기둥들입니다. 그가 전지하시고 불변하시며 전능하시고 무한히 의로우시고 거룩하신 것을 멈출 수 있다면, 그 즉시 그의 진실하심과 신실하심도 멈출 수 있습니다. 그가 스스로 자신의 영광을 잃어버리고 자기 본질의 빛나는 완전함과 탁월함들을 영원한 천으로 가려버릴 수 있다면, 그 순간 신실하심과 진실하심도 멈춰질 것입니다.

오직 하나님은 한 분이시고 한 분 하나님만 계실 수 있다

1. 성경은 이 주제를 매우 분명히 말하고 있으며 강조합니다. 신명기 6장을 보십시오. "이스라엘아 들으라 우리 하나님 여호와는 오직 유일한 여호와이시니"(신 6:4). 이사야 44장도 그렇습니다. "나는 처음이요 나는 마지막이라 나 외에 다른 신이 없느니라"(사 44:6). 마가복음 12장도 말합니다. "하나님은 한 분이시요 그 외에 다른 이가 없다 하신 말씀이 참이니이다"(막 12:32). "여호와와 같이 거룩하신 이

가 없으시니 이는 주밖에 다른 이가 없고 우리 하나님 같은 반석도 없으심이니이다"(삼상 2:2). "여호와 외에 누가 하나님이며 우리 하나님 외에 누가 반석이냐"(시 18:31). "너희는 옛적 일을 기억하라 나는 하나님이라 나 외에 다른 이가 없느니라 나는 하나님이라 나 같은 이가 없느니라"(사 46:9). "그러므로 우상의 제물을 먹는 일에 대하여는 우리가 우상은 세상에 아무것도 아니며 또한 하나님은 한 분밖에 없는 줄 아노라 비록 하늘에나 땅에나 신이라 불리는 자가 있어 많은 신과 많은 주가 있으나 그러나 우리에게는 한 하나님 곧 아버지가 계시니 만물이 그에게서 났고 우리도 그를 위하여 있고 또한 한 주 예수 그리스도께서 계시니 만물이 그로 말미암고 우리도 그로 말미암아 있느니라"(고전 8:4, 6).

2. 이 진리는 이성적으로 볼 때에도 확실한 사실입니다.

⑴ 일차 원인은 오직 하나일 수밖에 없습니다. 스스로 존재하며 다른 모든 것들을 존재하게 하고 모든 존재들이 의존하는 대상, 곧 하나님입니다. 왜냐하면 그러한 존재는 모든 것을 낳고 보존하고 다스리기에 충분한 존재이기 때문입니다. 그러므로 더 이상의 원인은 불필요합니다. 왜냐하면 그들 모두가 결국 필요가 없기 때문입니다. 세상을 만드신 분은 그것을 보존하고 다스리고 이끌 수 있는 분이 확실합니다. 다른 어떤 신의 도움이 없이 말입니다. 만일 다른 어떤 도움이 필요하다면, 그는 무한히 완전하고 자존적 존재로서의 하나님 자신이 아니기 때문입니다. 세상을 만들고 보존하고 다스린다는 여러 신들 안에 있다고 상상할 수 있는 능력, 지혜, 또는 다른 필

수적 완전함 등과 같은 모든 요소가 한 분이신 영원하고 완전한 존재 안에 있습니다. 그러므로 한 분으로 충분한 것을 알면서 여러 존재인 체하는 것은 쓸모없는 짓입니다.

(2) 영원한 존재는 오직 하나만 있을 수 있으므로 한 분 하나님만 계십니다. 두 개의 영원한 존재는 모순을 일으킵니다. 하나님이 하늘과 땅을 자신의 임재로 충만하게 채우신다는 사실과 그의 본질이 가지는 모든 완전함과 탁월함이 무한하다는 사실을 생각할 때, 또 다른 영원한 보조적 존재를 위한 자리는 있을 수 없습니다.

(3) 오직 독립적 존재는 하나님 한 분뿐이십니다. 첫째, 존재에 있어서 한 독립적 존재만 있을 수 있습니다. 왜냐하면 만일 다른 신들이 있다면, 그들 중 하나가 나머지 신들의 원인과 우두머리일 것이며, 그렇다면 그 한 존재는 유일한 하나님일 것입니다. 혹은 그들 중 누구도 나머지 신들의 원인과 우두머리가 아니라면 그들 중 누구도 하나님이 되지 못할 것입니다. 왜냐하면 그들 중 누구도 독립적이지 않고 모든 존재의 샘이 되지 못하기 때문입니다. 둘째, 활동에 있어서 독립적인 존재는 하나뿐입니다. 왜냐하면 만일 복수의 독립적 존재가 있다면 각자 자유롭게 계획하고 활동하는 여러 가지 일들에서, 그들은 서로 다른 것을 계획하고 활동하며 서로 대립하고 방해할 것입니다. 그 결과, 동등한 능력을 가진 존재로서 그들 중 누구도 아무 일도 행할 수 없게 될 것이기 때문입니다. 물론 우리가 모든 일에 서로 동의하는 복수의 신들을 가정할 수도 있겠지만, 모든 활동에 있어서 그들 상호의 일치와 동의가 필수적이라는 점을 생각할 때, 확실한 것은 그들 각자가 자신의 활동에 있어서 다른 존재들에게 의존하는

것이 필수적이라는 점입니다. 따라서 그들 중 누구도 하나님이 되지 못할 것입니다. 왜냐하면 절대적으로 독립적이지 않기 때문입니다.

(4) 전능한 자는 오직 한 분만 있을 수 있습니다. 왜냐하면 만일 두 명의 전능한 신이 존재한다면, 하나가 자신이 원하는 모든 것을 행할 때, 다른 하나는 그를 반대하고 저항할 수 있기 때문입니다. 만일 하나가 다른 하나를 반대할 수 없다면 그 존재는 더 이상 전능한 것이 아닙니다. 다시 말해서 우리는 반드시 이러한 두 존재를 생각해야만 합니다. 즉, 서로 일치하는 존재여서 다른 한쪽은 불필요한 존재이거나, 서로 일치하지 않는 존재들이어서 모든 일들이 혼란을 겪거나 어떤 일도 제대로 될 수 없는 경우입니다. 왜냐하면 하나가 행하고자 하는 일을 다른 하나가 반대하고 방해할 것이기 때문입니다. 그것은 마치 동일한 힘을 가진 두 명의 선장이 모는 배에서 선장 한 사람은 배를 운행하고자 하고 다른 선장은 닻을 내리기를 원할 때, 한 사람이 다른 사람에 대해 반대를 표하게 되는 것과 같습니다. 여기서 지속적인 혼란이 있게 되며 배는 반드시 파선하고 말 것입니다. 세상의 질서와 조화를 유지하고 모든 일의 지속적이고 통합적 통치를 위해서는 전능한 존재가 한 분뿐이실 때 가능하다는 사실을 확실히 알 수 있습니다.

(5) 복수(plurality)의 신에 대한 가정은 모든 참된 종교에 치명적입니다. 왜냐하면 만일 하나님이 한 분 이상이라면 우리는 하나 이상의 신을 예배하고 섬겨야 할 의무를 갖기 때문입니다. 그러나 그렇게 하는 것은 불가능합니다. 우리가 만일 신성한 예배와 섬김이 무엇인지를 고려한다면 그 점을 분명히 알게 될 것입니다. 종교적 예

배와 경배는 반드시 전인으로 드려야만 합니다. 신적 위대함과 탁월성이 우리의 마음과 영혼과 힘을 다하여 그를 사랑할 것과 우리 영혼의 모든 힘과 기능을 다하고 우리 몸의 모든 지체를 드리며 그를 섬길 것을 요구하기 때문입니다. 또한 우리의 전 존재, 시간, 힘, 모든 소유를 오직 그분에게만 전적으로 바칠 것을 요구하기 때문입니다. 그러나 이것은 복수의 신을 인정할 때 불가능한 일이 되어버립니다. 왜냐하면 복수의 신을 섬기고 예배할 때 우리의 마음과 힘, 시간과 재능은 그 여러 대상을 향하여 나뉠 것이기 때문입니다. 이러한 이유로 우리 주님은 마태복음 6장에서 다음과 같이 강조하십니다. "한 사람이 두 주인을 섬기지 못할 것이니 혹 이를 미워하고 저를 사랑하거나 혹 이를 중히 여기고 저를 경히 여김이라 너희가 하나님과 재물을 겸하여 섬기지 못하느니라"(마 6:24). 재물은 하나의 우상으로 여겨집니다. 이교도들이 돈과 부의 신으로 여기는 대상입니다. 여기에서 그리스도께서는 여러분이 둘 모두를 섬길 수 없다고 말씀하십니다. 만일 여러분이 주님을 자신의 하나님으로 모시고 섬긴다면 재물의 신을 포기해야만 합니다. 우리는 두 신이나 두 주인을 섬길 수 없습니다. 하나가 우리의 모든 시간과 힘을 요구한다면 우리는 다른 신을 섬길 수 없기 때문입니다.

(6) 하나 이상의 신이 존재한다면, 신들이 백만, 이백만, 혹은 삼백만 이상의 수가 되어서는 안된다고 누구도 반대할 수 없을 것입니다. 둘 혹은 셋의 복수의 신을 가정할 때 이성의 동일성을 따라 인간이 무수히 많은 신을 만들 수 없다고 그 누구도 주장할 수 없게 됩니다. 실제로 사람들이 복수의 신에 대한 환상을 품기 시작했을 때 그

러한 환상과 상상은 끝이 없이 이어져 왔습니다. 이러한 이유로 주변 다른 민족들에 매우 동화된 유대인들이 책망을 받습니다. 예레미야 2장은 말합니다. "유다여 너의 신들이 너의 성읍 수와 같도다"(렘 2:28). 바로(Varro)[43]는 이방인들이 섬기는 신들이 삼백여 개에 이른다고 말합니다. 헤시오도스(Hesiod)[44]는 삼천여 개의 신을 언급하기도 합니다. 우리가 하나 이상의 신에 대한 환상을 품기 시작한다면, 우리가 정말 끝낼 수 있는 지점이 있겠습니까? 따라서 복수의 신에 대한 견해나 개념은 가장 우스꽝스럽고 비이성적인 일입니다.

다음과 같이 주장하는 사람들의 견해 또한 부정적으로 살펴보아야 합니다. 즉, "성부 하나님은 최고의 지존자시며 그 한 분 외에 다른 지존자는 없다. 하지만 또 다른 참 신, 곧 그리스도가 계시는데, 그는 모든 행위에서 순수하게 인간이시지만, 사실은 참 신이시다"라는 주장입니다.[45] 그리스도는 하나님이시며 참되고 지존자이십니다. 그러나 이러한 주장에 반대하자면, 인간이 되는 것과 신이 되는 것은 서로 반대되는 것이고 본질이 하나라고 말할 수 없다는 것입니다. 다음 구절들을 숙고해 보십시오. 예레미야 31장 3절,[46] 사도행전 14장 15절,[47] 예레미야 10장 11절[48] 등입니다.

---

43 역자 주: 바로(Varro)는 고대 로마의 문학가이다.

44 역자 주: 헤시오도스(Hesiod)는 고대 그리스 서사 시인이다.

45 역자 주: 겉으로 사람처럼 보이지만 사실은 본질적으로 신이라고 주장한다는 뜻이다.

46 렘 31:3 옛적에 여호와께서 나에게 나타나사 내가 영원한 사랑으로 너를 사랑하기에 인자함으로 너를 이끌었다 하였노라

47 행 14:15 이르되 여러분이여 어찌하여 이러한 일을 하느냐 우리도 여러분과 같은 성정을 가진 사람이라 여러분에게 복음을 전하는 것은 이런 헛된 일을 버리고 천지와 바다와 그 가운데 만물을 지으시고 살아 계신 하나님께로 돌아오게 함이라

48 렘 10:11 너희는 이같이 그들에게 이르기를 천지를 짓지 아니한 신들은 땅 위에서, 이 하늘 아래에서 망하리라 하라

무신론의 두렵고도 파멸적인 본질

1. 무신론자들에게 화가 있을 것입니다. 그들의 마음이 그러하든지, 삶이 그러하든지 말입니다. 왜냐하면 그러한 자들은 두렵고도 절망적인 상태에 있기 때문이요, 잠시 후 자신들이 말이나 행위로 불경스럽게 부정하는 하나님의 가장 무거운 심판을 겪게 될 것이기 때문입니다. 이 두려운 악을 벗어나려면, 다음 사실들을 생각하십시오.

(1) 무신론은 가장 비이성적인 일입니다. 정말 어리석은 일입니다. 그래서 시편 14편은 이렇게 말했습니다. "어리석은 자는 그의 마음에 이르기를 하나님이 없다 하는도다"(시 14:1). 그런 생각은 우주적 이성의 흐름과 반대되는 것입니다. 무신론자 자신의 영혼의 본능적 진술과도 반대되는 것입니다. 무신론자는 하늘과 땅에 피조물들이 있다고 주장하는 사람을 여러 가지 주장을 들어 반대합니다. 한편, 신을 부정하는 일에 있어서 누구든지 이러한 근거 위에서 자신을 해하는 것은 가장 비이성적인 일입니다. 그는 다음과 같이 생각하지 않겠습니까? "신이 있다면 내가 아는 어떤 것일 거야, 그렇다면 내가 그 신을 발견하는 순간 그 자리에 있다는 것이 얼마나 끔찍할까?" 만일 신이 있다면, 그래서 그를 두려워하고 섬긴다면, 나는 복되고 영광스러운 영원을 얻게 됩니다. 하지만 신이 없다 해도 나의 추한 욕망 외에는 신이 있다고 믿어서 잃을 것은 아무것도 없습니다. 이성적 피조물이 스스로 이렇게 주장해서는 안 되지 않겠습니까? 부정당하는 하나님과 그를 부정한 무신론자 사이에 이루어지게 될 만남은 얼마나 통탄할 만한 것이겠습니까! 그는 하나님으로부터

오는 두려운 책망을 마주 대할 것이며, 그 자신 또한 죽음의 공포를 대면하게 될 것입니다. 그가 얻는 것이라고는 이 곳에서의 죄를 짓는 자유가 전부이며, 그가 잘못 생각한 것이라면, 의심의 여지없이 그러하지만, 이곳을 떠날 때 그런 행위로 인해 당할 확실한 고난뿐입니다.

⑵ 무신론은 가장 불경한 것입니다. 인간이 자신의 창조주를 부인하는 일은 얼마나 끔찍한 불경건이란 말입니까! 그의 선하심이 없었다면 그들은 아무것도 소유하지 못했을 터인데 말입니다. 아, 모든 무신론자는 신을 죽이는 자, 곧 그에 대한 거짓말을 지어낼 때마다 신을 죽이는 살인자입니다. 그들은 신의 존재 자체를 파괴하는 것을 목표로 합니다. 무신론자는 신은 무가치한 존재이며 세상이 그를 제거한다 해도 아무 일 없다는 식으로 말합니다.

⑶ 무신론은 무신론자 자신과 다른 사람 모두에게 치명적인 결과를 안겨줍니다. 다른 사람에게 끼치는 치명적 결과란, 첫째, 정부의 기초를 뿌리 뽑고 인간들 안에 존재하는 모든 질서를 무너뜨리는 것입니다. 신의 존재는 세상의 위대한 보호자입니다. 왜냐하면 여러 도시들과 나라들이 세워진 기초가 신성에서 나온 것이기 때문입니다. 인간의 양심이 가장 악한 불경건과 비열한 행위를 억제하는 일은 이것이 없이는 결코 이루어질 수 없습니다. 무신론자들의 도시는 혼란의 무더기가 될 것입니다. 만일 인간의 양심 안에 있는 이 모든 신성한 결합이 신의 존재 부정으로 인해 산산조각이 나버린다면, 교통질서나 상업 활동 같은 일은 있을 수 없을 것입니다. 둘째, 무신론은 모든 악이 세상으로 들어오는 첫걸음입니다. 만일 여러분이 신

을 제거한다면 양심을 제거하는 것이요, 이로써 선과 악의 모든 기준을 제거하는 것입니다. 그것들의 모든 기준과 범위가 제거된다면 법은 무엇을 기준으로 만들 수 있겠습니까? 모든 선한 법들은 양심과 이성의 진술에 기초하고 있고, 신에 대한 의식에서 솟아나는 인간 본성 안에 있는 보편적 정서 위에 세워지기 때문입니다. 따라서 이 기초가 무너지면 전체 건물 구조가 필연적으로 무너지게 됩니다. 한 사람이 도둑이 되고 살인자가 되고 간음을 행하는 자가 되어도, 엄격한 의미에서 어떤 법도 범한 사람이 되지 않는 것이 됩니다. 한 인간이 스스로 기준이 된다면 최악의 행위도 악이 될 수 없습니다. 신 의식이 없는 곳에는 빗장도 사라지며, 모든 불경건의 수문이 열려 인류에게로 쏟아져 들어올 것입니다. 온 세상은 포악으로 가득할 것이고 모든 육체는 부패한 삶을 실게 될 것입니다.

다시 말해서 무신론은 무신론자 자신에게 치명적입니다. 그는 신의 존재를 부정하며 자기 생각으로부터 신에 대한 모든 관념을 지워 버리려 노력합니다. 이성적 본성으로 볼 때 그가 이로써 더러운 즐거움이나 무가치한 것들 외에 무엇을 얻을 수 있겠습니까? 신이 없다고 가정한다면, 신이 있다고 믿을 때 그의 육신적 욕망 외에 잃을 것이 무엇이란 말입니까? 신을 믿고 고백함으로써 한 사람이 감수해야 할 상실이란 없습니다. 도리어 신을 부인했는데 신이 존재할 경우, 그는 스스로 가장 파멸적 위험으로 달려가고 있는 것입니다. 왜냐하면 이 행위는 그를 하나님의 가장 두려운 진노와 심판에 노출시키기 때문입니다. 지옥에 다른 곳보다 더 뜨거운 자리가 있다면 신의 존재 자체를 욕하고 그를 대적한 무신론자를 위해 예약된 자리일 것입니다.

(4) 무신론자들은 이교도들보다 더 나쁩니다. 왜냐하면 그들은 많은 신을 예배하지만 이들은 어떤 신도 예배하지 않기 때문입니다. 이교도들이 세상에서 신에 대한 여러 관념들을 보존했다면, 무신론자들은 하늘과 땅에서 신을 제거시켜 버렸습니다. 이교도들이 신을 격하시켰다면, 무신론자들은 신을 파괴했습니다. 그렇습니다. 이들은 마귀들보다 더 악합니다. 왜냐하면 마귀들도 이 진리, 곧 하나님이 계신다는 진리를 두려워하기 때문입니다. 야고보서 2장 19절은 마귀들이 "믿고 떤다"라고 말합니다. 마귀들이 무신론적 견해를 가지는 것은 불가능합니다. 왜냐하면 그들은 자기들 위에 떨어질 하나님의 진노를 의식하면서 신의 존재를 느끼기 때문입니다. 교회 안에도 무신론자들이 있을 수 있습니다. 하지만 지옥에는 무신론자가 없습니다. 이처럼 무신론은 가장 두려운 악 중 하나이며 가장 신중하게 멀리해야 할 대상입니다.

무신론에서 자신을 지킬 수 있는 교훈

1. 무신론과 하나님이 계시다는 최고의 진리를 무너뜨리는 경향을 지닌 견해들을 주의하십시오. 이런 식의 두려운 경향을 지닌 견해들이 많이 있습니다. 영혼의 불멸성을 부정하는 견해가 그러합니다. 이것은 최고의 영이신 하나님의 존재 자체를 부정하는 공격입니다. 영들 안에는 질서가 있습니다. 제일 먼저는 인간의 영혼이요 다음은 천사들, 그 다음이 하나님입니다. 이러한 영들의 수준은 말하

자면, 우리가 지닌 하나님의 존재와 위엄에 대한 의식의 주변을 두른 난간과 울타리 같은 것입니다. 따라서 영혼의 불멸성에 대한 부정은 신성의 존재와 영원성에 입히는 타격입니다.

또 다른 견해는 종교를 가진 모든 사람들은 구원을 받는다는 생각입니다. 그가 어떤 종교적인 원리를 따라 살아가고 건전하고 도덕적인 삶을 살아가기만 한다면 말입니다. 이 마지막 시대에 어떤 사람들은 기독교 신앙에 대해 점차 더 싫증을 내고 있습니다. 과도한 사랑의 강조로 자신들의 신앙을 팔아버리고 있습니다. 터키 사람과 같은 이방인들, 이교도들의 구원을 변호합니다. 그러나 여러분은 이 사실을 기억해야 합니다. 오직 한 분 하나님만 계시며 하나의 하늘, 예루살렘만 있다는 점입니다. 따라서 믿음도 하나이며 인간이 하나님의 기쁨에 도달할 수 있는 길도 하나뿐이라는 사실입니다. 그러한 방탕한 원리들은 사람들을 흔들어 그들의 신앙을 잃게 하는 데 확연한 경향을 지니고 있습니다. 어떤 사람이 말하듯, 하늘로 가는 많은 문을 만드는 행위는 지옥의 문을 넓게 하는 행위일 뿐입니다.

무신론으로 나아가게 하는 경향을 지닌 또 다른 견해는 세상을 다스리시는 하나님의 섭리를 부정하는 견해입니다. 어떤 사람들은 그분을 이 아래에서 일어나는 일에는 관심을 두지 않는 게으른 분으로 여깁니다. 그분은 자신의 복됨과 영광으로 만족하신다고 말하거나 그분을 발견할 수 없는 것은 무엇이든 그의 생각이나 관심사가 아니라는 식으로 말하면서 말입니다. 많은 사람은 이 세상이 하나의 거대한 시계 또는 기계와 같다고 생각합니다. 하나님께서 처음에 진행 과정을 맞춰두셨고 그 다음부터는 스스로 돌아가도록 내버려둔 것으로 여기는 것입니다. 그러나 우리가 섭리적 다스리심에서 무엇인가를 제외한다면 여러분은 그 다음에 온갖 방탕주의에 빠져들기 시작할 것입니다. 만일 하나님이 사탄과 악인들이 바라는 대로 행하는 것을 그저 바라보기만 하시고, 인간의 일에 관심을 기울이지 않으신다면, 여러분은 하나님께서 여러분에게 호의를 베푸시는 분임에도 불구하고 인간들을 두려워하고 마귀들이 자신을 해치지 못하도록 섬길 것입니다.

2. 방탕한 죄를 주의하십시오. 여러분이 죄를 범할 자유를 가지고 자신의 더럽고 추한 욕망들을 만족시킨다면, 그것을 금하는 율법을 미워하게 될 것입니다. 또한 이것은 여러분에게 율법을 주신 분을 미워하는 자리로 이끌 것이며, 하나님을 미워하는 마음은 그의 존재 자체를 대적하여 충격을 안겨줄 것입니다. 여러분이 자신을 죄를 범하는 방탕에 한번 방임하기 시작하면 '아, 내 죄를 심판하는 하나님이 없다면 좋을텐데' 라는 기발한 생각을 하게 될 것이며, 즐거운 마음으로 하나님이란 없다는 말로 자신을 설득할 것이고, 더 나아가 자신의 머릿속에서 하나님이라는 관념을 뿌리 뽑기 위해 그렇게 하는 것이 즐거운 일일 뿐이라고 생각할 것입니다. 그것이 평안을 위해서 말입니다. 그리하여 여러분은 슬픔 없이 죄 가운데 뒹굴게 될 것입니다.

3. 성경을 소중히 여기고 연구하십시오. 왜냐하면 그 책은 하나님이 계시다는 사실을 명백히 보여주기 때문입니다. 성경에는 하나

님이 행하신 모든 자연의 결과물들 위에 찍힌 것보다 더 분명한 신성의 표시와 특성들이 찍혀 있습니다. 그러므로 성경의 모든 책들과 소통하십시오. 유니우스(Junius)[49]가 무신론에서 회심하게 된 것이 이 방법을 통해서였습니다. 그의 아버지는 아들의 무신론적 성향을 알아차리고 집안 모든 방마다 성경을 두었습니다. 그래서 그가 어떤 방으로 들어가든지 성경이 그를 사냥했습니다. 그는 그 책이 자신을 이렇게 책망하는 것 같았습니다. "무신론자여, 나를 읽지 않겠느냐? 나를 읽어보지 않겠느냐?" 그가 그 책을 읽어갈 때 마음에 변화가 일어났습니다. 그래서 제가 성경을 연구하라고 말씀드리는 것입니다. 그러는 동안 자신의 이성을 신적 계시에 복종시키는 법을 배우라고 말씀드리는 것입니다. 그렇게 하지 않고 성경 읽기에 게으르고 자신의 생각하는 능력에 대한 자부심으로 살아가는 많은 사람은 결국 생기 없는 무신론 속에서 스스로 혼란에 빠지기 때문입니다.

4. 성경 안에서뿐 아니라 피조물 안에 계시는 하나님을 연구하십시오. 모든 피조 세계는 그의 신적 영광을 전하는 자로 지음받았고, 그 안에는 그의 영광스러운 존재와 완전함이 분명하게 나타나 있습니다. 그래서 시편 기자는 시편 19편에서 이렇게 말했습니다. "하늘이 하나님의 영광을 선포하고 궁창이 그의 손으로 하신 일을 나타내는도다 날은 날에게 말하고 밤은 밤에게 지식을 전하니 언어도 없고 말씀도 없으며 들리는 소리도 없으나 그의 소리가 온 땅에 통하고

---

49 역자 주: 프란시스쿠스 유니우스(Franciscus Junius)는 16세기 개혁주의 신학자이다.

그의 말씀이 세상 끝까지 이르도다 하나님이 해를 위하여 하늘에 장막을 베푸셨도다"(시 19:1-4). 세상은 때때로 하나의 책으로 비유되거나 한 사람의 설교자로 비유됩니다. 우주는 한 권으로 인쇄된 위대한 책입니다. 그 안에 하나님은 우리가 볼 수 있도록 자신을 분명하게 새겨 두셨습니다. 그 안에 있는 피조 세계의 엄청난 다양성은 많은 문자와 같아서 우리는 그것으로 그분의 이름을 조합해낼 수 있습니다. 그 모든 것들이 우리에게 하나님의 영광스러운 존재와 탁월하심을 큰 소리로 설교합니다. 그래서 사도는 로마서 1장에서 우리에게 이렇게 말합니다. "창세로부터 그의 보이지 아니하는 것들 곧 그의 영원하신 능력과 신성이 그가 만드신 만물에 분명히 보여 알려졌나니 그러므로 그들이 핑계하지 못할지니라"(롬 1:20). 피조 세계라는 책 안에 하나님께서 자기 이름의 탁월하심을 부분적으로 기록해 두셨습니다. 따라서 여러분은 그가 여러분에게 자신을 읽을 수 있게 하신 모든 곳에서 하나님을 읽어낼 수 있는 법을 배우셔야 합니다.

5. 여러분이 죄와 불행의 본성적 상태에 머물러 있는, 여전히 죄인된 분이라면, 그리스도 안에서 하나님께 나아오십시오. 믿음으로 그를 여러분의 하나님으로 영접하십시오. 그리하면 여러분은 무신론으로부터 보호받게 될 것입니다. 그리스도를 믿는 분들이라면 그분에 대한 자신의 체험 안에서 하나님을 자주 바라보도록 하십시오. 여러분은 자신의 영혼에 미치는 은혜의 영향력을 강하게 하시고 불타오르게 하시며 새롭게 하시는 하나님을 자주 발견하고 있습니까? 그의 달콤한 사랑의 나타내심을 맛보고 있습니까? 날마다 새로운 그

의 선하심을 자주 맛보고 있습니까? 여러분의 허물을 사하시며 기도를 들어 응답하시고 필요를 공급하시며 여러분의 영혼을 먹이시는 선하심을 말입니다. 이러한 체험들을 반복적으로 누리는 일이 무신론으로부터의 강력한 보호막이 되어 줄 것입니다. 여러분이 그분으로 말미암는 회복과 새롭게 됨과 돌보심을 자주 경험할 때 그의 존재를 의심할 수가 있겠습니까? 여러분의 마음을 만지시는 하나님의 은밀한 손길과 그와 더불어 나누는 내밀한 대화는 여러분에게 자연의 모든 역사들보다 하나님의 존재에 대한 더 뚜렷한 증거입니다.

삼위 안에 존재하는 신성의 분명한 증거

1. 구약 성경은 명백하게 신성 안에 존재하는 위격의 복수성을 제시합니다. 창세기를 보십시오. "하나님이 이르시되 우리의 형상을 따라 우리의 모양대로 우리가 사람을 만들고"(창 1:26). "여호와 하나님이 이르시되 보라 이 사람이 선악을 아는 일에 우리 중 하나 같이 되었으니"(창 3:22). 이것이 천사들을 언급하는 것일 수는 없습니다. 왜냐하면 인간은 하나님의 형상을 따라 창조된 것이며, 결코 천사들의 형상을 따라 만들어지지 않았기 때문입니다. 그들에게 던져진 유혹은 '천사들처럼 될 것이다'가 아니라, '하나님처럼 될 것이다'였습니다. 또한 하나님께서 왕들의 방식대로 말씀하셨다고 생각해서도 안 될 것입니다. 그런 말씀의 방식은 충성보다는 겸손을 강조하는 데 사용되기 때문입니다. 도리어 하나님께서 그의 최고의 충성을 확인하려는 목적으로 말씀하실 때는 단수형으로 말씀하십니다.

율법을 주실 때 "나는 너희의 하나님 여호와라"는 식으로 말입니다. 이러한 세 위격의 하나 되심은 시편 33편에서도 모호함 없이 드러납니다. "여호와의 말씀으로 하늘이 지음이 되었으며 그 만상을 그의 입 기운(by the breath of his mouth)[50]으로 이루었도다"(시 33:6). 여기서 "여호와 말씀 그리고 성령"(Jehovah the Word and the Spirit)이 언급 되고 있으며 이들이 창조 사역에 함께 동역하였다고 말합니다. 따라서 우리는 "만물이 그(말씀)로 말미암아 지은 바 되었으니"(요 1:3)라는 말씀과 "그의 입김으로 하늘을 맑게 하시고"(욥 26:13)라는 말씀도 찾을 수 있습니다. 이사야 63장에서도 세 위격의 하나 됨이 언급됩니다. 이사야 63장 7절에서 주 또는 여호와가 세 차례 언급 된 후[51] 9절과 10절에서 두 번째 위격과 '그의 영'이 차례로 언급됩니다.[52] 이러한 사실은 삼위일체 교리가 구약에서도 계시되었음을 명백하게 보여줍니다.

2. 신약은 훨씬 분명하게 이 교리를 가르칩니다.

(1) 저는 그 사실이 명백하게 언급되어 있는 본문을 가장 먼저 제시하고자 합니다. "증거하는 이가 셋이니"(요일 5:7).[53] 여기서 증인은 셋입니다. 그러므로 세 위격이 계신 것입니다. 한 사람의 세 가지 이

---

50 역자 주: 입기운에 해당되는 히브리어 '루아흐'는 '영'이라는 의미를 가진다.

51 사 63:7 내가 여호와께서 우리에게 베푸신 모든 자비와 그의 찬송을 말하며 그의 사랑을 따라, 그의 많은 자비를 따라 이스라엘 집에 베푸신 큰 은총을 말하리라

52 사 63:9-10 그들의 모든 환난에 동참하사 자기 앞의 사자로 하여금 그들을 구원하시며 그의 사랑과 그의 자비로 그들을 구원하시고 옛적 모든 날에 그들을 드시며 안으셨으나 그들이 반역하여 주의 성령을 근심하게 하였으므로 그가 돌이켜 그들의 대적이 되사 친히 그들을 치셨더니

53 역자 주: 요한일서 5장 7절의 흠정역(KJV)은 "For there are three that bear record in heaven, the Father, the Word, and the Holy Ghost: and these three are one"이다.

름이 아닙니다. 왜냐하면 어떤 사람이 여러 개의 이름을 가질 경우에도 그는 여전히 한 증인일 뿐이기 때문입니다. 세 신이 아니라 한 분이십니다.

(2) 마태복음 3장 16-17절에 나오는 그리스도가 세례 받는 장면에서, 들을 수 있는 음성으로 말씀하시는 하나님과 인간의 본성을 취하여 요한에게 세례를 받으시는 아들, 그리고 비둘기의 형상으로 임하시는 성령이 언급되고 있습니다. 분명하게 세 신적 위격들을 의미합니다.

(3) 이 교리는 우리의 세계에서도 나타납니다. 마태복음 28장은 말합니다. "너희는 가서 모든 민족을 제자로 삼아 아버지와 아들과 성령의 이름으로(in the name) 세례를 베풀고"(마 28:19). '이름들(names)'이 아니라 '이름으로(in the name)'라는 단어를 주목하십시오. 이것은 이 셋이 한 하나님이심을 지적합니다. 그렇지만 그들은 삼이라는 숫자로 구분되어 언급되고 있습니다. 따라서 세 분의 구별된 위격이십니다.

(4) 사도적 축복기도에서도 나타납니다. 고린도후서 13장에서 모든 축복이 구별된 세 분의 위격들로부터 주어지기를 간구합니다. "주 예수 그리스도의 은혜와 하나님의 사랑과 성령의 교통하심이 너희 무리와 함께 있을 지어다"(고후 13:13).

신성의 세 위격은 어떻게 구별되는가

아들은 히브리서 1장 3절이 말하듯 '그 본체의 형상'으로서 아버지와 구분되십니다. 또한 요한복음 8장 17-18절[54]에서 그는 자신의 아버지를 한 증인이요 자신을 다른 증인으로 여기십니다. 성령이 다른 두 분과 구별된다는 점은 요한복음 14장에 나타납니다. "내가 아버지께 구하겠으니 그가 또 다른 보혜사를 너희에게 주사 영원토록 너희와 함께 있게 하리니 그는 진리의 영이라 세상은 능히 그를 받지 못하나니 이는 그를 보지도 못하고 알지도 못함이라 그러나 너희는 그를 아나니 그는 너희와 함께 거하심이요 또 너희 속에 계시겠음이라"(요 14:16-17). 이 본문은 세 분 모두 구별된 존재임을 명백하게 보여주는 본문입니다. 이와 같이 이 분들은 존재 질서와 상호 교통하시는 위격적 특성을 따라 구별되십니다. 존재 질서와 관련하여, 아버지는 첫째 위격이십니다. 신성의 샘으로서 자신 안에 위격적 존재의 근원을 가지고 계십니다. 아들은 둘째 위격이십니다. 아버지이신 성부께 위격적 존재의 근원을 두십니다. 성령은 셋째 위격으로서 아버지와 아들로부터 위격적 존재의 근원을 두십니다. 또한 그들의 위격적 특성들도 다음과 같습니다.

1. 아들을 낳으시는 것은 아버지의 위격적 특성입니다. 히브리서 1장을 보십시오. "하나님께서 어느 때에 천사 중 누구에게 너는 내 아들이라 오늘 내가 너를 낳았다 하셨으며 또 다시 나는 그에게 아버지가 되고 그는 내게 아들이 되리라 하셨느냐 또 그가 맏아들을 이끌어 세상에 다시 들어오게 하실 때에 하나님의 모든 천사들은 그에게 경배할지어다 말씀하시며… 아들에 관하여는 하나님이여 주

---

54 요 8:17-18 너희 율법에도 두 사람의 증언이 참되다 기록되었으니 내가 나를 위하여 증언하는 자가 되고 나를 보내신 아버지도 나를 위하여 증언하시느니라

의 보좌는 영영하며 주의 나라의 규는 공평한 규이니이다"(히 1:5-6,
8) 이 특성은 아들이나 성령께 해당될 수 없는 것입니다.

2. 아버지로부터 나시는 것은 아들의 특성입니다. 요한복음 1장
은 이렇게 말합니다. "말씀이 육신이 되어 우리 가운데 거하시매 우
리가 그의 영광을 보니 아버지의 독생자의 영광이요 은혜와 진리가
충만하더라"(요 1:14). "본래 하나님을 본 사람이 없으되 아버지 품 속
에 있는 독생하신 하나님이 나타내셨느니라"(요1:18).

3. 성령의 특성은 아버지와 아들로부터 나오시는 것입니다. 요한
복음 15장은 이렇게 말합니다. "내가 아버지께로부터 너희에게 보
낼 보혜사 곧 아버지께로부터 나오시는 진리의 성령이 오실 때에 그
가 나를 증언하실 것이요"(요 15:26). 갈라디아서 4장 6절에서 그는 '아
들의 영'으로 불리며 로마서 8징 9절에서는 '그리스도의 영'이라 불
립니다. 요한복음 16장 14-15절[55]에서는 '그리스도로부터 모든 것을
받는 분'으로 소개됩니다. 요한복음 15장 26절에서는 '그가 보내는
분'으로, 요한복음 14장 26절에서는 '그리스도의 이름으로 아버지께
서 보내는 분'으로 소개됩니다. 이 모든 구절들은 명백하게 성령께서
아버지와 아들로부터 나오는 분이심을 말하고 있습니다. 아들과 성
령의 나오심은 영원 전부터였습니다. 왜냐하면 하나님은 영원부터
영원까지 계시는 분이시며, 따라서 성령의 나오심 역시 그러해야 하
기 때문이고, 또한 그것을 부정하는 것은 영광스러운 모든 세 위격

---

55 역자 주: 요한복음 16장 14절 "그가 내 영광을 나타내리니 내 것을 가지고 너희에게 알리겠음
이니라"는 흠정역(KJV)에서 "He shall glorify me: for he shall receive of mine, and shall shew it
unto you"로 번역된다.

의 가장 뛰어나고 영원한 신성을 부정하는 것이 되기 때문입니다.

신적 삼위의 한 하나님 되심에 대한 분명한 증거

1. '이 셋이 합하여 하나이니라(these three are one)'[56]는 본문은 얼마나 명료합니까! 사도가 8절에서 땅에 있는 증인의 하나됨을 말할 때,[57] 그 증인들이 '한 마음으로 하나된다(agree in one)'라고 말합니다. 동의 혹은 언약의 연합 안에서만(consent or agreement only) 활동한다는 뜻에서 말입니다. 그러나 하늘의 증인들은 '하나'입니다. 즉 그 본성이나 핵심에 있어서 하나라는 말입니다. 그들은 유사한 본성 또는 본질일 뿐 아니라, 하나요 동일 본질입니다. 그렇다면 그들은 능력과 영광과 같은 모든 핵심적 완전성에 있어서 동등하시며 동등하셔야만 합니다.

2. 앞에서 입증한 대로, 한 분 참 하나님만 계시며, 한 분 참 하나님만 가능합니다. 즉, 아버지와 아들, 성령은 각자 참 하나님이십니다. 하나님으로 그들은 한 하나님이시며 그 본질이 동일하시고 능력과 영광이 동등하십니다. 저는 성경의 증거를 통해 이 사실을 입증하고자 합니다.

첫째, 아버지는 참 하나님이십니다. 하나님을 인정하는 사람 중 누구도 이 사실을 부정하지 않습니다. 거룩한 예배와 속성들이 그분께 속한 것입니다.

---

56 역자 주: 요한일서 5장 7절의 흠정역(KJV)은 "For there are three that bear record in heaven, the Father, the Word, and the Holy Ghost: and these three are on"이다.

57 역자 주: 요한일서 5장 8절의 흠정역(KJV)은 "And there are three that bear witness in earth, the Spirit, and the water, and the blood: and these three agree in one"이다.

둘째, 아들도 참 하나님이십니다. 그것은 여러분이 다음과 같은 내용을 숙고한다면 드러납니다.

(1) 성경은 명백하게 그를 하나님이라고 부릅니다. 로마서 9장 5절,[58] 요한복음 1장 1절,[59] 사도행전 20장 28절[60]을 보십시오. 요한일서 5장 20절[61]에서는 '참 하나님'으로, 디도서 2장 13절[62]에서는 '크신 하나님'으로, 이사야 9장 6절[63]에서는 '전능한 하나님'으로 소개됩니다. 말라기 3장 1절에서는 '여호와 또는 주'로 소개되는데 그 이름은 시편 83편[64]에서 참 하나님께만 돌려지는 이름입니다.

(2) 하나님과 하나되고 동일한 하나님의 속성이 그분의 것으로 소개됩니다. 미가 5장은 그의 영원성을 말합니다. "그의 근본은 상고에, 영원에 있느니라"(미 5:2). 요한계시록 1장은 그의 자존성과 전능하심을 말합니다. "전능한 자라"(계 1:8). 요한복음 3장 13절[65]은 그의

---

58 롬 9:5 조상들도 그들의 것이요 육신으로 하면 그리스도가 그들에게서 나셨으니 그는 만물 위에 계셔서 세세에 찬양을 받으실 하나님이시니라 아멘

59 요 1:1 태초에 말씀이 계시니라 이 말씀이 하나님과 함께 계셨으니 이 말씀은 곧 하나님이시니라

60 행 20:28 여러분은 자기를 위하여 또는 온 양 떼를 위하여 삼가라 성령이 그들 가운데 여러분을 감독자로 삼고 하나님이 자기 피로 사신 교회를 보살피게 하셨느니라

61 요일 5:20 또 아는 것은 하나님의 아들이 이르러 우리에게 지각을 주사 우리로 참된 자를 알게 하신 것과 또한 우리가 참된 자 곧 그의 아들 예수 그리스도 안에 있는 것이니 그는 참 하나님이시요 영생이시라

62 딛 2:13 복스러운 소망과 우리의 크신 하나님 구주 예수 그리스도의 영광이 나타나심을 기다리게 하셨으니

63 사 9:6 이는 한 아기가 우리에게 났고 한 아들을 우리에게 주신 바 되었는데 그의 어깨에는 정사를 메었고 그의 이름은 기묘자라, 모사라, 전능하신 하나님이라, 영존하시는 아버지라, 평강의 왕이라 할 것임이라

64 시 83:18 여호와라 이름하신 주만 온 세계의 지존자로 알게 하소서

65 역자 주: 요한복음 3장 13절 "하늘에서 내려온 자 곧 인자 외에는 하늘에 올라간 자가 없느니라"의 흠정역(KJV)은 "he that came down from heaven, even the Son of man which is in heaven"으로 예수님을 현재 하늘에 계신 분으로 소개한다.

무소부재하심을 말합니다. 거기에서 그분은 이 땅에서 몸으로 계실 때에도 '하늘에' 있는 분으로 소개됩니다. 마태복음 28장은 "볼지어 다 내가 세상 끝날까지 너희와 항상 함께 있으리라"(마 28:20)라고 말씀하십니다. 요한복음 21장에서 베드로는 예수님께 "주님 모든 것을 아시오매"(요 21:17)라고 고백하여 그의 전지하심을 말합니다. 히브리서 1장은 그의 불변하심을 말합니다. "그것들은 멸망할 것이나 오직 주는 영존할 것이요 그것들은 다 옷과 같이 낡아지리니 의복처럼 갈아입을 것이요 그것들은 옷과 같이 변할 것이나 주는 여전하여 연대가 다함이 없으리라"(히 1:11-12).

⑶ 하나님의 고유하고 특별한 사역들이 그분의 것으로 소개됩니다. 창조 사역이 그러합니다. 요한복음 1장은 이렇게 말합니다. "만물이 그로 말미암아 지은 바 되었으니 지은 것이 하나도 그가 없이는 된 것이 없느니라"(요 1:3). 히브리서 1장에서 말하는 만물을 보존하시는 일도 그러합니다. "그의 능력의 말씀으로 만물을 붙드시며"(히 1:3). 자신의 능력과 소원대로 죽은 자를 살리는 일도 그러합니다. 요한복음 5장을 보십시오. "아들도 자기가 원하는 자들을 살리느니라"(요 5:21). "아버지께서… 아들에게도 생명을 주어 그 속에 있게 하셨고"(요 5:26). 죄인을 구원하시는 사역도 그러합니다. 호세아 1장 7절입니다. "내가… 그들의 하나님 여호와로 구원하겠고"(호 1:7). 13장도 보십시오. "너를 도와주는 나"(호 13:9) 그렇습니다. 아버지께서 행하시는 일은 무엇이든 아들도 똑같이 행하십니다.

(4) 마태복음 4장 10절이 말하듯[66] 거룩한 예배가 그분께 해당된다는 것은 그가 참 하나님이심을 보여줍니다. 히브리서 1장 6절[67]에서 천사들은 '그를 예배하라'는 명령을 받습니다. 모든 사람은 아버지께 드리는 것과 동일한 존귀를 그에게 드려야만 합니다. 요한복음 5장 23절[68]을 보십시오. 우리는 그를 믿어야 하며 그를 믿는 자들은 복을 받게 됩니다. 시편 2편 12절[69]과 예레미야 17장 5절[70]을 비교해 보십시오. 사도행전 7장 59절[71]이 말하듯 우리는 그에게 기도해야 합니다. 또한 우리는 그의 이름으로 세례를 받습니다. 마태복음 28장 19절[72]입니다. 아, 그분은 빌립보서 2장 6절[73]에서 공개적으로 아버지와 동등한 분으로 소개되며 요한복음 10장 30절[74]에서는 그와 하나시라고 언급됩니다. 이사야 48장 11절[75]이 말하듯 하나님은 '자신의 영광을 다른 자에게 주지 않는 분'이심을 생각하면서 그분이 참

---

66 마 4:10 이에 예수께서 말씀하시되 사탄아 물러가라 기록되었으되 주 너의 하나님께 경배하고 다만 그를 섬기라 하였느니라

67 히 1:6 또 그가 맏아들을 이끌어 세상에 다시 들어오게 하실 때에 하나님의 모든 천사들은 그에게 경배할지어다 말씀하시며

68 요 5:23 이는 모든 사람으로 아버지를 공경하는 것 같이 아들을 공경하게 하려 하심이라 아들을 공경하지 아니하는 자는 그를 보내신 아버지도 공경하지 아니하느니라

69 시 2:12 그의 아들에게 입맞추라 그렇지 아니하면 진노하심으로 너희가 길에서 망하리니 그의 진노가 급하심이라 여호와께 피하는 모든 사람은 다 복이 있도다

70 렘 17:5 여호와께서 이와 같이 말씀하시니라 무릇 사람을 믿으며 육신으로 그의 힘을 삼고 마음이 여호와에게서 떠난 그 사람은 저주를 받을 것이라

71 행 7:59 그들이 돌로 스데반을 치니 스데반이 부르짖어 이르되 주 예수여 내 영혼을 받으시옵소서 하고

72 마 28:19 그러므로 너희는 가서 모든 민족을 제자로 삼아 아버지와 아들과 성령의 이름으로 세례를 베풀고

73 빌 2:6 '그는 근본 하나님의 본체시나 하나님과 동등됨을 취할 것으로 여기지 아니하시고

74 요 10:30 나와 아버지는 하나이니라 하신대

75 사 48:11 나는 나를 위하며 나를 위하여 이를 이룰 것이라 어찌 내 이름을 욕되게 하리요 내 영광을 다른 자에게 주지 아니하리라

되시고 거짓말을 할 수 없는 분이시고, 따라서, 의로운 분이시므로 다음과 같은 결론을 내릴 수 있습니다. 비록 그리스도는 구별되는 위격이시지만 그분과 하나이신 하나님이시며 본질에 있어서 능력과 영광이 동일한 분이시라는 것입니다. 그리스도께서 요한복음 14장 28절에서 '내 아버지는 나보다 크시다'고 말씀하실 때 그것은 이 교리와 결코 충돌을 일으키지 않습니다. 왜냐하면 그가 하나님으로서 자기의 본성을 말씀하시는 것이 아니고 중보자로서의 자기 직분에 대해 말씀하시는 것이기 때문입니다. 그래서 그는 이사야 42장 1절에서 아버지의 '종'으로 불립니다.[76]

셋째, 성령은 참 하나님이시며 신격을 지닌 분이십니다. 여러분이 다음 내용을 숙고해 보시면 그 사실을 알게 될 것입니다.

(1) 성령은 명백하게 그를 하나님이라 부릅니다. 사도행전 5장 3-4절,[77] 고린도전서 3장 16절[78] 등입니다. 이사야 6장 9절[79]과 사도행전 28장 25-26절[80]을 비교해 보십시오. 사무엘하 22장 2-3절[81]도

---

76 사 42:1 내가 붙드는 나의 종, 내 마음에 기뻐하는 자 곧 내가 택한 사람을 보라 내가 나의 영을 그에게 주었은즉 그가 이방에 정의를 베풀리라

77 행 5:3-4 베드로가 이르되 아나니아야 어찌하여 사탄이 네 마음에 가득하여 네가 성령속이고 땅 값 얼마를 감추었느냐 땅이 그대로 있을 때에는 네 땅이 아니며 판 후에도 네 마음대로 할 수가 없더냐 어찌하여 이 일을 네 마음에 두었느냐 사람에게 거짓말한 것이 아니요 하나님께로다

78 고전 3:16 너희는 너희가 하나님의 성전인 것과 하나님의 성령이 너희 안에 계시는 것을 알지 못하느냐

79 사 6:9 여호와께서 이르시되 가서 이 백성에게 이르기를 너희가 듣기는 들어도 깨닫지 못할 것이요 보기는 보아도 알지 못하리라 하여

80 행 28:25-26 서로 맞지 아니하여 흩어질 때에 바울이 한 말로 이르되 성령이 선지자 이사야를 통하여 너희 조상들에게 말씀하신 것이 옳도다 일렀으되 이 백성에게 가서 말하기를 너희가 듣기는 들어도 도무지 깨닫지 못하며 보기는 보아도 도무지 알지 못하는도다

81 삼하 22:2-3 이르되 여호와는 나의 반석이시요 나의 요새시요 나를 위하여 나를 건지시는 자시요 내가 피할 나의 반석의 하나님이시요 나의 방패시요 나의 구원의 뿔이시요 나의 높은 망대

보십시오. 그는 '여호와, 또는 주'라고 불립니다. 민수기 12장 6절[82]과 베드로후서 1장 21절[83]을 비교하십시오.

(2) 신적 속성이 그분께 돌려집니다. 성령은 전능하신 분으로 그는 고린도전서 12장 6, 9–11절[84]에서 '모든 것을 모든 사람 가운데서 이루시는 분'으로 소개됩니다. 시편 139편 7절[85]에서는 무소부재하신 분으로, 고린도전서 2장 10절[86]에서는 전지하신 분으로 소개됩니다.

(3) 하나님의 고유한 사역이 그분께 속한 것으로 여겨집니다. 창조가 그러합니다. 시편 33편 6절을 보십시오.[87] 만물의 보존이 그러합니다. 시편 104편 30절을 보십시오.[88] 이적을 행하십니다. 마태복음 12장 28절을 보십시오.[89] 죽은 자를 살리십니다. 로마서 8장 11절[90]입니다. 선지자들을 영감하십니다. 디모데후서 3장 16절[91]과 베드

시요 그에게 피할 나의 피난처시요 나의 구원자시라 나를 폭력에서 구원하셨도다

82 민 12:6 이르시되 내 말을 들으라 너희 중에 선지자가 있으면 나 여호와가 환상으로 나를 그에게 알리기도 하고 꿈으로 그와 말하기도 하거니와

83 벧후 1:21 예언은 언제든지 사람의 뜻으로 낸 것이 아니요 오직 성령의 감동하심을 받은 사람들이 하나님께 받아 말한 것임이라

84 고전 12:6, 9–11 또 사역은 여러 가지나 모든 것을 모든 사람 가운데서 이루시는 하나님은 같으니… 다른 사람에게는 같은 성령으로 믿음을, 어떤 사람에게는 한 성령으로 병 고치는 은사를, 어떤 사람에게는 능력 행함을, 어떤 사람에게는 예언함을, 어떤 사람에게는 영들 분별함을, 다른 사람에게는 각종 방언 말함을, 어떤 사람에게는 방언들 통역함을 주시나니 이 모든 일은 같은 한 성령이 행하사 그의 뜻대로 각 사람에게 나누어 주시는 것이니라

85 시 139:7 내가 주의 영을 떠나 어디로 가며 주의 앞에서 어디로 피하리이까

86 고전 2:10 오직 하나님이 성령으로 이것을 우리에게 보이셨으니 성령은 모든 것 곧 하나님의 깊은 것까지도 통달하시느니라

87 시 33:6 여호와의 말씀으로 하늘이 지음이 되었으며 그 만상을 그의 입 기운으로 이루었도다

88 시 104:30 주의 영을 보내어 그들을 창조하사 지면을 새롭게 하시나이다

89 마 12:28 그러나 내가 하나님의 성령을 힘입어 귀신을 쫓아내는 것이면 하나님의 나라가 이미 너희에게 임하였느니라

90 롬 8:11 예수를 죽은 자 가운데서 살리신 이의 영이 너희 안에 거하시면 그리스도 예수를 죽은 자 가운데서 살리신 이가 너희 안에 거하시는 그의 영으로 말미암아 너희 죽을 몸도 살리시리라

91 딤후 3:16 모든 성경은 하나님의 감동으로 된 것으로 교훈과 책망과 바르게 함과 의로 교육하기

로후서 1장 21절[92]을 비교해 보십시오.

⑷ 거룩한 예배가 그분께 드려져야 합니다. 우리는 그의 이름으로 세례를 받습니다. 마태복음 28장 19절[93]을 보십시오. 그분께 기도드려야 합니다. 고린도후서 13장 13-14절[94]을 보십시오. 사도행전 4장 23, 25절[95]과 사무엘하 23장 2-3절[96]을 비교하십시오.

이상의 내용으로 볼 때 다음과 같은 사실을 알 수 있습니다.

1. 신성은 나누어지지 않으며 삼위의 각 하나님은 전체의 한 신성 또는 신적 본질을 공유하십니다.

2. 삼위가 모두 하나인 하나님이심을 생각할 때 세 분의 신적 위격 안에 차등이 존재한다고 상상하거나 그들 중 한 분이 다른 분들보다 더 우월하다고 생각하는 것은 죄악된 일입니다.

에 유익하니

92 벧후 1:21 예언은 언제든지 사람의 뜻으로 낸 것이 아니요 오직 성령의 감동하심을 받은 사람들이 하나님께 받아 말한 것임이라

93 마 28:19 그러므로 너희는 가서 모든 민족을 제자로 삼아 아버지와 아들과 성령의 이름으로 세례를 베풀고

94 고후 13:13-14 주 예수 그리스도의 은혜와 하나님의 사랑과 성령의 교통하심이 너희 무리와 함께 있을지어다

95 행 4:23, 25 사도들이 놓이매 그 동료에게 가서 제사장들과 장로들의 말을 다 알리니 그들이 듣고 한마음으로 하나님께 소리를 높여 이르되 대주재여 천지와 바다와 그 가운데 만물을 지으신이시요 또 주의 종 우리 조상 다윗의 입을 통하여 성령으로 말씀하시기를 어찌하여 열방이 분노하며 족속들이 허사를 경영하였는고

96 삼하 23:2-3 여호와의 영이 나를 통하여 말씀하심이여 그의 말씀이 내 혀에 있도다 이스라엘의 하나님이 말씀하시며 이스라엘의 반석이 내게 이르시기를 사람을 공의로 다스리는 자, 하나님을 경외함으로 다스리는 자여

거룩한 삼위일체 교리의 커다란 중요성

이것은 구원에 필수적인 믿음의 내용을 담고 있는 기본적 교훈입니다. 왜냐하면 에베소서 2장 12절[97]이 말하는 '하나님이 없는 자들'과 '아버지가 없는 자들'은 구원받을 수 없기 때문입니다. 요한일서 2장 23절이 말하듯, [98] '아들을 부인하는 자에게는 또한 아버지가 없는' 자이기 때문입니다. 그리스도의 것이 되지 않은 자들은 누구도 구원받을 수 없습니다. 로마서 8장 9절이 말하듯, [99] '그리스도의 영이 없으면 그리스도의 사람이 아닙니다.' 그를 아는 사람 외에 누구도 성령을 받지 않습니다. 요한복음 14장 17절[100]을 보십시오. 이 삼위일체의 신비는 신앙의 전 체계와 서로 긴밀히 연결되어 있어서 그것이 없이는 어떤 참 믿음도, 올바른 예배도, 순종도 있을 수 없습니다. 왜냐하면 이 교리를 제거할 경우 믿음과 예배, 순종의 대상이 바뀌기 때문입니다. 성경에서 선포된 그 대상들을 바라볼 때 신성 안에 세 위격이 계시며 성경은 이외에 다른 신을 알지 못합니다. 이 사실이 제거된다면 믿음이 어디에 있습니까? 요한복음 17장은 말합니다. "영생은 곧 유일하신 참 하나님과 그가 보내신 자 예수 그리스도

---

97 엡 2:12 그때에 너희는 그리스도 밖에 있었고 이스라엘 나라 밖의 사람이라 약속의 언약들에 대하여는 외인이요 세상에서 소망이 없고 하나님도 없는 자이더니

98 요일 2:23 아들을 부인하는 자에게는 또한 아버지가 없으되 아들을 시인하는 자에게는 아버지도 있느니라

99 롬 8:9 만일 너희 속에 하나님의 영이 거하시면 너희가 육신에 있지 아니하고 영에 있나니 누구든지 그리스도의 영이 없으면 그리스도의 사람이 아니라

100 요 14:17 그는 진리의 영이라 세상은 능히 그를 받지 못하나니 이는 그를 보지도 못하고 알지도 못함이라 그러나 너희는 그를 아나니 그는 너희와 함께 거하심이요 또 너희 속에 계시겠음이라

를 아는 것이니이다"(요 17:3). 여기서 우리가 주목해야 할 점은, 우리 주님께서 아버지를 삼위일체의 다른 위격들을 배재한 채 '유일한' 그 참 하나님(Only the true God)으로 부르지 않으셨다는 점입니다. 도리어 그는 (구분되지 않는 동일한 본질 안에 모두가 존재하는 다른 위격들을 포함하여) 우상들이나 신이라 불리는 거짓 대상들과 반대되는 의미에서 '그 유일한 참 하나님'(the Only true God)이라고 부르셨습니다. 요한일서 2장은 이렇게 말합니다. "아들을 부인하는 자에게는 또한 아버지가 없으되 아들을 시인하는 자에게는 아버지도 있느니라"(요일 2:23). 이것 외에 하나님과의 더 참된 예배나 교제는 없습니다. 에베소서 2장은 말합니다. "이는 그로 말미암아 우리 둘이 한 성령 안에서 아버지께 나아감을 얻게 하려 하심이라"(엡 2:18). 이것 없는 더 온전한 순종도 없습니다. 요한복음 15장을 보십시오. "나를 미워하는 자는 또 내 아버지를 미워하느니라"(요 15:23). 우리는 성령을 좇아 사는 자로서 성령께 빚진 자들입니다. 또한 아버지와 아들과 성령의 순종하심에 세례를 통해 묶여 있습니다.[101]

---

101 신적 삼위의 연합과 구별은 우리의 제한된 모든 이해 능력을 영원히 뛰어넘는 신비이다. 만일 하나님의 역사와 방식들이 우리에게 수수께끼 같은 것이라면, 그분 자신이 존재하는 방식과 관련된 이 일이 그러한 것이 얼마나 마땅하겠는가. 그러므로 우리 자신의 무지를 의식하면서, 이 주제를 묵상해 갈 필요가 있다. 온유와 겸손뿐 아니라 가장 깊은 경외심과 경건한 두려움을 품고서 말이다. 이 교리는 호기심 어린 조사의 대상이 아닌 믿음의 문제로 제시된 것이다. 여호와의 영광이 시내산에 나타났을 때 백성들은 그것을 보려고 여호와께 다가오지 못하도록 엄한 경고를 받았고 출애굽기 19장 21절에 따르면 그들 중 많은 사람이 벌을 받았다. 비록 우리가 그들처럼 우리 육체의 눈으로 바라보는 잘못을 저지를 수는 없지만, 그 신성과 관련된 일들 속에 성급히 뛰어드는 부정한 추측으로 잘못을 저지를 수는 있다. 하나님은 그 일들이 드러나도록 적절히 가르치신 일이 없고 적어도 우리의 현 상태로는 우리가 그것을 아는 것이 가능하지도 않고 유익하지도 않다.
존스 성경 백과 사전(Jones' Biblical Cyclopidia)

제4장 : 공예배에 대하여

사도행전 10장 33절에 대한 흥미로운 설명

"내가 곧 당신에게 사람을 보내었는데 오셨으니 잘하였나이다 이제 우리는 주께서 당신에게 명하신 모든 것을 듣고자 하여 다 하나님 앞에 있나이다"(행 10:33).

우리는 여기에서 다음의 사실을 알 수 있습니다.

1. 베드로와 연관된 부르심입니다. 부르고 있는 사람은 백부장 고넬료입니다. 그는 이방인이었지만 개종자였습니다. 선한 사람이었으나 아직 십자가에 못박히신 그리스도의 교리를 알지 못하고 있는 사람이었습니다. 부름받은 사람은 베드로입니다. 하나님께서는 그를 존귀케 하셔서 이방인을 부르시기 위해 그 차가운 얼음을 깨뜨리고 유대인과 이방인 사이의 막힌 담의 첫 돌 한 장을 빼내는 일을 맡기셨습니다. 그 부르심의 실체는 "내가…보내었는데"라는 표현 안에 들어 있습니다. 7절에 보면 그는 베드로를 그의 집으로 초청하기

위해 세 사람을 보내었습니다. 그 부름의 이유는 "이제(therefore)"라는 단어로 표현되어 있습니다. 왜냐하면 그는 그 목적을 달성하라는 하나님의 명령을 받았기 때문입니다. 그는 그 부르심에 신속한 파송으로 반응했습니다. 하나님의 뜻이 그에게 알려진 후 즉시 시행한 것입니다.

2. 그 부르심에 대한 베드로의 응답은 칭찬을 받았습니다. "오셨으니 잘하였나이다." 그러한 응답은 하나님께와 우리에게 인정받을 만한 것입니다. 베드로는 이 일에 그다지 내키는 마음이 없었습니다. 그는 그 일의 합법성 여부에 대해 꺼림칙한 마음을 가지고 있었습니다. 하지만 하나님께서는 친히 낮은 자세로 그의 의심을 풀어주시고 자신의 길을 밝히 보여주셨습니다. 그 일은 유대교 출신 그리스도인들에게는 매우 도전적인 일이었습니다. 사도행전 11장에 따르면 베드로는 자신의 이러한 결정에 대해 변론을 해야 했습니다. 하지만 결과적으로 그 부름에 응답한 일은 잘한 일이었습니다. 하나님의 부르심에 대한 순종으로 움직인 것이었기 때문입니다.

3. 베드로가 왔을 때 그를 부른 고넬료가 자신 및 자신과 함께 있는 자들의 이름으로 베드로에게 한 말이 있습니다. 우리가 주목할 점은 첫째, 회중에 대한 것입니다. 그것은 적은 수였지만 한 마음으로 모여 있던 무리였습니다. 24절에 따르면 그 회중의 구성원은 '그의 친척과 가까운 친구들'이었습니다. 이 사람들과 더불어 그의 가족들, 그리고 베드로와 함께 간 사람들이 전체 회중을 구성하고 있었

습니다. 이 훌륭한 사람은 자기 가족들만이 아니라 자기 친구들까지 함께 그 공적 모임을 기다리게 하는 것을 자신의 책임으로 삼았습니다. 둘째, 신앙적 모임 안에 특별한 방식으로 임하시는 하나님의 임재에 대한 고백입니다. "다 하나님 앞에 있나이다." 셋째, 그들 모임의 큰 목적은 그들 영혼의 덕 세움을 얻는 것으로 듣고자 하는 것, 즉 듣고 순종하는 것입니다. 또한 여기에 사역자가 설교하고 성도들이 받아야 할 것이 있습니다. 곧, "주께서 당신에게 명하신…것"입니다. 사역자는 하나님으로부터 위임 받은 것을 가지고 있고 그것을 반드시 설교해야 합니다. 인간이 그에게 설교해주기를 바라는 것이 아니라 하나님께서 명령하신 것을 말입니다. 또한 성도들은 그가 위임받은 것 이상의 다른 어떤 것도 받아서는 안 됩니다. 설교하고 받아야 할 내용의 범위는 "모든 것"입니다. 사역자는 하나님이 명하신 모든 것을 설교해야 하고 성도들은 그것을 받아야만 합니다.

주목할 점 1. 하나님께서 한 사람이나 여럿에게 자신의 뜻을 나타내실 때, 지체 없이 그것에 응답하는 것이 그들의 의무입니다. 주의 뜻을 깨달은 후에는 어떤 논란의 여지도 있어서는 안 됩니다. 갈라디아서 1장을 보십시오. "그러나 내 어머니의 태로부터 나를 택정하시고 그의 은혜로 나를 부르신 이가 그의 아들을 이방에 전하기 위하여 그를 내 속에 나타내시기를 기뻐하셨을 때에 내가 곧 혈육과 의논하지 아니하고 또 나보다 먼저 사도 된 자들을 만나려고 예루살렘으로 가지 아니하고 아라비아로 갔다가 다시 다메섹으로 돌아갔노라"(갈 1:15-17). 발람이나 예레미야 44장의 애굽에서의 유대인들과는 반대되는 경우였습니다.

주목할 점 2. 한 사람이 하나님께서 친히 지시하시고 그들에게 의도하신 사역자를 부르는 것은 복된 일입니다. 고넬료처럼 말입니다. 그는 사도행전 10장 5절이 말하듯 베드로라는 이름도 거의 들어보지 못했습니다. 하지만 그는 하나님께 나아갔고 하나님께서 그를 이끄십니다.

주목할 점 3. 하나님과 그의 백성들의 부르심에 응답하는 일은 그리스도의 사역자에게 있어서 칭찬할 만한 태도입니다. 비록 어떤 사람들에게는 도전적이고 자기 자신의 마음에 크게 내키지 않는 일이라 하더라도 말입니다. 사역자들은 가야 합니다. 그들이 원하고 다른 사람들이 바라는 곳으로가 아니라 하나님께서 원하시는 곳으로 말입니다. 레위에 대한 칭찬은 다음과 같은 것이었습니다. "그는 그의 부모에게 대하여 이르기를 내가 그들을 보지 못하였다 하며 그의 형제들을 인정하지 아니하며 그의 자녀를 알지 아니한 것은 주의 말씀을 준행하고 주의 언약을 지킴으로 말미암음이로다"(신 33:9).

하나님의 공예배 참석에 신중해야 하는 이유

1. 하나님께서 그것을 명하셨기 때문입니다. 히브리서 10장은 이렇게 말합니다. "모이기를 폐하는 어떤 사람들의 습관과 같이 하지 말고 오직 권하여 그날이 가까움을 볼수록 더욱 그리하자"(히 10:25).

주님은 장소가 어디이든 자기 백성들을 공예배 자리로 부르십니다. 회중의 성막은 광야에 있었습니다. 거기서 백성들이 공예배로 모였습니다. 나중에는 성전에서 모였습니다. 일반인들을 위해 구약 시대에 회당들이 공예배를 위한 장소가 되었습니다. 시편 74편 8절[1]에서는 교회가 파괴된 회당들에 대해 탄식합니다. 누가복음 4장 16절에서 보듯이, 여러 곳의 회당에 참석하시는 것이 그리스도 자신의 습관이었습니다. 그는 설교 사역자들을 보내시며 백성들에게 들으라고 명하십니다.

2. 공적 예배 모임들은 세상에서 그리스도의 명예를 위한 것이기 때문입니다. 그 모임들은 그의 명예가 거하는 곳입니다. 그곳은 그의 백성들이 함께 모여 그의 법에 복종을 고백하고, 그의 명령을 받으며, 도움을 호소하고, 찬양의 경의를 표하며, 입술의 제사를 드리는 장소입니다. 모두에게 이러한 일이 필수적인 것만큼이나 모두가 직접 참석하고 헌금함에 동전을 넣는 일 역시 필수적 의무입니다. 그러므로 하나님의 백성들은 이러한 모임이 모두 사라진 타락한 세상에서 그리스도의 표준을 바라보는 자들입니다. 열왕기상 19장 10절[2]에서 엘리야가 그러했듯이 말입니다.

---

1 시 74:8 그들이 마음속으로 이르기를 우리가 그들을 진멸하자 하고 이 땅에 있는 하나님의 모든 회당을 불살랐나이다
2 왕상 19:10 그가 대답하되 내가 만군의 하나님 여호와께 열심이 유별하오니 이는 이스라엘 자손이 주의 언약을 버리고 주의 제단을 헐며 칼로 주의 선지자들을 죽였음이오며 오직 나만 남았거늘 그들이 내 생명을 찾아 빼앗으려 하나이다

3. 이 모임들은 그리스도께서 친히 영혼을 정복하시는 평범한 자리들이기 때문입니다. 로마서 10장은 말합니다. "그런즉 그들이 믿지 아니하는 이를 어찌 부르리요 듣지도 못한 이를 어찌 믿으리요 전파하는 자가 없이 어찌 들으리요"(롬 10:14). 복음은 영혼들을 잡는 그리스도의 그물입니다. 그리스도의 방식을 따르는 것은 항상 훌륭한 일입니다. 언제 선한 말씀이 그 사람의 마음을 사로잡도록 임할지, 언제 그를 사랑의 줄에 묶인 그리스도의 포로로 만들지 누가 알겠습니까? 사도행전 2장 37절이 말하듯, 그리스도의 승천 직후 행해진 첫 설교에서 허다한 무리가 잡혔습니다. 그들은 "우리가 무엇을 할까"라고 외쳤습니다. 루디아도 사도 바울이 전하는 말을 들으면서 마음이 열렸습니다. 사도행전 16장 14절[3]을 보십시오. 복음은 구원에 이르게 하는 하나님의 능력입니다. 고린도후서 10장 4-5절이 말하듯, "우리의 싸우는 무기는 육신에 속한 것이 아니요 오직 어떤 견고한 진도 무너뜨리는 하나님의 능력이라 모든 이론을 무너뜨리며 하나님 아는 것을 대적하여 높아진 것을 다 무너뜨리고 모든 생각을 사로잡아 그리스도에게 복종하게" 하는 것이므로 이 전쟁터에서 가장 깊은 부상을 당하는 사람은 복 있는 자입니다.

4. 출애굽기 20장 24절[4]이 말하듯이, 그 자리는 그리스도와 자기 백성들의 만남의 장소이며 우리 주께서 거니시는 넓은 방입니다. 그

---

3 행 16:14 두아디라 시에 있는 자색 옷감 장사로서 하나님을 섬기는 루디아라 하는 한 여자가 말을 듣고 있을 때 주께서 그 마음을 열어 바울의 말을 따르게 하신지라
4 출 20:24 내게 토단을 쌓고 그 위에 네 양과 소로 네 번제와 화목제를 드리라 내가 내 이름을 기념하게 하는 모든 곳에서 네게 임하여 복을 주리라

곳은 몰약 산과 같아서, 아침이 될 때까지 그리스도께서 거기 계실 것입니다. 하나님과의 교제를 사모하는 자들은 반드시 거기서 그를 구해야만 하며 그가 만날 수 있을 것이라고 약속하신 곳에서 만나기를 기다려야 합니다. 그리스도께서 나머지 제자들과 만나는 곳에 참석하지 않음으로 도마가 받은 손해는 얼마나 큰 것이었습니까!

5. 그리스도와 그의 백성들이 만나는 기쁨이 예배 속에 있습니다. 왜냐하면 공예배는 지상에 있는 하늘이기 때문입니다. 그리스도께서는 자기 백성들과 함께 있기를 즐거워하십니다. 시편 87편을 보십시오. "여호와께서 야곱의 모든 거처보다 시온의 문들을 사랑하시는도다"(시 87:2). 누가복음 22장도 보십시오. "이르시되 내가 고난을 받기 전에 너희와 함께 이 유월절 먹기를 원하고 원하였노라"(눅 22:15). 그들은 그와 함께, 그를 위해 거기 있는 것을 기뻐합니다. 다윗은 그 공적 모임을 얼마나 열렬히 사모했는지 모릅니다. 시편 84편을 보십시오. "만군의 여호와여 주의 장막이 어찌 그리 사랑스러운지요 내 영혼이 여호와의 궁정을 사모하여 쇠약함이여 내 마음과 육체가 살아 계시는 하나님께 부르짖나이다"(시 84:1-2). 그는 하나님의 궁정에서의 하루를 다른 곳에서의 천일보다 더 좋아했습니다. "악인의 장막에 거함보다 내 하나님 문지기로 있는 것이 좋사오니"(시 84:10). 시편 27편에서는 또 이렇게 말합니다. "내가 여호와께 바라는 한 가지 일 그것을 구하리니 곧 내가 내 평생에 여호와의 집에 살면서 여호와의 아름다움을 바라보며 그의 성전에서 사모하는 그것이라"(시 27:4). 그에게 하나님을 기다릴 기회가 있다는 말을 듣는

것이 얼마나 좋은 소식이겠습니까! 시편 122편은 말합니다. "사람이 내게 말하기를 여호와의 집에 올라가자 할 때에 내가 기뻐하였도다"(시 122:1).

6. 마지막으로 하늘을 사모하는 모든 자들의 필요가 그것을 요구하기 때문입니다. 공적 모임이 필수적인 것이 아니라면 하나님께서 그것을 지시하지 않으셨을 것입니다. 값없는 은혜의 시장에 올 필요가 없는 눈먼 영혼들은 그 공적 모임의 필요를 거의 발견하지 못할 것이 확실합니다. 그리스도의 군사들이 그들의 녹슨 갑옷을 고치기 위해 그 모임이 필요하지 않습니까? 죽은 영혼들이 살아나기 위해 그 모임이 필요하지 않습니까? 잠든 영혼들이 깨어나기 위해서는 필요하지 않습니까? 그 모임들은 시온으로 가는 길 위에서 만나는 샘들입니다. 시온으로 가는 순례자들은 고단한 여행으로 마른 목을 축이기 위해 그 샘들이 훨씬 더 필요합니다.

확실히 이러한 일들에 대한 합당한 숙고는 우리 모두의 양심이 그 모임에 참여하고자 하도록 열심을 품게 할 것입니다. 하나님께서 기회를 주실 때 말입니다.

공예배 시 우리가 주 앞에서 갖추어야 할 존경심

주님은 어디에나 계십니다. 우리는 모든 곳에 있을 수 없지만, 그분은 항상 거기 계십니다. 시편 139편은 "내가 주의 영을 떠나 어디로 가며 주의 앞에서 어디로 피하리이까"(시 139:7)라고 말합니다. 그러나 공예배 모임들에서 우리는 특별한 방식으로 그분 앞에 있습니다. 그는 오른손으로 별들을 잡으시고 금 촛대 사이를 거니시는 분입니다. 우리 주님은 예배에 특별한 관심을 가지고 계십니다. 지상에서 그의 직무 중 중심 부분이 거기 놓여 있습니다. 그의 아버지의 사업에 그는 결코 소홀하실 수 없습니다. 이러한 사실을 숙고할 때 우리는 그곳에 있고자 하는 열심을 품어야 마땅합니다. 사탄은 그곳에 있는 것을 그리워하지 않을 것입니다. 그리스도께서는 거기에서 교회를 만나시지만, 마귀는 그것을 채플[5]로 만들려고 할 것입니다. 씨가 뿌려지는 곳에 새들이 모여들 것입니다. 그래서 어떤 사람들은 다음의 말씀을 그렇게 이해합니다.[6] "그러므로 여자는 천사들로 말미암아 권세 아래에 있는 표를 그 머리 위에 둘지니라"(고전 11:10). 이처럼 그리스도께서는 자기 백성들의 모임에 계시되,

1. 대리인으로서 계십니다. 그분은 공예배에 자신의 대리인으로 사역자들을 두십니다. 그들은 고린도후서 11장 2절[7]이 말하듯, 자기 주인의 아들을 위하여 한 아내에게 구혼하는 주님의 대리자들이요 하나님과 죄인들 사이에서 평화의 협상을 이끄는 대사들입니다. 고린도후서 5장 20절[8]과 마태복음 10장 40절[9]을 보십시오. 그리스도

---

5 역자 주: 채플은 어떤 종교 의식을 거행하는 일반적인 장소를 의미한다.

6 역자 주: 고린도전서 11장 10절의 '천사들로 말미암아…'의 천사들을 성도들의 모임에 함께 하는 선한 천사가 아니라 악한 천사들로 해석하는 이들을 의미한다.

7 고후 11:2 내가 하나님의 열심으로 너희를 위하여 열심을 내노니 내가 너희를 정결한 처녀로 한 남편인 그리스도께 드리려고 중매함이로다

8 고후 5:20 그러므로 우리가 그리스도를 대신하여 사신이 되어 하나님이 우리를 통하여 너희를 권면하시는 것 같이 그리스도를 대신하여 간청하노니 너희는 하나님과 화목하라

9 마 10:40 너희를 영접하는 자는 나를 영접하는 것이요 나를 영접하는 자는 나를 보내신 이를 영접하는 것이니라

의 사역자들은 세례 요한처럼 '광야에 외치는 자의 소리'입니다. 말씀하시는 분은 하늘에 계십니다. 그래서 주님은 선지자들로 말미암아 또는 그들 안에서 말씀하시는 분으로 소개됩니다. 그 보배를 천상의 그릇이 아니라 이 땅의 질그릇에 담으신 것은 주의 선하심 때문입니다. 그들의 화려함 때문에 사람들이 주의 영광을 제대로 보지 못하거나 사람들의 눈을 현혹시키지 않도록 하기 위해서입니다. 욥기 26장 9절이 말하듯, 지금 영광 가운데 있는 자들에게도 하나님은 '자기의 보좌 앞을 가리우시고 자기 구름으로 그 위에 펴시는'[10]분이십니다.

2. 효과적으로 계십니다. 그의 능력이 거기 있으며 그는 그곳에서 일하십니다. 시편 75편은 이렇게 말합니다. "주의 이름이 가까움이라 사람들이 주의 기이한 일들을 전파하나이다"(시 75:1). 주의 말씀은 능력 있는 말씀입니다. 그리스도의 사역자들은 빈 병거를 몰지 않습니다. "왕의 위엄을 세우시고 병거에 오르소서"(시 45:4). 그리스도께서는 거기서 어떤 이들에게는 생명을 주시고 어떤 이들에게는 힘을 주시며 또 다른 이들에게는 죽음의 상처를 입히십니다. 미가서 2장 7절[11]과 시편 45편 5절,[12] 호세아 6장 5절[13] 등을 보십시오. 주의 말씀은 헛되이 돌아오지 않습니다. 항상 어떤 결과를 이루십

---

10 역자 주: 한글 개역개정에서는 '그는 보름달을 가리시고 자기의 구름을 그 위에 펴시며'로 번역했다.

11 미 2:7 너희 야곱의 족속아 어찌 이르기를 여호와의 영이 성급하시다 하겠느냐 그의 행위가 이러하시다 하겠느냐 나의 말이 정직하게 행하는 자에게 유익하지 아니하냐

12 시 45:5 왕의 화살은 날카로워 왕의 원수의 염통을 뚫으니 만민이 왕의 앞에 엎드러지는도다

13 호 6:5 그러므로 내가 선지자로 그들을 치고 내 입의 말로 그들을 죽였노니 내 심판은 빛처럼 나오느니라

니다. 모든 설교는 여러분을 완고하게 하든지 부드럽게 만들 것입니다. 그것은 여러분을 천국이나 지옥으로 한 걸음 더 나아가게 만들 것입니다.

이제 우리는 그의 공예배 안에서 그분 앞에 서되,

(1) 우리의 증인 되시는 분 앞에 서 있습니다. 사역자들은 자기들 위에 쏟아지는 많은 눈들에 대해 신중히 행할 필요가 있습니다. 우리가 공예배를 드릴 때 사람들의 눈과 마귀의 눈이 우리를 주목합니다. 하지만 우리가 가장 영향을 받아야 마땅한 것은 특별한 방식으로 우리를 주목하시는 하나님의 눈입니다. 그분은 우리가 어떻게 행하는지 주목하시며 거룩한 일들을 우리가 어떠한 사랑으로 다루어 가는지를 주목하십니다. 비록 우리의 외적인 태도가 그다지 칭찬할 만하게 보이지 않는다고 해도 하나님은 마음의 흔들림을 삼찰하는 분이십니다. 에스겔 33장 31절을 보십시오.

(2) 우리의 재판관 되시는 분 앞에 서 있습니다. 하나님은 공예배 안에서 보좌에 앉아 계실 뿐 아니라 재판정에 앉아 계십니다. 거기서 예배하는 자들을 그들의 행위에 따라 상과 벌을 주십니다. 나답과 아비후의 경우와 같이 어떤 이들은 그들의 희생 제사에 어떤 사람들의 피를 섞는 일을 행했습니다. 하나님은 자신의 영광에 대해 질투하는 분이십니다. 불쌍한 벧세메스 사람들은 호기심으로 법궤를 들여다봄으로 대가를 치렀습니다. 웃사는 그것을 잘못 만져서 목숨을 잃었습니다. 우리는 다윗이 나타낸 태도와 동일한 태도로 법궤를 대해야 할 것입니다. 역대상 15장은 이렇게 말합니다. "그들에게 이르되 너희는 레위 사람의 지도자이니 너희와 너희 형제는 몸을 성

결하게 하고 내가 마련한 곳으로 이스라엘의 하나님 여호와의 궤를 메어 올리라 전에는 너희가 메지 아니하였으므로 우리 하나님 여호와께서 우리를 찢으셨으니 이는 우리가 규례대로 그에게 구하지 아니하였음이라 하니"(대상 15:12-13). 복음의 체제가 보다 더 영적인 것은 사실입니다. 따라서 영적인 재앙이 적절해 보이는 오늘날, 공예배들은 이 두려운 재앙들로부터 우리를 치유합니다.

(3) 우리의 율법 수여자 앞에 서 있습니다. 이사야 33장은 이렇게 말합니다. "대저 여호와는 우리 재판장이시요 여호와는 우리에게 율법을 세우신 이요 여호와는 우리의 왕이시니 그가 우리를 구원하실 것임이라"(사 33:22). 우리는 그의 피조물입니다. 따라서 그분의 뜻이 우리의 법이 되어야 합니다. 우리는 여러 측면에서 그의 소유입니다. 하지만 우리는 자신의 의무를 알지 못합니다. 그는 자기 교회 안에 사역자를 세우셨습니다. 사람들에게 그들의 의무가 무엇인지 알리기 위함입니다. 말라기 2장 7절[14]을 보십시오. 그러나 안타깝게도 많은 사람이 주의 메신저들과 그들의 메시지를 멸시하면서 이렇게 말합니다. "우리를 주관할 자 누구리요"(시 12:4). 하나님은 그러한 그들의 마음에도 불구하고 친히 그 마음을 다스리실 것입니다. 호세아 13장10절에서 "내가 너희의 왕이 될 것이다(I will be your king)"(호 13:10)라고 말씀하신 것처럼 말입니다. 그의 전령들은 듣든지 듣지 않든지 그들이 순복해야 할 의무를 반드시 선포해야만 합니다.

(4) 주님이요 주인 되신 분 앞에 서 있습니다. 그는 자기 집 모든

---

14 말 2:7 제사장의 입술은 지식을 지켜야 하겠고 사람들은 그의 입에서 율법을 구하게 되어야 할 것이니 제사장은 만군의 여호와의 사자가 됨이거늘

식구들을 위해 모든 것을 아낌없이 공급해 오셨습니다. 사역자들은 그 집을 맡은 종들이지만, 그분은 주인이시며 복음 안에서 먹을 것을 공급하셨습니다. 이사야 25장 6절[15]을 보십시오. 그는 자기 종들을 보내시며 말씀하십니다. 잠언 9장입니다. "너는 와서 내 식물을 먹으며 내 혼합한 포도주를 마시고"(잠 9:5). 순종하는 자녀들이 사랑 많은 부모로부터 그들의 필요를 얻기 위해 어떤 모습으로 서서 기다리는지를 생각해보십시오. 우리 또한 우리의 하늘 아버지로부터 우리의 영적 필요를 공급받기 위해 공예배에서 서서 기다려야만 합니다.

(5) 우리의 하나님으로서 서 계십니다. 이 사실은 우리에게 경외심의 충격을 주어야만 합니다. 시편89편은 이렇게 말합니다. "하나님은 거룩한 자의 모임 가운데에서 매우 무서워할 이시오며 둘러 있는 모든 자 위에 더욱 두려워할 이시니이다"(시 89:7). 시편 95편은 이렇게 말합니다. "오라 우리가 굽혀 경배하며 우리를 지으신 여호와 앞에 무릎을 꿇자"(시 95:6). 이러한 사실은 우리의 마음이 가장 진지한 태도로 그를 예배하도록 도전합니다.

---

15 사 25:6 만군의 여호와께서 이 산에서 만민을 위하여 기름진 것과 오래 저장하였던 포도주로 연회를 베푸시리니 곧 골수가 가득한 기름진 것과 오래 저장하였던 맑은 포도주로 하실 것이며

제5장 : 하나님의 작정에 대하여

드러난 하나님의 작정(God's decrees)의 핵심 목적

하나님 자신의 영광만이 목적입니다. 모든 이성적 행위자들은 어떤 목적을 품고 행동합니다. 가장 완전한 행위자시며 자기 영광을 최고의 목적으로 삼으시는 하나님에게 있어서 그의 모든 작정들이 그 목적을 지향한다는 점은 의심의 여지가 없습니다. 로마서 11장은 말합니다. "이는 만물이…주에게로 돌아감이라"(롬 11:36). 에베소서 1장 12절[1]도 같은 사실을 말합니다. 만물 안에서 그의 목표는 자신의 영광입니다. 그분은 그 목적을 바라보시면서 그가 허락하기로 작정하신 가장 죄악된 행위들로부터도 그 목적을 이루어내십니다. 그는 자신의 긍휼의 영광이든 공의의 영광이든 그 대상으로부터 그것을 끌어내시는 것입니다. 그의 영원한 지혜는 모든 일을 의도된 그 목적을 향하게 합니다. 더욱 특별히,

---

[1] 엡 1:12 이는 우리가 그리스도 안에서 전부터 바라던 그의 영광의 찬송이 되게 하려 하심이라

1. 하나님의 영광은 세상 창조에 있어서 하나님의 목적이었습니다. 신적 완전함이 거기서 경탄할 만한 영광을 얻으십니다. 하늘과 땅, 그리고 그 안의 모든 만물들을 포함하는 창조의 결과가 보여주는 광대함에서뿐 아니라, 그것을 만들어 내시는 기이한 방식에 있어서도 그의 놀라운 영광이 나타납니다. 왜냐하면 그는 그 광대한 우주를 다른 물질적 요인이 없이 만드셨기 때문입니다. 그는 만물을 자기의 효력 있는 의지의 행위로 말미암아 무(無)의 자궁으로부터 이끌어내셨습니다. 그가 무(無)로부터 실재를 만드시면서 창조를 시작하셨으므로 다른 부분을 만드는 일에 있어서도 그것들을 두 번째 무(無), 곧 연약과 적절치 못한 재료들로부터 끌어내십니다. 그리하여 그의 모든 피조물들이 영원한 능력의 증거들을 지니게 하십니다. 예를 들어 하나님은 빛이 어두움으로부터 나오도록 명령하십니다. 또한 감각 있는 피조물들이 감각 없는 요소들로부터 나오게 하십니다. 신적 영광의 광채가 여기에서 두드러지게 나타납니다. 그래서 다윗은 이렇게 말합니다. "하늘이 하나님의 영광을 선포하고"(시 19:1). 그것들은 세상에 자기들의 위대한 창조주의 속성과 완전함을 선포하고 드러냅니다. 그것은 그의 영원한 지혜와 선하심, 능력 안에서도 드러납니다. 모든 피조물들은 그들 자신 위에 찍힌 하나님의 흔적을 지니고 있습니다. 그것들을 통해 그들을 조성할 때 나타난 하나님의 지혜와 능력을 세상에 큰 소리로 선포하고 보여줍니다. 그래서 바울 사도는 로마서에서 "창세로부터 그의 보이지 아니하는 것들 곧 그의 영원하신 능력과 신성이 그가 만드신 만물에 분명히 보여 알려졌나니"(롬 1:20)라고 말합니다.

2. 하나님의 영광은 인간과 천사들을 만드시는 일의 중심 목적인 동시에 계획이었습니다. 창조의 다른 존재들은 객관적인 방식으로 하나님을 영화롭게 했습니다. 왜냐하면 그것들은 그의 무한한 지혜와 선하심, 능력의 증거요 나타남이기 때문입니다. 그러나 보다 높은 수준의 존재들은 이성적 기능이 부여되어 적극적으로 하나님을 영화롭게 할 수 있습니다. 그래서 잠언 16장 4절은 이렇게 말합니다. "여호와께서 온갖 것을 그 쓰임에 적당하게 지으셨나니"(잠 16:4). 만일 모든 것이 그를 위해 지음 받았다면 인간과 천사들은 더욱 그러합니다. 그들은 모든 창조의 결정체입니다. 우리는 하나님의 영원한 능력과 선하심의 순수한 샘에서 지음 받아 존재합니다. 그러므로 우리는 또다시 그 방향으로 달려가 우리 자신의 모든 기능과 탁월함을 신적 선하심의 그 동일한 대양 속에 남김없이 부어서 비워야 합니다.

3. 하나님의 영광은 선택과 예정의 목적이기도 합니다. 왜냐하면 '우리를 자기의 아들들이 되도록 예정하셔서, 그의 은혜의 영광을 찬송하게' 하셨기 때문입니다. 어떤 이들은 영생하도록 정하시고 다른 이들은 버리셔서 그들 죄 가운데 영원히 멸망하는 고통을 겪도록 하신 일은, 하나님의 무한한 완전하심과 탁월하심을 드러내기 위한 것입니다. 신적 속성의 아름다움과 영광은 여기에 빛나는 광채를 나타냅니다. 자기의 기뻐하시는 뜻과 목적대로 자신의 모든 피조물을 두시는 그의 전능한 권세와 다스리심이 그러하고, 만물의 과거와 현재, 오는 미래의 일들을 바라보시는 그의 지식과 전지하심이 그러하며, 죄에 대한 의로운 처분으로서 인간을 심판하고자 하시는 그의

결정 속에 나타나는 그의 보복적 공의가 그러합니다. 또한 그의 모든 위협을 실행에 옮기시어 자기 말씀의 선함을 드러내시는 그의 전능하심이 그러합니다. 그의 선하심의 영광은 이와 같이 모두가 버림당하는 것이 마땅한 때에 누군가를 선택하는 일에 있어서 빛을 발합니다. 또한 그의 긍휼은 예수를 믿는 모든 자들을 자기 품 안으로 영접하시고 품으시는 일 속에서 따스한 광채로 빛을 발합니다.

4. 하나님의 영광은 위대하고 놀라운 구속의 역사 속에서 하나님께서 제안하신 목적이었습니다. 그리스도로 말미암는 우리의 구속에서, 우리는 가장 충만하고 가장 선명하며 가장 즐거운 하나님의 영광이 나타남을 경험합니다. 창조와 일반 섭리의 역사 속에서 우리가 경험하는 그의 영광의 선포와 나타남은 구속에서 나타나는 것과 비교할 때 흐릿하고 침침합니다. 물론 그의 지혜와 능력, 선하심의 영광은 창조 사역 속에 분명하게 드러납니다. 그러나 그의 긍휼과 사랑의 영광은 구원자가 없이는 영원한 어둠 속에 가려질 것입니다. 하나님께서는 세상의 오랜 역사 속에서 자기 본성의 이러저러한 고유의 특성을 나타내고 발견하도록 특정 기간을 정하셨습니다. 그의 공의가 옛 세상을 물의 넘침으로 망하게 하신 일과 하늘에서 내린 불로 소돔이 불타게 하신 일에서 나타난 것처럼 말입니다. 그의 진리와 능력은 이스라엘 백성들을 애굽의 속박에서 자유케 하심과 불행한 노예 상태에서 이끌어낸 일에서 분명하게 드러났습니다. 그의 진리는 430년의 시간 동안 숨어 기다리던 한 약속이 성취 되는 바로 그 자리에서 생생히 드러났고, 그의 능력은 가장 연약한 피조물

을 통해 그의 최악의 원수를 소멸시키는 일을 통해 드러난 것입니다. 다시 말해, 한 가지 속성의 영광은 어느 한 가지 특정한 사건 속에서 더욱 두드러지게 보입니다. 어떤 사건들 속에는 그의 선하심이 더욱 두드러지고, 다른 사건들 속에서는 그의 지혜가, 또 다른 일들을 통해서는 그의 능력이 더욱 두드러지게 나타난다는 말입니다. 그러나 구속의 역사 속에서는 그의 모든 완전함과 탁월함들이 그것들의 가장 위대한 영광 가운데 빛을 발합니다. 바로 이 점이 하나님께서 그들의 회심과 거듭남 속에 담아두신 목적입니다. 그래서 이사야 43장은 이렇게 말합니다. "이 백성은 내가 나를 위하여 지었나니 나를 찬송하게 하려 함이니라"(사 43:21). 바로 이 계획 위에서 죄인들이 하나님의 가족 안으로 입양되고 왕 같은 제사장으로 임명됩니다. 베드로전서 2장은 이렇게 말합니다. "그러나 너희는 택하신 족속이요 왕 같은 제사장들이요 거룩한 나라요 그의 소유가 된 백성이니 이는 너희를 어두운 데서 불러내어 그의 기이한 빛에 들어가게 하신 이의 아름다운 덕을 선포하게 하려 하심이라"(벧전 2:9).

하나님의 작정이 가진 특성

1. 하나님의 작정은 영원합니다. 하나님은 시간 속에서 작정하지 않으십니다. 그것들은 영원 전부터 있던 것입니다. 따라서 선택의 작정은 '창세 전에' 이루어진 것이라고 소개됩니다. "곧 창세 전에 그리스도 안에서 우리를 택하사 우리로 사랑 안에서 그 앞에 거룩하고 흠이 없게 하시려고"(엡 1:4). 그렇습니다. 시간 속에서 그가 행하시는

어떤 종류의 일이든 그것은 그가 작정하신 일이며 시간이 시작되기 전에 그가 이미 아신 것입니다. 사도행전 15장은 "예로부터 이것을 알게 하시는 주님"(행 15:18)[2]이라고 말합니다. 또한 이러한 미리 아는 지식은 작정 안에서 발견됩니다. 만일 신적 작정이 영원하지 않다면 하나님은 가장 완전하지도, 불변하지도 않는 분이실 것입니다. 도리어 연약한 인간처럼 새로운 계획을 세우셔야 할 것이며, 아직 오지도 않은 모든 일을 말씀하실 수도 없으실 것입니다.

2. 하나님의 작정은 '그의 뜻의 결정대로 일하시는 이의 계획을 따라'[3] 가장 지혜롭습니다. 하나님은 인간처럼 적절하게 숙고하거나 계획하실 수 없습니다. 왜냐하면 그분은 모든 것을 통합적으로 단번에 보시기 때문입니다. 그의 작정들은 완벽한 판단으로 이루어지며 깊은 지혜 속에 놓입니다. 로마서 11장은 말합니다. "깊도다 하나님의 지혜와 지식의 풍성함이여, 그의 판단은 헤아리지 못할 것이며 그의 길은 찾지 못할 것이로다"(롬 11:33). 하나님의 결정에 있어서 결과적으로 더 나은 결정이란 있을 수 없습니다.

3. 하나님의 작정은 가장 자유롭습니다. '그의 뜻의 결정대로 일하시는 이의 계획을 따라' 말입니다. 다른 누구에게도 의지하지 않으십니다. 모든 일이 그 자신이 뜻하는 가장 순전한 기쁨에서 흘러

2　역자 주: 사도행전 15장 18절 "그의 모든 행하심은 세상 시작부터 하나님께 알려진 일들이다"의 흠정역(KJV)은 "Known unto God are all his works from the beginning of the world"이다.

3　엡 1:11 모든 일을 그의 뜻의 결정대로 일하시는 이의 계획을 따라 우리가 예정을 입어 그 안에서 기업이 되었으니

나옵니다. 로마서 11장은 이렇게 말합니다. "누가 주의 마음을 알았느냐 누가 그의 모사가 되었느냐"(롬 11:34). 그가 행하려고 작정하신 일은 무엇이든지 그의 자유로운 선택에서 나옵니다. 따라서 그의 작정들은 모두 절대적이며 어떤 것도 조건적이지 않습니다. 그는 자기 외에 어떤 조건 아래에서도 보류될 작정은 하지 않으셨습니다. 또는 이러저러한 조건들 아래에서 이루어질 일로서 작정하시지도 않습니다. 왜냐하면 그러할 경우 그 일들은 그의 뜻의 결정대로 이루어지는 것이 아니라 피조물의 뜻대로 이루어져야 하는 일이 되기 때문입니다. 그러므로 하나님의 작정은 영원하며 일시적인 조건에 의존될 수 없습니다. 그것들은 하나님의 확정적인 뜻입니다. 조건적 작정은 아무것도 결정하지 못합니다. 그러한 조건적 작정들은 하나님의 무한한 지혜와 조화를 이루지 못합니다. 오직 인간들 안에만 있는 것으로 연약함의 결과일 뿐입니다. 또한 그러한 작정들은 피조물에 의존하게 만들므로 하나님의 자존하심(independency)과도 조화를 이루지 못합니다.

4. 하나님의 작정은 불변합니다. 그것은 하늘의 변치 않는 법입니다. 하나님의 작정은 항구적입니다. 그분은 인간들이 하듯 자신의 목적을 결코 바꾸지 않으십니다. 시편 33편은 이렇게 말합니다. "여호와의 계획은 영원히 서고 그의 생각은 대대에 이르리로다"(시 33:11). 그래서 그것들은 스가랴 6장 1절[4]에서 구리 산으로 비유됩니

---

4 슥 6:1 내가 또 눈을 들어 본즉 네 병거가 두 산 사이에서 나오는데 그 산은 구리 산이더라

다. 그 무엇도 그분의 시선에서 피할 수 없듯이, 그 무엇도 그의 지식에 첨가될 수 없습니다. 그래서 발람은 민수기 23장에서 이렇게 말했습니다. "하나님은 사람이 아니시니 거짓말을 하지 않으시고 인생이 아니시니 후회가 없으시도다 어찌 그 말씀하신 바를 행하지 않으시며 하신 말씀을 실행하지 않으시랴"(민 23:19). 선택의 작정은 돌이킬 수 없는 것입니다. 디모데후서 2장을 보십시오. "그러나 하나님의 견고한 터는 섰으니 인침이 있어 일렀으되 주께서 자기 백성을 아신다 하며"(딤후 2:19).

5. 하나님의 작정은 가장 거룩하고 순결합니다. 그것은 마치 태양 빛이 더러운 곳을 비추어도 그 더러운 것이 무엇이든 그 빛을 더럽힐 수 없는 것과 같습니다. 그와 같이 하나님께서 죄의 허용을 작정하시지만 죄의 저자는 아니십니다. 요한일서 1장은 이렇게 말합니다. "하나님은 빛이시라 그에게는 어둠이 조금도 없으시다는 것이니라"(요일 1:5). 야고보서 1장도 보십시오. "하나님은 악에게 시험을 받지도 아니하시고 친히 아무도 시험하지 아니하시느니라"(약 1:13). "그는 변함도 없으시고 회전하는 그림자도 없으시니라"(약 1:17).

6. 하나님의 작정은 효과적입니다. 효과적이라는 것은 하나님께서 작정하신 것은 무엇이든지 헛되이 돌아가지 않는다는 것입니다. 이사야 46장은 이렇게 말합니다. "나의 뜻이 설 것이니 내가 나의 모든 기뻐하는 것을 이루리라"(사 46:10). 그는 자신이 결정한 일을 이루는 데 능력이 부족하지 않으십니다. 그렇다고 이차 원인이 되는 자

들의 자유를 빼앗지도 않으십니다. 왜냐하면 하나님의 작정은 피조물의 의지를 결코 억압하지 않기 때문입니다. 요셉의 형제들과 바로 왕, 또한 예수님을 십자가에 못박은 유대인들의 행위가 자유롭고 강제성 없는 것으로 나타나는 것과 같습니다. 이차 원인들의 우연성을 제거하지도 않습니다. 그 일들이나 우리 자신에게나 마찬가지입니다. 마치 바닥에 주사위를 던질 때 나타나는 것과 같습니다. 아, 그 일들은 그렇게 이루어집니다. 그러한 효력이 그러한 요인을 따라 이루어지도록 그분이 미리 효과적으로 계획하셨기 때문입니다.

하나님의 작정에 대한 반대와 그에 대한 답변

반대 1. 어떤 분들은 이러한 반대를 제기합니다. 만일 시간 속에서 일어나는 모든 일들이 하나님에 의해 돌이킬 수 없는 작정으로 정해진다면, 그것은 마치 그가 끔찍하고 두려운 악이 세상에 들어오도록 결정하신 것처럼 되어 하나님 자신께 심각한 불명예가 되고 사람의 후손들에게는 큰 파멸적 일이 된다는 주장입니다. 이 반대에 대한 답변을 통해 여러분은 다음과 같은 사실을 알게 될 겁니다.

1. 모든 죄악된 행위들은 신적 작정의 영향력 아래 있습니다. 비록 죄 그 자체가 율법을 어기는 것에서 시작된다고 해도, 그 미래는 하나님의 작정을 통해 결정됩니다. 만일 그 일이 거룩하고 공의로운 목적을 위해 하늘의 영원한 계획을 따라 결정되지 않았다면 그러한 일들은 세상에 존재할 수 없었을 것입니다. 이 점은 사도 베드

로가 앞서 인용한 사도행전 2장 23절[5]에서 이 땅에서 저지른 최고의 죄악, 즉 죄인들의 손에 의한 주 예수 그리스도의 고난과 죽음과 관련하여 분명하게 언급한 바 있습니다. 또한 교회도 그것과 관련된 사실을 사도행전 4장에서 소개합니다. "과연 헤롯과 본디오 빌라도는 이방인과 이스라엘 백성과 합세하여 하나님께서 기름 부으신 거룩한 종 예수를 거슬러 하나님의 권능과 뜻대로 이루려고 예정하신 그것을 행하려고 이 성에 모였나이다"(행 4:27-28). 영광의 주를 살해하는 것보다 더 악독한 죄나 더 높은 수준의 악행이란 결코 없었습니다. 하지만 이 성경 구절들은 이러한 피 흘리는 추악한 사건 속에서도 악인들은 그저 그 일이 이루어지기 전에 하나님의 손과 계획이 결정한 일을 행한 것에 지나지 않음을 보여줍니다.

2. 하나님의 작정은 효과적이고 또한 허용적인 특성을 적절히 드러냅니다.

(1) 그의 효과적 작정하심은 일어날 모든 선과 관계되어 있습니다. 그것이 도덕적 선이든 자연적 선이든지 말입니다. 피조물의 모든 행위와 동작들은 그 자체에 자연적 선을 지니고 있습니다. 심지어 자체적으로 불법성과 비뚤어짐, 기형적 성격 때문에 관념적인 것으로 여겨지는 죄악된 행동들조차 그 안에 선을 지니고 있습니다. 행동 자체인 한에서 그러합니다. 그것들이 순수하고 단순하게 행위로 여겨지는 상태의 선함을 지녔다는 뜻입니다. 이처럼 하나님은 모

---

5 행 2:23 그가 하나님께서 정하신 뜻과 미리 아신 대로 내준 바 되었거늘 너희가 법 없는 자들의 손을 빌려 못 박아 죽였으나

든 것들이 효력을 나타내도록 작정하셨습니다. 그렇습니다. 순수하게 자연적인 것으로 여겨지는 죄의 행위들까지라도 말입니다. 왜냐하면 그분은 만물의 첫째 되고 우주적인 원인이시며 모든 선의 샘이요 근원이시기 때문입니다. 시편 115편에서 악인들이 교회를 압제하는 일과 관련하여 말하고 있는 것과 같습니다. "오직 우리 하나님은 하늘에 계셔서 원하시는 모든 것을 행하셨나이다"(시 115:3).

(2) 그의 허용적 작정은 오직 죄의 행위들 안에 있는 불법성이나 타락과 관련된 일에만 해당됩니다. 하나님은 그 같은 일을 작정하셨습니다. 혹은 그렇게 되도록 결정하셨고 스스로 그것을 허용하기로 하셨습니다. 그래서 사도행전 14장은 이렇게 말합니다. "하나님이 지나간 세대에는 모든 민족으로 자기들의 길들을 가게 방임하셨으나"(행 14:16). 하나님은 시간 속에서 아무 일도 행하지 않으셨습니다. 오직 영원부터 작정하신 일만 허용하신 것입니다. 따라서 죄의 미래는 하나님의 작정에서 나옵니다. 하나님께서는 그것이 마땅히 되어야 할 모습을 결정하셨습니다. 하나님은 죄가 어떠한 효력을 지니도록 작정하지는 않으셨습니다. 다만 그것이 마땅히 이루어져야 한다고 생각하셨고 스스로 그것을 허락하셨을 뿐입니다. 하나님의 계획은 그것을 행하도록 결정하지는 않으셨습니다. 다만 그렇게 되어야 한다고 허락하셨을 뿐입니다.

3. 하나님은 죄의 허용을 작정하시되, 위대하고 영광스러운 목적을 위해 그렇게 하셨습니다. 죄가 그 본질 자체로 선을 향하는 어떠한 경향도 없다는 점은 사실입니다. 만일 그것이 어떤 선을 지향한

다면, 그 일은 하나님의 통치하시는 섭리 때문이요 악에서 선을 끌어낼 수 있고 어두움에서 빛을 이끌어내실 수 있는 무한한 신적 능력에서 나오는 것입니다. 이처럼 하나님께서 죄 너머에 존재하도록 작정하신 위대하고 영광스러운 목적이란 그분 자신의 영광입니다. 거기에 부속된 목적들이 몇 가지 있습니다. 가장 먼저 하나님은 특별히 죄의 미래를 작정하셨습니다. 자기의 사랑하는 아들의 죽음과 고난으로 잃어버린 죄인의 무리들을 구속하고 구원하시는 일 속에 자신의 무한한 지혜와 사랑, 은혜를 영광스럽게 하는 일들이 나타나게 하셨습니다. 둘째, 죄인들을 참고 견디시는 그의 인내와 오래 참으심이 찬송 받고 존경과 감탄의 대상이 되게 하셨습니다. 셋째, 자기 백성들의 마음과 회개, 그리고 겸손히 하나님과 동행하는 모습을 통해 하나님이 경배 받으시고 영광을 얻게 하셨습니다. 넷째, 자기 죄와 허물들로 인해 버림당한 죄인들에 대한 영원한 저주와 버림당하게 된 원인은 아니지만 저주의 원인이 되는 죄에 대한 영원한 심판 속에서 그의 공의가 명백하게 드러나게 하시는 것입니다. 이처럼 하나님은 이러한 거룩하고 지혜로운 목적들을 위해 죄의 미래를 작정하셨습니다. 그리하여 엄청난 악으로부터도 선을 끌어내시고, 자신이 허락하기로 작정하신 악보다 더 큰 선을 이끌어내심으로 자신의 지혜를 영화롭게 하고자 하셨습니다.

4. 죄의 허용에 대한 하나님의 작정은 인간 의지의 자유를 훼손시키지 않습니다. 왜냐하면 그 작정은 억압하거나 강제력을 동원하여 죄를 움직이는 것이 아니기 때문입니다. 그러한 충동은 인간의

자유를 파괴시킬 것입니다. 작정은 절대적 확실성을 제공할 뿐인데 이것은 작정의 내용과 정확히 일치하는 확실성을 말합니다. 한 인간이 어떠한 억압도 없이 행동하고 선택하는 일은 인간의 자유나 인간 의지의 자유에 충분한 조건입니다. 이처럼 작정은 인간 자유의 요소를 빼앗지 않습니다. 인간들은 마치 작정이 없는 것처럼 자유롭게 죄를 짓지만 마치 자유가 없는 것처럼 절대적으로 확실히 죄를 짓습니다. 인간들이 죄를 범할 때, 하나님의 작정을 이루기 위해서 죄를 짓는 것이 아닙니다. 그 작정은 그들 눈에 가려져 있는 상태입니다. 그들은 그저 자기들의 더러운 욕망과 부패한 욕정을 섬기고 만족시키기 위해 죄를 지을 뿐입니다.

반대 2. 만일 하나님이 변할 수 없는 작정으로 인간의 정확한 수명을 결정하신다면 우리의 건강과 삶을 보존하기 위해서 수단을 사용하는 것은 모조리 불필요한 일이 됩니다. 왜냐하면 그 무엇도 신적 작정을 훼손시킬 수 없기 때문입니다. 우리는 하나님께서 우리에 대해 정하신 길이만큼 확실히 살게 될 것입니다. 우리가 다른 수단을 사용하든지 사용하지 않든지 상관없이 말입니다. 그러므로 우리가 배고플 때 먹고 마실 필요가 없습니다. 아플 때에도 치료를 받거나 약을 먹을 필요도 없게 됩니다.

이 질문에 대한 답변을 통해 여러분은 다음과 같은 사실을 알게 될 것입니다. 즉, 하나님께서 끝을 작정하셨고, 그 끝에 이르기 위한 적절한 수단들도 작정하셨기에 이 둘은 결코 분리되어서는 안 된다는 점입니다. 하나님께서 우리가 얼마나 오래 살지 작정하셨다고 해도, 우리는 수단을 통해 일하시는 그분의 일방적인 방식과 인간들에게 그것들의 사용을 명령하시고 결합시키셨음을 기억해야 합니다. 따라서 우리의 생명과 건강을 보존하기 위해 적절한 수단들을 사용하면서 하나님을 기다리는 것은 여전히 우리의 의무입니다. 그 마지막 순간을 그의 지혜로운 결정으로 받아들이면서 말입니다. 로마로 가는 바울의 위험한 항해 속에서 주의 천사가 그에게 나타나 하나님께서 그 배에서 그와 함께 항해하는 모든 사람을 그에게 주셨음을 알렸습니다. 그 후 바울은 주님이 주신 말씀으로 그들의 생명에 어떠한 해도 없을 것이라는 말로 배 안의 사람들을 안심시켰습니다. 하지만 그들 가운데 어떤 이들이 배에서 도망치려고 했을 때, 그는 그 부대를 책임지고 있는 백부장에게 이렇게 말합니다. "이 사람들이 배에 있지 아니하면 너희가 구원을 얻지 못하리라"(행 27:31). 그리고 오랫동안 먹지 못한 그들에게 건강을 위해서 음식을 먹으라고 권면합니다. 이러한 사실들을 살펴볼 때 다음과 같은 점이 분명합니다. 즉, 하나님께서 그들의 생명을 구원하시기로 작정한 것은 일반적인 수단의 적절한 사용으로 그들을 구하시기로 작정했다는 점입니다. 따라서 그들은 자신들의 생명과 건강의 보존을 위해 수단들을 사용해야만 했습니다. 히스기야 왕이 치명적인 병에서 회복되고 그의 날 수에 15년의 수명이 연장될 것이라는 약속을 하나님께 받고, 그 약속이 태양의 그림자가 15도 뒤로 물러가는 기적적인 증거로 확증되었을 때에도, 그는 수단의 사용을 게을리하거나 외면하지 않았습니다. 도리어 이사야 선지자가 가르쳐준 대로 그는 마른 무화과 한 덩어리를 상처 위에 두었고 지속적으로 일반적인 음식조절도 해 나갔습니다. 그러므로 사람들이 그러한 일들이 하나님의 작정을 거스르는 일이라고 생각하는 것은 커다란 무지요 정신나간 행동입니다. 하나님께서는 변치 못할 계획과 목적으로 모든 일을 작정하시고 그것들이 어떻게 이루어질지 결정하셨습니다. 그러므로 사람들이 다음과 같이 말하는 것은 잘못된 주장입니다. "만일 하나님이 우리가 얼마나 오래 살지 결정하셨다면 내가 먹거나 마시지 않아도 난 곧 죽지 않을 거야."

반대 3. 만일 하나님이 인간의 영원한 상태와 조건을, 그들이 영원히 행복을 누릴지 비참을 누릴지를 결정하셨다면, 회개하고 믿거나 자신의 안전을 위해 어떠한 수단을 사용하는 일은 소용없는 일입니다. 왜냐하면 만일 하나님이 그들을 구원하시기로 선택하셨다면, 그들이 어떤 수단을 사용하든지 혹은 사용하지 않든지 그들은 확실히 구원 받을 것이기 때문입니다. 또한 만일 그들이 영원한 생명을 위해 선택되지 않았다면 그들이 할 수 있는 모든 일을 해도 결국 아무 소용도 없을 것입니다. 그것으로 결코 구원을 받을 수 없을 테니 말입니다.

이 질문에 대한 답변으로 여러분은 다음과 같은 사실을 알게 될 것입니다.

1. 선택에 대한 하나님의 작정은 위대한 비밀입니다. 우리가 들여다보려고 애써서는 안 되는 일입니다. 자신이 선택되었는지 그렇

지 않은지는 믿기 전에 인간이 아는 것이 불가능합니다. 사실상 어떤 사람이 자신이 영원한 생명을 위해 선택되지 않았다는 사실을 확실히 안다면 그것은 또 다른 경우가 될 것입니다. 하지만 여러분이 선택되었다는 것이 확실하지 않으므로 여러분이 선택되지 않았다는 사실도 확실하지 않은 것입니다. 여러분이 구원을 얻는 믿음을 가질 때까지 이쪽인지 저쪽인지 확실히 알 수 있는 방법은 전혀 없습니다. 그때까지 주님은 그 사실을 자기 가슴 속에 우리가 들여다보지 못할 비밀로 간직하십니다. 왜냐하면 신명기 29장이 이렇게 말하기 때문입니다. "감추어진 일은 우리 하나님 여호와께 속하였거니와 나타난 일은 영원히 우리와 우리 자손에게 속하였나니 이는 우리에게 이 율법의 모든 말씀을 행하게 하심이니라"(신 29:29). 이 구절 속에서 주님은 자신에게 속한 일과 우리에게 속한 일이 있음을 보여주십니다. 또한 우리는 우리 자신의 의무에 집중해야 하고 주제넘게 우리 자신을 분주하게 하거나 스스로 당혹스럽게 해서는 안 될 것을 가르치십니다. 어떤 사람이 선택되었는지 그렇지 않은지는 하나님께서 불신자에게는 결코 보이시지 않는 비밀입니다. 하지만 그리스도를 믿어야 한다는 점은 비밀이 아닙니다. 그것은 복음에 의해 명백히 계시되고 부과된 의무입니다.

2. 우리의 의무는 하나님의 명령을 바라보는 것이지 그의 작정을 바라보는 것이 아닙니다. 우리는 우리의 의무를 바라보는 것이지 그의 목적을 바라보는 것이 아닙니다. 하나님의 작정은 광대한 바다와 같습니다. 너무도 많은 사람이 호기심으로 자신들의 두려움과 절망을 엿보고 있습니다. 하지만 자신들의 유익과 만족을 위해 그것들

을 엿본 사람은 거의 없거나 아무도 없습니다. 우리의 선택은 특별히 하나님의 말씀에 기록되어 있지 않습니다. 하지만 우리의 의무는 명백히 거기에 기록되어 있습니다. 만일 사람이 양심적으로 자기 의무를 행한다면 바로 그것이 그들의 선택 여부를 아는 지식에 이르는 길입니다. 그러므로 인간은 자신들이 선택되었는지 여부를 질문해서는 안 됩니다. 도리어 가장 먼저 그리스도를 믿어야 합니다. 그리고 부지런히 자신들의 구원을 이루어가야 합니다. 그들의 행위가 선하고, 그들의 순종이 참된 것이라면 이로써 그들은 자신이 선택되었으며 영생을 위해 구별되었음을 아는 확실한 지식에 이르게 될 것입니다.

3. 하나님께서 목적을 선택하시듯, 수단도 선택하십니다. 이처럼 믿음과 순종은 구원에 이르는 수단이요 길입니다. 그러므로 여러분이 구원을 위해 선택되었다면 믿음과 순종을 위해서도 선택된 것입니다. 이 목적에 관해서는 데살로니가후서 2장에 언급되어 있습니다. "하나님이 처음부터 너희를 택하사… 구원을 받게 하심이니"(살후 2:13). 또한 그 목적에 이르는 수단도 등장합니다. "성령의 거룩하게 하심과 진리를 믿음으로"(살후 2:13). 이 둘 모두가 하나님에 의해 작정되었습니다. 그러므로 만일 여러분이 마음으로 진실하게 믿고 순종한다면 구원을 향한 여러분의 선택은 견고히 서고 흔들리지 않을 것입니다. 한 걸음 더 나아가, 성경은 선택을 구원뿐 아니라 순종으로 규정합니다. 그래서 베드로전서 1장에서 사도는 이렇게 말합니다. "성령이 거룩하게 하심으로 순종함과 예수 그리스도의 피 뿌림을 얻기 위하여 택하심을 받은 자들에게"(벧전 1:2). 앞에서는 성령의

거룩하게 하심으로 택하사 구원을 받게 하신 것을 말했다면, 여기에서는 성령이 거룩하게 하심으로 순종을 위한 택하심을 말합니다. 우리가 주목할 것은 순종을 위해 택하심을 받은 사람이 아니고는 누구도 택함 받은 자가 없다는 점입니다. 그러므로 "내가 택함을 받았다면, 내가 믿든지 믿지 않든지 상관없이 구원 받을 거야"라고 말하는 것은 올바른 것이 아닙니다. 오히려, 성경과 정반대의 논리를 주장하는 것입니다.

4. 인간은 다른 일에서도 하나님의 작정을 엿보기보다 자기들에게 주어진 의무로 알려진 일을 행해야 합니다. 여기에서 다음과 같은 행동은 적절치 못한 것입니다. 여러분이 아주 위험한 병에 걸려서 의사가 이러이러한 약을 먹지 않으면 큰일난다고 말할 경우, 여러분은 "만약 하나님이 나의 회복을 작정하셨다면, 치료 과정을 받아들이든지 그렇지 않든지 나는 분명히 건강을 회복할 거야"라고 생각하지는 않을 것입니다. 도리어 여러분은 자신에게 주어진 조언을 철저히 받아들이고 건강을 위해 주어진 수단들을 사용할 것입니다. 그렇다면 여기에서도 그렇게 행해야 하지 않을까요? 여러분은 죄로 인하여 심각한 병에 걸려 치명적인 상처를 입은 상태이고, 하나님께서 여러분에게 치료할 수 있는 유일한 의사이신 그리스도께 피하라고 명령하시고, 그분께 자신을 온전히 맡기면 확실히 구원을 받을 것이라고 말씀하십니다. 그러나 아, 그 죄인은 "만일 내가 하나님께서 나의 구원을 작정하셨음을 알았더라면 그리스도께로 가는 모험을 했을 거야. 하지만 나는 그 사실을 알 때까지 믿어서는 안 돼."라고 말합니다. 아, 불신앙이란 얼마나 비합리적입니까! 사탄의 제

안은 가련한 피조물들을 전적으로 혼란스럽고 제정신을 잃은 사람처럼 행동하게 합니다. 그것은 마치 불뱀에 물린 이스라엘 백성 중한 사람이 "만일 하나님께서 나의 치료를 작정하셨다는 사실을 안다면 놋뱀을 쳐다볼 거야. 게다가 만일 그분이 그 일을 작정하셨다면, 내가 그것을 바라보든 그렇지 않든 나는 분명히 회복 될 거야"라고 말하는 것과 같습니다. 만일 불뱀에 물린 모든 이스라엘 자손이 그처럼 결심했다면, 그들 모두는 목숨을 잃었을 겁니다. 또는 피의 복수를 하려는 사람에게 쫓기는 사람이 생명 보존을 위해 도망가야 할 도피성으로 가는 도중에 주저앉아 이렇게 말하는 것과 같습니다. "만일 하나님이 나의 도피를 작정하셨다면 내가 도피성으로 달려가든 달려가지 않든 나는 안전할 거야. 반대로 그분이 그 일을 작정하지 않으셨다면 내가 그리로 달려가더라도 소용없을 거야." 자, 하나님께서 생명 구원을 위해 제공해 주신 수단을 생각 없이 무시하는 태도란 자기 생명을 고의로 내동댕이치는 행위가 아니겠습니까? 도피를 위한 길이 주어졌고, 그 길이 충분히 도피할 수 있는 길이며, 도피성도 항상 열려 있는 상태라면, 그것으로 충분하지 않습니까? 이처럼 그리스도의 팔은 도움을 구하기 위해 그에게 도망쳐 오는 겸손하고 가련한 죄인들을 영접하고 품기 위해 항상 열려 있습니다. 그런데도 인간들은 그것을 불필요하게 여기고 거만하게 굴며 비합리적으로 망설임에 얽매이게 하는 사탄을 거절하지 않습니다. 이것은 얼마나 스스로를 파괴시키는 일이겠습니까? 또 다른 예를 든다면 만약 오직 하나의 길 외에 다른 길이 없고, 그리로 들어갈 수 있다는 용기를 사람들에게 줄 만한 가능성이 있다면, 그들은 지체 없이 그리로 달려 들어갈 것입니다. 하나님의 작정에 대해 스스로 의혹을 품거나 낙심하는 일 없이 말입니다. 아, 죄인들이여, 바로 이것이 여러분의 상황입니다. 그리스도께서 길이요 진리이며 생명이십니다. 여러분이 구원 받을 수 있는 다른 길은 없습니다. 자신의 생명을 위해 바로 지금 그분께로 도망하십시오. 사탄이 불가능성들과 교만함 등으로 여러분을 돌아서게 하는 것으로 방해 받지 마십시오. 복음의 부르심과 제안에 응답하십시오. 바로 이것이 지금 가장 적절한 의무입니다. 하나님의 비밀로 인해 스스로 힘들게 하지 마십시오.

하나님의 작정에서 얻을 수 있는 중요한 교훈

1. 하나님께서 이루어질 모든 일을 작정하셨습니까? 그렇다면 우연히 일어나는 일은 아무것도 없으며 우리가 운이 좋다 나쁘다, 또는 행운을 만났다고 말할 수 있는 일도 전혀 없습니다. 이 세상에는 사람들이 단지 사고로 여기는 많은 사건들이 일어납니다. 하지만 이 모든 일들은 하늘의 계획과 결정에 따라 일어납니다. 솔로몬은 우리에게 이렇게 말해 줍니다. "제비는 사람이 뽑으나 모든 일을 작정하기는 여호와께 있느니라"(잠 16:33). 우리의 눈으로 볼 때 임의적이고 우연으로 보인다고 해도 그 모든 일들은 여호와께서 결정하시고 이끄십니다. 열왕기상 22장 34절에서 한 사람이 우연히 화살을 쏘았을 때 그 행동이 자신에게는 단지 우연일 뿐이었지만, 그 화살의 움직임이 다른 사람이 아닌 이스라엘 왕을 향하도록 이끄신 분은 하나님이셨습니다. 아직 어떤 일도 일어나지 않았고 단지 임의적이고 그렇

게 될지 불확실한 상황으로 보이는 그 일조차도 하나님에 의해 작정된 일이었습니다.

2. 세상에서 일어나는 모든 일은 하나님의 지식으로 말미암으며 그의 작정에 기초를 두고 있습니다. 우리가 이 사실을 생각할 때, 우리는 모든 일에서 하나님의 지식이 얼마나 확실한가를 알 수 있습니다. 자신의 능력의 안경으로 가능한 모든 일들을 보실 수 있기 때문에, 하나님은 자기 의지의 안경으로 일어날 모든 일들을 보십니다. 그 일들이 일어나도록 작정하셨다면, 그의 효력 있는 의지로 모든 일을 아시고, 그 일들이 어려움을 겪도록 작정하셨다면, 그의 허용적 의지로 모든 일을 아십니다. 그래서 다가올 일들에 대한 그의 선포하심은 그 일들에 대한 그의 결정에 기초합니다. 이사야 44장은 이렇게 말합니다. "내가 영원한 백성을 세운 이후로 나처럼 외치며 알리며 나에게 설명할 자가 누구냐 있거든 될 일과 장차 올 일을 그들에게 알릴지어다"(사 44:7). 그분은 자연적 과정을 따라 가장 필요한 일이 무엇인지 미리 아십니다. 그러한 효력이 어떤 요인에 의해 시작되고 필연적으로 어떠한 요인을 뒤따르게 할 것인지 작정하셨기 때문입니다. 또한 그분은 미래의 모든 우발적 일들을 아시며 우연히 생겨날 모든 결과들도 아시고 이성적 피조물들의 모든 자유로운 행위들까지 아십니다. 왜냐하면 하나님은 이차 원인들의 본질을 따라 어떠한 일들이 우연하고 자유로이 일어나야 할지를 작정하셨기 때문입니다. 따라서 우리 눈에 임의적이고 우연적으로 보이는 일들도 하나님께는 확실하고 필수적인 일입니다.

3. 우리에게 선을 행하는 도구가 되는 사람이나, 또는 어떤 종류의 일이든지, 우리는 그것들 너머를 바라보아야 하며 그 안에 담긴 하나님의 손과 계획하심을 눈여겨봐야 합니다. 그래서 그의 손과 계획이 그 일의 첫 시작임을 알고 그에 대해 하나님께 마땅히 감사해야 합니다. 또한 우리에게 닥친 십자가나 고난의 어려움이 무엇이든 우리는 그 도구들 너머의 하나님을 바라보아야 합니다. 고난은 먼지에서 일어나는 것도 아니고 인간들에게 우연하게 닥치는 것도 아닙니다. 그 일을 보내신 분은 하나님이십니다. 그래서 우리는 그 일들 안에서 그의 손을 발견하고 경외해야 합니다. 다윗이 "여호와께서 그에게 명령하신 것이니 그가 저주하게 버려두라"(삼하 16:11)라고 말한 이유가 그것입니다. 우리는 우리에게 닥친 어려움이 무엇이든지 하나님이 우리 편이심을 생각하면서 그 아래에서 인내해아 합니다. 욥기 2장은 이렇게 말합니다. "우리가 하나님께 복을 받았은즉 화도 받지 아니하겠느냐"(욥 2:10). 흔들리고 힘겨워하는 우리의 감정을 잠잠케 하는 일은 행복으로 이끄는 수단이 될 것입니다. 그래서 다윗은 시편 39편에서 이렇게 말합니다. "내가 잠잠하고 입을 열지 아니함은 주께서 이를 행하신 까닭이니이다"(시 39:9).

4. 이 세상에서 우리에게 주어진 유업에 대해 원망하고 불평하는 일의 악함을 여기에서 배워야 합니다. 우리는 얼마나 자주 하나님과 싸우려 하는 경향이 있습니까! 그분이 여러분의 소원이나 바람과 다르게 인도하실 때, 마치 그분이 여러분께 잘못하고 있는 것처럼 여기면서 말입니다. 여러분은 어떤 일에 대해 하나님께 이유를 묻고

항의합니다. 나에게 왜 이렇게 행하십니까? 이렇게 많은 고난과 아픔을 주시는 이유가 무엇입니까? 왜 이렇게 오랫동안 어려움을 주시는 겁니까? 다른 어려움도 아니고 이 어려움을 주시는 이유는 무엇입니까? 나는 왜 가난하고 다른 사람들은 부유합니까? 이와 같이 여러분의 마음은 하나님을 향해 고개를 듭니다. 그러나 여러분이 알아야 할 사실이 있습니다. 이런 태도는 무한한 지혜로 만든 그 계획을 욕되게 하는 일입니다. 마치 하나님께서 그의 영원한 계획 안에서 여러분의 일들을 충분히 지혜롭게 결정하지 않으신 것처럼 여기는 태도입니다. 우리는 하나님께서 이 부분에 대해 욥을 책망하시는 내용을 발견합니다. "트집 잡는 자가 전능자와 다투겠느냐"(욥 40:2). 여러분이 십자가와 고난의 섭리들 아래서 불평하고 투덜거릴 때, 그것은 여러분을 어떻게 대해야 할지 하나님을 주제넘게 가르치려 드는 행위요 마치 그분이 잘못하고 있는 것처럼 그를 책망하는 것입니다. 그렇습니다. 그 안에는 교묘한 신성모독이 들어 있습니다. 마치 여러분이 자신의 유업을 할당하는 일에 더 지혜롭고 공정한 것처럼 여기고 이 세상에서 여러분의 몫을 잘라내려는 것입니다. 이것은 그 문제에 대해 다음과 같은 마음의 언어를 쏟아내는 것입니다. "내가 하나님이었다면, 이 문제에 있어서 더 나은 결정과 계획을 했을 거야. 그렇다면 상황은 지금 현재 나의 현실과 다를 거야." 아, 하나님께서 모든 일을 가장 지혜롭고 공의롭게 작정하셨음을 생각하십시오. 그리고 감히 하나님의 그 무한한 지혜를 고치려 하지 마십시오.

5. 신적 작정의 교리를 이용하여 사람들이 자기들의 죄와 타락을

핑계 댈 이유는 전혀 없습니다. 악인들은 그들이 추악하고 흉악한 죄를 저질렀을 때 자신을 변호하려고 이렇게 핑계 대는 경향이 있습니다. "어쩔 수 없었습니다. 하나님이 그렇게 하신 것입니다. 내가 태어나기도 전에 그 일은 내게 정해져 있었던 겁니다. 따라서 나는 그것을 피할 수 없었습니다." 이러한 말은 신적 작정에 대한 끔찍한 비난입니다. 마치 그 작정들이 인간들을 범죄하도록 만든 것처럼 말입니다. 작정이란 하나님의 내재적 행위입니다. 따라서 인간의 의지에 대해 어떠한 육체적, 도덕적 영향도 끼칠 수 없는 것이며, 도리어 인간들로 그들 자신의 마음의 제한 없는 선택과 자유를 누리도록 허용합니다. 죄인들이 어떤 일을 행하든, 그들은 가장 자유롭게 행하고 선택합니다. 여러분의 죄에 대한 비난을 하나님의 작정으로 돌리는 것은 두렵고도 가증스러운 악입니다. 그것은 여러분의 악함에 대한 책임을 그분께로 돌리는 것입니다. 마치 그분이 그 행위의 장본인이라고 주장하는 것입니다. 여러분의 죄를 여러분을 유혹한 사탄에게 돌리거나 여러분을 자극한 이웃에게 돌리는 일도 매우 어리석은 일입니다. 하지만 그보다 훨씬 더 심각한 죄는 신성 모독의 죄로 그 책임을 하나님께 돌리는 것입니다. 하나님의 무한한 거룩하심에 끼치는 모욕 중에 이보다 더 심각한 모욕은 없습니다.

6. 신적 작정 교리를 통해 하나님의 백성들은 모든 일 속에서 스스로 위로를 얻어야 합니다. 그들에게 닥친 일이 어떤 일이든, 하나님의 품 안에서 고요하고 의지하는 태도로 안식하셔야 합니다. 자신들에게 닥친 일이나 앞으로 닥칠 수 있는 일이 무엇이든, 그것은

그들의 은혜로운 친구가 되시고 화목케 된 아버지로부터 나온 일이며, 그 아버지는 그들에게 최선의 것이 무엇인지 아시는 분이시요 모든 일을 합력하여 선을 이루시는 분이심을 기억하면서 말입니다. 아, 어떤 일이 가장 무거운 시련의 압박 아래 있더라도, 또 그 일이 제 아무리 쓰라린 일이라 할지라도, 하나님의 뜻의 영원한 계획하심을 따라 여러분을 위해 결정되고 확정된 것임을 생각할 때, 여러분이 누릴 수 있는 삶의 달콤함과 기쁨은 얼마나 크며, 또 하늘에 속한 평온함과 생각의 고요함은 얼마나 큽니까! 하나님의 선하신 뜻과 기뻐하심에 또 얼마나 큰 기쁨으로 복종하고 모든 섭리를 받아들일 수 있겠습니까!

제6장 : 창조주 하나님

하나님 홀로 세상을 창조하심

하나님께서 홀로 세상을 창조하셨다는 사실은 다음의 이어지는 내용을 살펴볼 때 확실해질 것입니다.

1. 세상은 스스로 만들어질 수 없습니다. 왜냐하면 그 주장은 말이 안 되는 반론인, 세상이 그 전부터 있었다는 주장을 내포하기 때문입니다. 원인은 결과보다 항상 반드시 앞서야만 하기 때문입니다. 존재하지 않는 것은 그 어떤 것도 만들어 낼 수 없습니다. 존재하기 전에 활동할 수 있는 것은 전혀 없기 때문입니다. 무(無)는 아무것도 존재하지 않는 것입니다. 따라서 그것은 어떠한 활동도 없습니다. 그러므로 존재를 제공할 수 있는 실존하는 어떤 것이 반드시 있어야 합니다. 또한 모든 이차 원인은 그것이 원인으로 작용하기 전에 어떤 다른 것들의 결과여야 합니다. 존재하는 것과 존재하지 않는 것이 동시에 있는 일은 명백한 모순입니다. 만일 어떤 것이 스스로 만들어진다면 필연적으로 모순이 생겨납니다. 만드는 것은 만들어지

는 것보다 항상 앞섭니다. 그것은 글도 모르는 농부도 알 수 있는 사실입니다. 세상에서 창조되었다고 한다면, 그것은 피조된 세계보다 창조의 주체가 먼저 존재해야 함을 의미합니다.

2. 세상이 생겨나는 일은 우연히 일어날 수 없습니다. 세상의 기원이 우연한 원자 집단에서 나온 것이며 그것들이 거대한 우주 공간 안에서 지속적으로 움직이면서 충분히 많은 수의 원자들이 놀라운 결합을 하게 되어 결국 현재 우리가 바라보고 있는 아름다운 질서를 지닌 우주로 변모하게 되었다는 주장은 몇몇 고대 철학자들이 만들어 낸 과장된 환상에 지나지 않습니다. 하지만 이성적으로도 결코 타당하지 않은 그러한 얼토당토않은 견해가 인간의 지성 속에 지금까지 즐거움의 대상이 될 수 있었다는 것은 정말 놀랍고도 이상한 일입니다. 어느 누가 다음과 같은 내용을 이성적으로 생각해 낼 수 있겠습니까? 원자로 표현되는 다양한 본질과 형태를 지니고 있는 것들이 또 그토록 멀리 떨어져 있는 것들이 혼돈의 뭉치로 존재하다가 운 좋게 서로 만나 결합하여 온 세상과 같은 형태를 지니게 되어 이토록 광대하고, 놀랍도록 질서정연하며, 이토록 본질적 다양성 속에서 결합하며, 이토록 변화무쌍함 속에서도 규칙적이며, 이토록 온전한 평온 속에서 아름다움을 드러내는 세상이 된다니 말입니다. 이와 같은 과장된 환상은 오직 정신을 잃은 두뇌에서 나오는 생각들에만 그럴 듯하게 보일 뿐입니다.

3. 하나님께서 만물을, 세상을, 그리고 그 안의 모든 피조물들

을 창조하셨습니다. 그분은 이 역사를 자신의 것으로, 즉 모든 피조물들과 구별되는 자기 신성의 독특한 영광들 중의 하나로 여기십니다. 그래서 우리는 이사야에서 다음과 같은 말씀들을 대합니다. "나는 만물을 지은 여호와라 홀로 하늘을 폈으며 나와 함께 한 자 없이 땅을 펼쳤고"(사 44:24). "내가 땅을 만들고 그 위에 사람을 창조하였으며 내가 내 손으로 하늘을 펴고 하늘의 모든 군대에게 명령하였노라"(사 45:12). "누가 손바닥으로 바닷물을 헤아렸으며 뼘으로 하늘을 쟀으며 땅의 티끌을 되에 담아 보았으며 접시 저울로 산들을, 막대 저울로 언덕들을 달아 보았으랴 누가 여호와의 영을 지도하였으며 그의 모사가 되어 그를 가르쳤으랴"(사 40:12-13). 욥기 9장도 보십시오. "그가 홀로 하늘을 펴시며 바다 물결을 밟으시며"(욥 9:8). 이러한 내용들은 고대의 가장 위대한 현인들의 펜이 시도해온, 하나님의 창조의 능력과 그 무엇에도 견줄 수 없는 탁월한 일들에 대한 뛰어난 묘사들입니다. 바로 이 활동에 의해 하나님은 모든 거짓 신들과 눈먼 민족들이 경배한 조작된 신적 존재들과 구별되시며 자신이 참 하나님이심을 드러내십니다. 예레미야 10장은 이렇게 말합니다. "천지를 짓지 아니한 신들은 땅 위에서, 이 하늘 아래에서 망하리라 하라 여호와께서 그의 권능으로 땅을 지으셨고 그의 지혜로 세계를 세우셨고 그의 명철로 하늘을 펴셨으며"(렘 10:11-12). 시편 96편을 보십시오. "만국의 모든 신들은 우상들이지만 여호와께서는 하늘을 지으셨음이로다"(시 96:5). 이사야 37장 말씀도 소개합니다. "주는 천하 만국에 유일하신 하나님이시라 주께서 천지를 만드셨나이다"(사 37:16). 하나님 외에 그 누구도 세상을 만들 수 없습니다. 왜냐하면 창조는 무한한 능력으로만 이룰 수 있는 일이며 어떤 유한한 원인으로는 조성해낼 수 없는 일이기 때문입니다. 그 이유는 존재와 무존재 사이의 간격은 진실로 무한한 것으로, 그 어떤 유한한 대행자도, 아니 모든 유한한 대행자들의 협력을 통해서도 메울 수 없는 것이기 때문입니다.

창조의 이 역사는 경외 받으실 삼위일체의 삼위 모두가 참여한 일입니다. 성부께서는 고린도전서 8장에서 창조주로 소개됩니다. "우리에게는 한 하나님 곧 아버지가 계시니 만물이 그에게서 났고"(고전 8:6). 동일한 권능이 성자께 속합니다. 요한복음 1장을 보십시오. "만물이 그로 말미암아 지은 바 되었으니 지은 것이 하나도 그가 없이는 된 것이 없느니라"(요 1:3). 동일한 존귀가 성령께 속합니다. 욥기 26장은 이렇게 말합니다. "그의 입김으로(by His Spirit) 하늘을 맑게 하시고"(욥 26:13). 33장에서 엘리후는 이렇게 말합니다. "하나님의 영이 나를 지으셨고 전능자의 기운이 나를 살리시느니라"(욥 33:4). 삼위 하나님은 하나이십니다. 하나님은 창조주이십니다. 그러므로 한 하나님의 모든 외적 역사와 활동들은 반드시 삼위 하나님 모두에게 공통적인 것입니다. 따라서 창조의 역사가 성부께 돌려질 때 그것은 성자와 성령을 배재하는 것이 아닙니다. 왜냐하면 성부 하나님은 신성의 샘으로서 신적 역사의 샘이기도 하시기 때문입니다. 성부께서는 성자와 성령으로 말미암아 스스로 창조하셨습니다. 성자께서는 성령으로 말미암아 성부로부터 창조하시고, 성령께서는 성부와 성자로부터 창조하셨습니다. 그들의 일하시는 방식 또는 질서는 그들의 존재 질서와 일치를 이룹니다. 그 일은 다음과 같이 생각할 수 있을 것입니다. 온전히 하나이신 삼위 하나님 모두는 동등하게 무한한 완전함을 공유하십니다. 성부께서는 존재 질서상 첫째 되는 분으로, 자신의 권위로 창조 사역이 이루어지도록 결정하셨습니다. 그가 말씀하시매 이루어졌으며 명령하시매 견고히 섰습니다. 즉각적인 작용과 관련한 일은 특별히 성자께 속했습니다. 왜냐하면 에베소서 3장 9절[1]이 말하듯, "예수 그리스도로 말미암아 만물을 창조"하셨기 때문입니다. 또한 요한복음을 통해 "만물이 그로 말미암아 지은 바 되었으니"(요 1:3) 라는 말씀도 읽을 수 있습니다. 질서를 부여하고 장식하는 일과 관련된 사역은 특별히 성령 하나님께 속합니다. 창세기 1장은 "하나님의 영은 수면 위에 운행하시니라"(창 1:2) 라고 말합니다. 이는 물질이 조성된 후 세상을 꾸미고 장식하는 활동을 뜻합니다. 그래서 위에서 인용한 욥기 26장 13절이 "그의 입김으로(by His Spirit) 하늘을 맑게 하시고"라고 말하는 것입니다.

하나님의 천지창조 교리로부터 얻는 중요한 교훈

1. 하나님은 가장 영광스러운 존재이십니다. 무한히 사랑스럽고 모든 완전함과 탁월성을 지닌 분이십니다. 그가 만물을 지으셨고 그들 각자가 갖춘 모든 완전함과 사랑스러움을 그들에게 부여하셨습니다. 시편 94편이 말하듯, 피조물이면 그 무엇이든 그것이 갖춘 완

---

1 역자 주: 에베소서 3장 9절(KJV) '영원부터 만물을 창조하신 하나님' 뒤에는 '예수 그리스도로 말미암아 만물을 창조하신(who created all things by Jesus Christ)'이라는 내용이 있다.

전함 가운데 그분 안에 존재하지 않는 완전함이란 없습니다. "귀를 지으신 이가 듣지 아니하시랴 눈을 만드신 이가 보지 아니하시랴"(시 94:9). 피조물이 지닌 탁월함과 아름다움이 무엇이든지, 그것은 그분으로부터 나온 것입니다. 따라서 그것의 샘이자 그 근원은 가장 탁월하다고 할 수 있습니다.

2. 하나님의 영광은 우리의 중심 목적이 되어야만 합니다. 우리가 지닌 모든 것들이 그분으로부터 왔다는 사실을 생각할 때, 그것들을 반드시 그분을 위해 활용하고 또 사용해야 합니다. 왜냐하면 "만물이 다 그로 말미암고 그를 위하여 창조되었기"(골 1:16) 때문입니다. 혀를 가지고 있습니까? 그것은 그의 찬양을 불러 그를 위하여 사용되어야 합니다. 손을 가지고 있습니까? 그것 역시 그를 위해 움직이고 일하는 것이 되어야 합니다. 생명을 지니고 있습니까? 그를 섬기는 것이 되어야 합니다. 재능과 능력들을 지니고 있습니까? 그분의 기쁨과 존귀를 높이기 위해 활용되어야 합니다. 적절한 부르심을 따라 그를 위해 고난받을 준비도 되어 있어야 합니다.

3. 하나님은 우리의 전능하신 주요 통치자이십니다. 따라서 우리 안에서, 우리에게, 또한 우리에 의해 그가 원하시는 일을 행하실 수 있습니다. 로마서 9장은 이렇게 말합니다. "이 사람아 네가 누구이기에 감히 하나님께 반문하느냐 지음을 받은 물건이 지은 자에게 어찌 나를 이같이 만들었느냐 말하겠느냐 토기장이가 진흙 한 덩이로 하나는 귀히 쓸 그릇을, 하나는 천히 쓸 그릇을 만들 권한이 없느

냐"(롬 9:20-21). 그가 우리를 훈련시키기 위해 보내신 십자가나 어떤 종류의 고난의 환경 아래서 그것을 원망하고 불평할 이유가 없습니다. 만일 그가 우리에게 주신 어떤 것을 파괴시킨다 한들 그가 우리에게 잘못하시는 것입니까? 그가 그것을 우리에게 값없이 주셨기에 가져가실 수도 있습니다. 그의 선하심과 공의에 어떠한 훼손도 없이 말입니다. 그가 하고자 하는 일을 마음대로 행하실 수 없는 분이십니까?

4. 우리는 우리가 활용하는 모든 피조물들을 바라보면서 그것을 주신 그분께 합당한 감사를 드리며 사용해야 합니다. 우리의 유익을 위해 사용하되, 우리의 섬김 속에서 건전하고 지혜롭게 사용하고, 우리의 거룩한 공급자께 감사로 가득한 마음으로 사용해야 합니다. 그것들이 자기들의 창조주 하나님과 연관되어 거기 서 있는 것이며 그가 자기 손으로 친히 만드신 것임을 주목하면서 말입니다. 왜냐하면 디모데전서 4장 4절이 말하듯, 하나님이 만드신 모든 것들은 선하며, 감사함으로 받으면 버릴 것이 없기 때문입니다. 그것들은 그분의 명예를 훼손시키는 데 사용되어서는 안 되며 우리의 육신적 욕망이나 충동적 욕구를 채우는 데 사용되기보다 그분을 위한 우리의 의무를 실천하는 일에서 우리를 강하게 하고 적합하게 만드는 데 사용되어야 합니다.

5. 너무나 절망적인 일이란 없습니다. 도리어 믿음은 그 일과 관련하여 하나님의 말씀과 능력 안에서 흔들림 없는 기반을 얻을 수

있습니다. 하나님의 백성들을 제아무리 낮게 해 보십시오. 그래도 그들은 그들이 존재하지 않았을 때보다 더 낮아질 수는 없습니다. 그래서 주님은 이사야 65장에서 이렇게 말씀하십니다. "너희는 내가 창조하는 것으로 말미암아 영원히 기뻐하며 즐거워할지니라. 보라 내가 예루살렘을 즐거운 성으로 창조하며 그 백성을 기쁨으로 삼고"(사 65:18). 그가 말씀 한 마디 하셨을 때 피조물이 최초로 만들어졌습니다. 그것을 다시 만드는 데 한 마디 말씀이 그 비용으로 충분할 것입니다. 그래서 그리스도는 요한계시록 3장에서 "하나님의 창조의 근본이신 이"(계 3:14)라고 불립니다. 아, 그가 지으신 새 피조물이 되기를 힘쓰십시오. 옛 것은 지나갈 것이고 모든 것이 새롭게 될 것입니다.

6. 예수 그리스도를 통하여 여러분 자신을 하나님께 드리십시오. 기쁜 마음으로 기꺼이 그렇게 하십시오. 또한 여러분의 몸과 영혼을 드리되, 여러분 자신과 소유한 모든 것을 다하여 여러분의 하나님이시요 아버지이신 그분께 남김없이 온전히 의탁하여 맡기십시오. 한 평생 동안 그를 섬기고 순종하기를 결심하면서 말입니다. 그가 여러분을 자기 영광을 위해 지으셨으므로, 여러분은 어느 정도까지는 여러분의 창조 목적에 응답할 수 있을 것입니다. 그것은 곧 그분을 찬양하는 일입니다. 더 이상 죄와 사탄을 섬기지 마십시오. 하나님은 여러분을 바르고 거룩하게 지으셨습니다. 그러나 사탄은 여러분의 가장 고상한 영광과 빛을 제거함으로 망가뜨려버렸습니다. 그를 섬기는 일을 멈추는 것은 가장 비천하고 노예적인 삶입니다. 그러

한 삶에 담긴 모든 것들은 결국 지옥에 이르게 될 것입니다. 그리스도 안에서 하나님을 섬기는 일에 헌신하십시오. 그것은 참으로 존귀하고 영광스러운 일입니다. 그 삶은 다른 세상에서 영원한 상급으로 면류관을 쓰게 해줄 것입니다. 왜냐하면 그가 계시는 곳에 그의 종들 또한 함께 있을 것이기 때문입니다.

7. 이 교리는 사람들 사이에 사랑과 평화, 의와 긍휼의 기초를 제공하기에 충분한 것입니다. 이 요소들은 하나님과 영원히 함께 있기를 사모하는 이들 모두가 반드시 신중하게 개발시켜야 할 것들입니다. 왜냐하면 말라기 2장에서 선지자가 이렇게 말하고 있기 때문입니다. "우리는 한 아버지를 가지지 아니하였느냐 한 하나님께서 지으신 바가 아니냐 어찌하여 우리 각 사람이 자기 형제에게 거짓을 행하여 우리 조상들의 언약을 욕되게 하느냐"(말 2:10). 하나님에 의해 창조된 존재라는 사실을 숙고하는 일은 인간으로서와 신자로서 주변 사람들에 대한 모든 의무들을 실천하도록 강력한 동기를 불러일으키기에 충분한 일이 되어야 합니다.

인간이 창조될 때 하나님의 형상을 구성하는 요소

1. 인간이 창조될 때 지니게 된 하나님의 형상은 지식으로 구성되어 있습니다. 골로새서 1장은 이렇게 말합니다. "주께 합당하게 행하여 범사에 기쁘시게 하고 모든 선한 일에 열매를 맺게 하시며 하나님을 아는 것에 자라게 하시고"(골 1:10). 아담은 지혜롭게 창조되

었습니다. 그것은 인간이 모든 것을 안다는 뜻이 아닙니다. 모든 것을 아는 것은 전지하신 분께만 해당되는 것이기 때문입니다. 그렇다고 하여 인간이 그가 마땅히 알아야 할 모든 것에 대해 무지하지 않았습니다. 그는 삶과 경건을 위해 필수적인 모든 지식을 지니고 있었습니다. 그는 하나님과 그의 본질과 완전함에 대한 분명하고도 뛰어난 이해를 지니고 있었습니다. 그 지식은 오늘날 인간 사회의 가장 성실하고 가장 열심 있는 연구들로 얻을 수 있는 그 어떤 지식보다 훨씬 더 뛰어난 것이었습니다. 우리는 아담이 관념적으로 생각하여 삼위일체의 위대한 신비에 무지했을 것이라고 가정할 수 없습니다. 왜냐하면 제2위 되시는 성자께서 그에게 나타나 더불어 대화를 나누었을 것이 너무도 분명하기 때문입니다. 아담의 지혜는 하와를 기적적으로 만드신 것을 알아차리는 그의 지식 속에서 드러났습니다. 그는 그녀가 자신의 일부라는 사실 뿐 아니라 그녀의 본질과 의무를 알아차렸습니다. 그 지식은 그의 선지자적 영이 아니고서는 알 수 없었을 것입니다. 이 최초의 부부는 그들 마음에 하나님의 법이 기록되어 있었습니다. 로마서 2장 15절[2]이 말하듯, 그것은 훗날 돌판에 기록되고 시내산에서 선포된 그 율법과 동일한 것이었습니다. 그것은 그들에게 뚜렷이 새겨졌습니다. 그리하여 그들은 남자와 여자가 되자마자 그들의 올바른 상태에 필요한 모든 지식을 부여받은 지식 있고 총명한 피조물이었습니다. 창세기 2장 19절[3]처럼, 아담이

---

2 롬 2:15 이런 이들은 그 양심이 증거가 되어 그 생각들이 서로 혹은 고발하며 혹은 변명하여 그 마음에 새긴 율법의 행위를 나타내느니라

3 창 2:19 여호와 하나님이 흙으로 각종 들짐승과 공중의 각종 새를 지으시고 아담이 무엇이라고 부르나 보시려고 그것들을 그에게로 이끌어 가시니 아담이 각 생물을 부르는 것이 곧 그 이름이

동물들에게 이름을 붙여주되 그들 본질에 어울리는 이름을 제공한 일은 자연에 대한 그의 지식을 보여주는 놀라운 증거였습니다. 그의 지식은 영광스러운 빛의 근원인 태양으로부터 울타리 안에서 빛나는 미물인 반딧불에까지 이르렀습니다. 하나님께서 인간들에게 땅과 하등 피조물들을 다스리는 권세를 주셨다는 사실은, 그들이 지혜자가 분별력 있게 처리하게 될 시민 사회 전반의 일들을 돌아볼 수 있는 지식을 갖추고 있었다는 증거입니다.

2. 하나님의 형상은 의(righteousness)로 구성되어 있습니다. 에베소서 4장은 이렇게 말합니다. "하나님을 따라 의와 진리의 거룩함으로 지으심을 받은 새 사람을 입으라"(엡 4:24). 그의 뜻은 하나님의 뜻과 완벽히 일치하는 것이었습니다. 전도서 7장이 말하듯, 그는 모든 선한 일에 적합한 성향을 갖추고 있었습니다. "하나님은 사람을 정직하게 지으셨으나"(전 7:29). 그의 뜻은 좌우로 굽지 않고 하나님의 뜻과 곧게 연결 되어 있었습니다. 어떠한 변덕스러운 치우침이나 경향성이 없습니다. 또한 그는 하나님의 모든 율법을 성취할 수 있는 충분한 힘과 능력을 지니고 있었습니다. 그가 자신의 전 의무의 범위를 완벽히 아는 지식이 있었던 것처럼, 그 일들을 마땅히 수행하기에 충분한 능력을 가진 존재로 창조된 것입니다.

3. 하나님의 형상은 에베소서 4장이 말하듯이 거룩함으로 구성되

되었더라

어 있습니다. "하나님을 따라 의와 진리의 거룩함으로 지으심을 받은 새 사람을 입으라"(엡 4:24). 인간의 정서(affections)는 순결하고 거룩했습니다. 그 어떤 가증스러운 욕구로 더럽혀지지 않은 상태였습니다. 그것들은 일정하고 질서 있었으며 모든 무질서와 비정상적인 것들로부터 벗어난 상태였습니다. 합법적인 대상에 끌렸으며 올바른 태도로 하나님이 사랑하신 것을 사랑하고 그가 미워하신 것을 미워하면서, 온 마음과 힘과 뜻을 다하여 하나님을 사랑하고 기뻐하는 상태였습니다. 하지만 이 모든 복된 성향은 잠정적인 것이었습니다. 인간은 그 속에 확정된 상태가 아니었고 거기로부터 떨어지는 일들에서 제외된 상태도 아니었습니다. 타락이 슬프게도 이러한 인간의 상태를 보여주고야 말았습니다.

하나님이 창조 시 인간에게 주신 하나님의 형상이 바로 이것입니다. 본 의(original righteousness)를 지닌 상태로서 그의 이성은 자연스럽게 하나님께 복종했고 그의 뜻은 그의 이성에, 그의 정서는 그의 뜻에 복종하면서, 결과적으로 모든 기능이 합당하게 하나님께 복종하고 그분을 향했으며, 악을 향한 어떠한 경향이나 기울어짐도 없는 상태였습니다. 이에 대한 표시는 우리의 첫 부모가 모두 벌거벗었으나 부끄러워하지 않았고 부끄러움에 예민한 상태도 아니었다는 점입니다.

인간이 이러한 상태, 곧 지혜롭고 모든 부분이 의로우며 거룩한 상태로 창조되었다는 사실은, 앞에서 인용한 성경 구절들을 통해 분명히 알 수 있습니다. 그뿐 아니라, 이성적으로도 동의할 수 있는 사실입니다. 이성적으로 생각할 때도 순결치 못한 것들이나 불완전한 요소들은, 혹은 가증한 성향이나 기울어짐은, 거룩하신 하나님의 손에서 나올 수 없기 때문입니다. 거룩한 하나님은 악의 조성자가 되실 수 없는 분이십니다. 인간은 하나님의 형상으로 지음 받았습니다. 성경이 보여주듯, 그 하나님의 형상은 지식과 의, 참된 거룩으로 구성됩니다. 더 나아가 하나님은 모든 선한 것을 만드셨습니다. 창세기 1장 31절[4]을 보십시오. 인간의 선함은 이러한 뛰어난 자질들로 구성되었고, 이러한 것들이 없이는 인간은 창조의 목적과 그 성취에 적합할 수 없었을 것입니다. 이러한 요소들의 제공이 없었다면, 그가 자신에게 맡기신 피조물을 다스리는 역할을 수행하거나 그를 그렇게 만드신 자기 창조주를 섬기는 일이 어떻게 가능했겠습니까?

인간의 순결한 상태를 숙고할 때 얻을 수 있는 중요한 교훈

1. 하늘에서 타락한 우리의 모습은 어떻습니까? 죄가 인간에게 가져온 변화는 얼마나 슬픈 것입니까? 죄는 하나님의 도덕적 형상을 훼손시켰습니다. 최초의 상태에 인간의 영혼을 아름답게 장식했던 형상입니다. 또한 죄는 하나님께서 이 낮은 세상 안에 세우신 그의 복된 자아상을 찢어 조각내 버렸습니다. 이 위엄있는 건물은 이제 폐허가 되어 있고, 우리를 향해 그 폐허를 보며 통곡하고 비통해 하라고 호소하고 있습니다. 이제 인간의 생각 속에는 하나님과 신성

---

4 창 1:31 하나님이 지으신 그 모든 것을 보시니 보시기에 심히 좋았더라 저녁이 되고 아침이 되니 이는 여섯째 날이니라

한 일들에 대한 지식 대신 무지가 자리 잡고 있습니다. 최초의 상태에서 그토록 넘치도록 제공된 지식 대신 말입니다. 등대나 촛불처럼 밝게 빛나던 이해력도 이제는 어둠에 휩싸여 있습니다. 하나님의 뜻에 정확히 동조하여 자연스럽게 모든 면에서 그것을 닮아가는 성향을 나타냈던 그의 의지 역시 무질서와 악의, 하나님과 그의 법에 대한 반역 등으로 채워진 상태입니다. 질서정연하고 거룩하며 순결했던 정서는 이제 무질서해지고 병들어서 부적절하고 죄악된 대상을 바라보고 그것에게로 기울었습니다. 인간은 마땅히 미워해야 할 것을 맹목적으로 사랑하고, 마땅히 사랑해야 할 것은 미워하며, 마땅히 슬퍼해야 할 것을 기뻐하고, 부끄러워해야 할 것은 환호하며, 가장 선한 것을 증오하고, 그들을 파멸로 이끌 것들은 사모하는 처지가 되었습니다. 올바른 생각에 순복하고 그 명령에 전적으로 순종하던 몸의 모든 지체들은 이제 반역하여 지성과 더욱 고상한 기능들을 오도하고 지배하게 되었습니다. 인간의 겸손한 종으로 그의 명령에 순종할 준비가 되어 있던 피조물들은 이제 그를 대적하여 고개를 들었고 할 일을 부여 받던 그들 중 가장 작은 미물조차 그와 대등한 위치 이상에 있음을 증명하려 들 것입니다. 아, 피조물들 중 그 무엇이라도 그를 섬기는 일에 뛰어드는 것은 많은 어려움과 고통을 수반합니다. 참으로 인간의 이러한 상태는 얼마나 당혹스러운 것입니까! 우리가 죄를 범한 결과로 면류관은 머리에서 떨어졌으며, 이것이 우리에게 주어진 형벌입니다. 그렇기에 우리의 파멸된 상태를 바라보며 울고 통곡해야 합니다. 또한 주 예수를 믿는 믿음으로 우리가 회복을 경험할 때까지 결코 쉬지 말아야 합니다. 그분은 이 영적 단절을 메우시는 위대한 회복자이십니다.

2. 하나님의 형상을 구성하는 지식과 의와 거룩은 얼마나 사랑스러운 것입니까! 그것들은 영롱한 빛을 발하고 있으며 우리의 생각을 매료시키고 사로잡는 것이 되어야 합니다. 그러나 안타깝게도 우리는 나면서부터 시각장애인이 된 자들이어서 그것들의 아름다움과 탁월함을 보지 못합니다. 아, 우리 모두 은혜로 말미암아 유혹의 욕심을 따라 썩어져 가는 구습을 따르는 옛 사람을 벗어 버리고 오직 심령이 새롭게 되어 하나님을 따라 의와 진리의 거룩함으로 지으심을 받은 새 사람을 입도록 힘씁시다(엡 4:22-24 참조). 이 복된 변화가 여러분에게 임하였는지 살펴보십시오. 이제는 주 안에서 빛이 된 상태인지, 그의 뜻을 행하려는 성향을 가지게 되었는지, 마음과 삶이 거룩해 졌는지 자신을 점검해 보십시오. 만일 여러분이 하나님을 닮고자 한다면 의와 거룩을 연구하십시오. 사탄으로부터 나오는 무지와 불의와 부정함 등을 주의하십시오. 그것들은 여러분을 의로우시고 거룩하신 하나님을 닮지 못하게 만듭니다.

3. 주되신 그리스도께로 나오십시오. 그분은 보이지 않는 하나님의 형상이시요 하나님의 창조의 근원으로서 가장 처음 인간을 신적 형상을 따라 만드신 분이십니다. 또한 그분은 인간을 또 다시 그렇게 만드실 수 있으며 믿음으로 자신에게 나아오는 자들에게 그렇게 하실 것입니다. 이에 덧붙여, 그가 새로워진 영혼 위에 더하실 하나님의 형상은 더 이상 결코 잃어버릴 수 없는 것이 될 것입니다. 오,

이제 그분께로 오십시오. 그러면 여러분은 그리스도 예수 안에서 선한 일을 위하여 지으심을 받은 자가 될 것입니다(엡 2:10 참조).

제7장 : 하나님의 섭리

보존하시고 다스리시는 행위로 나타나는 하나님의 섭리에 대한 숙고

1. 하나님은 그의 섭리로 모든 피조물들을 보존하십니다. 피조물에 대한 이러한 보존하심은 섭리의 행위로서, 히브리서 1장이 말하는 대로, 이로 인하여 피조물들은 그 존재와 활동의 힘이 보존됩니다. "그의 능력의 말씀으로 만물을 붙드시며"(히 1:3). 이 일에 있어서 하나님은 때때로 도구를 사용하기도 하시고 도구 없이 일하기도 하십니다. 호세아 2장은 이 두 가지 모두를 소개합니다. "여호와께서 이르시되 그 날에 내가 응답하리라 나는 하늘에 응답하고 하늘은 땅에 응답하고 땅은 곡식과 포도주와 기름에 응답하고 또 이것들은 이스라엘에 응답하리라"(호 2:21-22). 하나님은 하늘에 즉시 응답하시고 땅과 곡식, 포도주와 기름 등에 차례로 응답하셔서 보존하십니다. 이처럼 그는 그의 섭리로 말미암아 만물의 보존을 위해 필요한 모든 것을 공급하십니다. 시편 145편은 이렇게 말합니다. "모든 사람의 눈이 주를 앙망하오니 주는 때를 따라 그들에게 먹을 것을 주

시며 손을 펴사 모든 생물의 소원을 만족하게 하시나이다"(시 145:15-16). 이러한 돌보심의 행위는 너무나 필수적인 것이어서 그 무엇도 그것 없이는 한 순간도 생존할 수가 없습니다. 왜냐하면 지금 현재 피조물의 존재와 그 다음 존재 사이에는 어떠한 필수적 관련성도 없기 때문입니다. 그들은 스스로 어떤 존재를 만들어 낼 수 없기 때문에 그것을 지속시킬 수가 없습니다. 오직 하나님께서 히브리서 1장 3절에 말씀하신 대로, 허공에 뜬 공을 붙들듯이 그것들을 붙드셔야만 합니다. 피조물들의 존재를 보존하고 붙드는 일을 위해 필수적인 섭리의 지속적인 발현이 필요합니다. 그렇지 않다면 그들은 스스로를 보존하는 독립적인 존재라고 하는 것이고, 그것은 정말 허무맹랑한 이야기이기 때문입니다.

2. 하나님은 피조물들을 보존하실 뿐 아니라 그것들을 다스리시고 관리하십니다. 이것은 섭리의 2차 행위입니다. 이로써 그는 자신의 의지를 따라 만물과 인간들, 활동들을 처리하십니다. 잠언 21장을 보십시오. "왕의 마음이 여호와의 손에 있음이 마치 봇물과 같아서 그가 임의로 인도하시느니라"(잠 21:1). 잠언 16장도 이렇게 말합니다. "제비는 사람이 뽑으나 모든 일을 작정하기는 여호와께 있느니라"(잠 16:33). "사람이 마음으로 자기의 길을 계획할지라도 그의 걸음을 인도하시는 이는 여호와시니라"(잠 16:9). 이러한 섭리의 행위 또한 필수적인 것입니다. 왜냐하면 피조물은 하나님 없이 존재하거나 나타날 수 없기 때문이며, 그분 없이 활동할 수 없기 때문입니다. 사도행전 17장은 이렇게 말합니다. "우리가 그를 힘입어 살며 기동하며

존재하느니라"(행 17:28). 하나님은 인간을 목수가 배를 만들듯이 만들지 않으십니다. 배는 만들어진 후, 목수 없이 항해하기 때문입니다. 도리어 하나님은 조타실에 앉아서 인간을 다스리시고 인도하시며 그의 모든 움직임을 감독하시고 명령하십니다. 따라서 인간이 하는 일은 무엇이든지 그분 없이 하지 못합니다. 하나님은 그들의 선한 행위 안에서 일하십니다. 자신의 선하고 기쁘신 뜻을 원하고 행하도록 그들 안에서 일하시면서 은혜를 주시고 그것을 진행시키시는 일입니다. 그뿐 아니라, 그들의 악한 행위 안에서도 일하십니다. 그곳에서도 그들은 섭리의 손길 아래 있습니다. 아주 다른 방식으로 말입니다.

죄악된 행위에 어떻게 하나님의 섭리가 미치고 간섭하는지, 이 점을 이해하기 위해서 우리는 다음과 같은 사실을 숙고해야 합니다. 즉 하나님은 인간의 마음 속에 악을 집어넣지도 않으시고 그것을 행하도록 그들을 떠밀지도 않으신다는 점입니다. 왜냐하면 야고보서 1장은 "하나님은 악에게 시험을 받지도 아니하시고 친히 아무도 시험하지 아니하시느니라"(약 1:13)라고 말하고 있기 때문입니다. 그러므로 그분은 죄의 저자가 아니십니다. 그러나,

1. 하나님은 죄를 허용하십니다. 그는 그때 그 일을 통제하지 않으셨고, 그것은 하나님께서 그렇게 해야 할 의무가 없으셨기 때문입니다. 그가 죄를 통제하실 수 없어서 그 일이 발생한 것은 아닙니다. 왜냐하면 그분은 전능하신 분이시며 모든 일을 하실 수 있는 분이시

기 때문입니다. 세상에 어떤 일이 벌어질지 관심을 기울이지 않으셨기 때문도 아닙니다. 오히려 하나님은 지혜롭게 일하십니다. 왜냐하면 그의 거룩한 목적은 효과적으로 그 일을 통제하지 않고자 하시기 때문입니다. 그래서 사도행전 14장은 이렇게 말합니다. "하나님이 지나간 세대에는 모든 민족으로 자기들의 길들을 가게 방임하셨으나"(행 14:16). 하나님은 죄를 허용하지 않으십니다. 그 목적을 위해 그는 피조물의 자유 의지를 훼손하거나 강제하지도 않으실 것입니다. 하나님의 섭리는 피조물의 의지를 훼손하는 것을 결코 허용하지 않으시기 때문입니다. 만일 그렇다면 동일한 이유로 그는 결코 죄를 막아서도 안 되었을 것입니다. 그러나 분명히 하나님은 죄를 허용하실 때 거룩한 목적을 지니고 계십니다. 왜냐하면 이로써 죄인들을 구원하기 위해 자기 아들을 보내시는 일 안에서 그의 공의, 긍휼, 지혜와 사랑 등이 전략적으로 나타나기 때문입니다. 만일 그렇지 않았다면 그러한 요소들은 영원한 구름 아래 놓여 인간과 천사들의 눈에 가리어졌을 것입니다.

죄악된 행위 안에 깃든 섭리를 좀 더 상세히 살피기 위해 우리는 그 내용을 두 가지 국면에서 살펴보아야 합니다. 하나는 피조물들의 단순한 행위들, 다시 말해 부도덕하거나 기형적이지 않은 자연스러운 행위들이고, 다른 하나는 그들 안에 있는 무질서와 부패한 행위들입니다. 피조물들의 자연스러운 행위는 하나님의 섭리가 효력을 미친 결과들입니다. 하나님의 섭리는 그 행위들과 협력하여 피조물들로 하여금 그 행위들을 만들어 낼 수 있게 하며, 그러한 섭리의 발현이 없이는 피조물들은 손이나 발조차 까딱할 수 없고 어떠한 종류의 행동도 나타낼 수 없을 것입니다. 왜냐하면 우리는 그분 안에서 기동하며 살기 때문입니다. 단순히 생각해도 피조물들의 어떤 행위나 자연적인 활동 그 자체로 죄악된 행위가 될 수 없습니다. 도리어 그 행위들 안에는 존재의 선함이 담겨 있고 그것들은 섭리의 영향력이 만들어 내는 것입니다. 행위 안에 깃든 부패나 죄의 행위들에 있어서, 하나님께서는 죄의 미래를 법으로 정하셨고 그것이 이루어지도록 허용하셨으며 막지 않으셨습니다. 따라서 행위에 깃든 모든 죄나 폭력성 등은 전적으로 피조물들과 그 마음에 있는 악한 탐욕과 정욕들로부터 흘러나오는 것입니다.

이처럼 한 사람이 돌을 들어 던지는 것은 자연스러운 행동이며, 그것은 하나님의 섭리로 인하여 그가 그렇게 할 수 있는 일입니다. 그러나 그 돌을 다른 사람에게 던지되 살인의 의도로 던지는 것도 하나님에 의해 허락된 일입니다. 그렇지 않다면 일어날 수 없는 일이기 때문입니다. 하나님의 섭리가 없이는 머리카락 한 올조차 우리 머리에서 떨어질 수 없는데, 한 사람이 살해당하는 일이 그의 허용이 없이 일어난다는 것은 생각할 수 없기 때문입니다. 또한 돌을 던져 사람을 살해하는 일은 전적으로 살인자의 마음속에 있는 악의와 사악함에서 나오는 것이며, 그것은 하나님께서 막지 않으시는 활동인 동시에 그 일은 하나님께서 그렇게 해야 할 의무가 조금도 없는 일입니다.

2. 하나님께서는 한 죄인을 자기 욕망의 흔들림에 버려두시고 그가 억제하는 은혜를 거부하는 일에 버려두십니다. 그래서 역대하

32장은 경건한 왕 히스기야에 대해 이렇게 말합니다. "그러나 바벨론 방백들이 히스기야에게 사신을 보내어 그 땅에서 나타난 이적을 물을 때에 하나님이 히스기야를 떠나시고 그의 심중에 있는 것을 다 알고자 하사 시험하셨더라"(대하 32:31). 그 억제하심이 죄인에게서 제거될 때 그는 거칠게 죄를 향해 돌진합니다.

3. 하나님께서는 죄를 묶으시며 인간들을 그들의 죄 속에 억제하십니다. 마치 하나님께서 거친 바다가 어느 정도까지 나가도록 허용하시지만 그 이상을 허용하지 않으시는 것과 같습니다. 하나님은 악인들에 대해 그러한 능력과 명령을 행하십니다. 그들은 자기들의 감정과 성향들의 주인이 아닙니다. 도리어 여러 차례 그들 자신이 굳게 결심하고 제안한 것과 정반대되는 일을 행합니다. 라반의 경우가 그러합니다. 그는 야곱이 밧단아람을 떠났을 때 야곱을 추격했습니다. 그는 야곱을 해할 악한 의도를 지니고 있었습니다. 야곱의 아내들과 자식들, 그의 짐승 떼들을 강탈하고, 그를 다시 자기 나라로 데려가기 위해서였습니다. 그러나 주께서 그를 통제하셨습니다. 창세기 32장이 말하는 대로 그 선한 족장과 우정의 언약 관계를 맺도록 영향을 미치셨습니다. 또한 에서 역시 야곱을 죽일 계획을 세웠습니다. 그를 만나면 죽일 목적으로 길을 나섰습니다. 그러나 섭리가 그 둘을 만나게 합니다. 성경은 이렇게 말합니다. "에서가 달려와서 그를 맞아서 안고 목을 어긋 맞기고 그와 입맞추고 피차 우니라"(창 33:4). 발람 역시 이스라엘을 저주할 분명한 의도를 가지고 나섰습니다. 하지만 그는 이스라엘을 축복하게 되었습니다. 하나님께서는 애

굽 백성들의 마음을 움직이시어 이스라엘 백성들에게 애정을 품게 하셨습니다. 그리하여 그들에게 금은보석들과 값비싼 외투들을 주어 크게 부요하게 한 후 떠나게 하셨습니다. 또한 역대하 18장 31절[1]을 보십시오. 거기에서 하나님은 여호사밧의 적들이 여호사밧을 죽이려 가까이 왔다가 알 수 없는 직관에 의해 그에게서 돌아서게 하셨습니다. 또한 역대하 22장에서는 하나님께서 그의 원수들이 서로 싸우게 하셔서 칼로 서로를 찌르게 하셨습니다. 이뿐 아닙니다. 하나님은 그리스도와 함께 십자가에 못박힌 자들의 다리를 꺾은 군병들을 통제하십니다. 그리하여 그리스도의 다리를 건드리지 못하게 하셨고 하나님의 어린 양 그리스도의 모형인 유월절 어린양의 뼈가 꺾이지 않도록 하신 자기 말씀이 성취 되게 하셨습니다. 따라서 시편 76편에서 말한 시편 기자의 말은 사실입니다. "진실로 사람의 노여움은 주를 찬송하게 될 것이요 그 남은 노여움은 주께서 금하시리이다"(시 76:10). 하나님께서는 악인의 입에 굴레를 씌우십니다. 그리하여 그들이 자기 욕망에 따라 가장 충동적 분노에 사로잡힐 때에도 자신의 뜻대로 그들을 돌이키시되, 어떤 일에 있어서는 통제하고 빗나가게 하시고 다른 이들에게는 방향을 바꾸게 하십니다.

4. 마지막으로 하나님께서는 모든 일들을 선한 목적을 향하도록 총체적으로 다스리십니다. 하나님은 악한 행위들 안에 한 가지 목적

---

1 대하 18:31 병거의 지휘관들이 여호사밧을 보고 이르되 이가 이스라엘 왕이라 하고 돌아서서 그와 싸우려 한즉 여호사밧이 소리를 지르매 여호와께서 그를 도우시며 하나님이 그들을 감동시키사 그를 떠나가게 하신지라

을 가지고 계시지만, 죄인은 다른 목적을 가지고 있습니다. 죄인은 악을 생각하고 의도하지만, 하나님은 그것들 모두를 통해 선을 작정하시고 계획하십니다. 요셉의 형제들이 그러했습니다. 그들은 잔인하게도 요셉을 노예로 팔고자 했고 그 어린 소년에게 악을 계획했습니다. 그러나 하나님은 그 일을 처리하실 때 그것이 선이 되도록 작정하셨고 거기로부터 요셉과 그의 아버지, 형제들 모두에게 선으로 귀결되는 많은 일을 끌어내셨습니다. 마찬가지로 유대인들이 악의를 가지고 그리스도를 십자가에 못박았지만, 하나님은 그 십자가 죽으심을 통해 인간들의 죄에 대한 자신의 공의를 만족시키고자 하셨고 택하신 백성의 구속과 구원을 계획하셨습니다. 이처럼 하나님은 가장 악한 일을 통해 선을, 그것도 가장 위대한 선을 끌어내십니다. 순결하신 하나님의 아들의 흉악한 죽음보다 더 큰 악이나 더 끔찍한 악행을 상상할 수 있습니까? 그분은 선을 행하시며 두루 다니셨고 거룩하시고 온순하시며 더럽지 않으시고 죄인들로부터 구별되는 분이셨습니다. 하지만 거기로부터 얼마나 놀랍고 엄청난 선이 이루어졌습니까! 하나님께 영광이요 사람들에게는 평화와 선한 뜻이 되는 일이었습니다.

하나님의 섭리의 특성

1. 하나님의 섭리는 가장 거룩합니다. 시편 145편은 이렇게 말합니다. "여호와께서는 그 모든 행위에 의로우시며 그 모든 일에 은혜로우시도다"(시 145:17). 비록 섭리 자체가 죄악된 행위들을 포함하고

그것과 연결되어 있다고 해도, 그것은 순결합니다. 마치 태양이 거름더미를 비춘다고 해도 태양이 그 더러움과 아무 연관이 없는 것과 같습니다. 왜냐하면 하나님은 물리적으로나 도덕적으로나 악한 행위가 나타내는 악의 원인이 아니시기 때문입니다. 그것은 다리를 저는 말을 탄 사람이 기우뚱거리는 일의 원인일 수 없는 것 이상으로 당연한 이치입니다. 죄악 된 행위 안에 속한 모든 악은 악을 행하는 장본인 안에서 진전되고 흘러나옵니다. 마치 거름더미의 악취가 태양의 열기로부터 나오는 것이 아니라 그 무더기 안에 담긴 더러운 물질로부터 나오는 것과 같습니다.

2. 하나님의 섭리는 가장 지혜롭습니다. 이사야 28장은 이렇게 말합니다. "이도 만군의 여호와께로부터 난 것이라 그의 경영은 기묘하며 지혜는 광대하니라"(사 28:29). 무한한 지혜는 그 활동에 있어서 항상 가장 탁월한 결과를 제시하고 그 결과를 이루기에 최고의 방법을 사용합니다. 그러나 섭리가 일하는 어리둥절하고 혼란스럽고 지혜 없어 보이는 모습은 우리에게 근시안적이고 무기력하여 매우 치명적인 것으로 보일 수도 있습니다. 하지만 그것들은 가장 높은 지혜요 가장 깊은 총명의 결과로서 '(유일하신) 지혜의 하나님'이라고 불리며 가장 위대한 지식으로 모든 일을 이끌어 가실 수밖에 없으신, 바로 그분으로부터 흘러나오고 이끌림을 받는 것입니다. 결국 장자들의 총회와 교회가 한 목소리로 하나님께서 모든 일을 온전케 하셨다고 외치게 될 날이 반드시 이르게 될 것입니다. 그날에 섭리의 계획은 모든 국면에서 가장 지혜롭고 가장 조화로우며 가장 일관

성을 지닌 것임이 드러나게 될 것입니다.

3. 하나님의 섭리는 가장 능력이 있습니다. 그래서 여호와께서 앗수르 왕 산헤립에게 이렇게 말씀하십니다. "네가 내게 향한 분노와 네 교만한 말이 내 귀에 들렸도다 그러므로 내가 갈고리를 네 코에 꿰고 재갈을 네 입에 물려 너를 오던 길로 끌어 돌이키리라 하셨나이다"(왕하 19:28). "왕의 마음이 여호와의 손에 있음이 마치 보의 물과 같아서 그가 임의로 인도하시느니라"(잠 21:1). 전능하신 그분의 뜻을 누가 거스를 수 있습니까? 그는 자기 목적을 이루는 일에 결코 실패할 수 없으십니다. 도리어 모든 일들은 효력 있고 불가항력적인 그의 명령에 따라 이루어집니다.

하나님의 섭리를 숙고할 때 얻는 교훈

1. 하나님의 섭리를 이용하여 여러분의 죄를 변명하려고 하지 않도록 주의해야 합니다. 왜냐하면 섭리는 가장 거룩한 것이며, 여러분이 범하는 그 어떤 죄에 조금도 영향을 미치지 않기 때문입니다. 모든 죄는 하나님을 향한 반역 행위입니다. 그의 거룩한 법의 위반이며 그의 진노와 저주를 받기에 합당한 것입니다. 따라서 무한히 거룩하신 하나님으로부터 인정받을 수 없는 것입니다. 그분은 혐오와 증오심이 아니고는 악을 참아 보지 못하시는 순결한 눈을 지닌 분이십니다. 비록 그가 허용적 작정으로 도덕적 악이 이 세상에 존재하도록 허락하셨다고 할지라도, 그 죄를 저지르는 죄인에게는 어

떠한 영향도 미치지 않으십니다. 비록 모든 육체적 존재들에게는 절대적 비밀이 속한 일이지만, 그들이 범죄하는 것은 하나님의 작정을 성취하기 위함이 아니라, 죄인들 자신의 탐욕과 비뚤어진 경향성을 만족시키기 위함입니다. 즉, 그들은 자신들이 의도하고 바라는 성향의 만족을 위해 죄를 범하는 것입니다.

2. 어떤 섭리 가운데 있다고 하더라도 불평하거나 원망하지 않도록 주의해야 합니다. 지혜롭고 거룩한 섭리가 아니고는 어떤 일도 여러분에게 일어나지 않는다는 사실을 기억하면서 말입니다. 그 섭리는 여러분에게 가장 알맞고 가장 적합한 것이 무엇인지 알고 있습니다. 또한 모든 경우, 특별히 여러분에게 임하는 가장 고통스러운 상황 속에서라도, 하나님의 뜻에 순복하기를 배우십시오. 욥이 그러했던 것처럼 말입니다. 그는 자신에게 닥친 가장 무거운 연속적인 재난을 경험한 후, 욥기 1장에서 "주신 이도 여호와시요 거두신 이도 여호와시오니 여호와의 이름이 찬송을 받으실지니이다"(욥 1:21)라고 말했습니다. 제자들도 사도행전 21장에서 가장 슬픈 상황 속에 떨어졌을 때 "주의 뜻대로 이루어지이다"(행 21:14)라고 말했습니다.

3. 이 세상을 지나는 동안 염려나 불신에 떨어지지 않도록 주의해야 합니다. 이 점은 우리 주님께서 마태복음 6장에서 자기를 따르는 자들에게 주의를 촉구하셨던 바입니다. "그러므로 염려하여 이르기를 무엇을 먹을까 무엇을 마실까 무엇을 입을까 하지 말라"(마

6:31). 마태복음 10장 28-29절[2]의 교훈대로 사람들에 대한 두려움 때문에 의무 이행을 절대 멈추지 않도록 하십시오. 도리어 여러분의 영혼으로 하나님 신뢰함을 배우게 하십시오. 그가 어떤 손으로 그 일들을 이루어 가시든지 말입니다. 하나님은 섭리가 낳는 모든 사건과 과정들을 이끄시고 감독하는 분이십니다.

4. 수단들을 경시하지 마십시오. 그것들을 사용하시는 분이 하나님이라는 사실을 명심하면서 말입니다. 또한 목적을 세우시고 그것을 성취하는데 필요한 수단들을 명하신 분도 하나님이라는 사실을 기억하면서 말입니다. 그러나 수단들을 의지하지도 마십시오. 마태복음 4장 4절[3]이 말하듯, 그것들은 하나님이 없이는 아무것도 할 수 없기 때문입니다. 수단과 방법이 안 보인다고 해도 낙심하지 마십시오. 하나님은 그것들을 사용하기도 하시지만, 그것들 없이도 일하실 수 있는 분이시기 때문입니다. 호세아 1장은 이렇게 말합니다. "그러나 내가… 그들의 하나님 여호와로 구원하겠고 활과 칼이나 전쟁이나 말과 마병으로 구원하지 아니하리라 하시니라"(호 1:7). 만일 그 수단이 적절해 보이지 않는다 해도 그는 그것들 위에서 일하실 수 있는 분이십니다. 로마서 4장을 보십시오. "그가 백 세나 되어 자기 몸이 죽은 것 같고 사라의 태가 죽은 것 같음을 알고도 믿음이 약하

---

2 마 10:28-29 몸은 죽여도 영혼은 능히 죽이지 못하는 자들을 두려워하지 말고 오직 몸과 영혼을 능히 지옥에 멸하실 수 있는 이를 두려워하라 참새 두 마리가 한 앗사리온에 팔리지 않느냐 그러나 너희 아버지께서 허락하지 아니하시면 그 하나도 땅에 떨어지지 아니하리라

3 마 4:4 예수께서 대답하여 이르시되 기록되었으되 사람이 떡으로만 살 것이 아니요 하나님의 입으로부터 나오는 모든 말씀으로 살 것이라 하였느니라 하시니

여지지 아니하고"(롬 4:19). 만일 그 수단들이 도움이 되기보다 정반대
될 때도 그분은 그 수단을 통해 일하실 수 있습니다. 요나를 삼킨 고
래를 통해 그를 구원하신 것처럼 말입니다. 물고기는 요나를 삼켰지
만 섭리의 지도를 따라 그를 마른 땅에 토해 내었습니다.

5. 마지막으로 여호와를 자기 하나님으로 삼은 백성은 복이 있습
니다. 왜냐하면 모든 일이 그들을 위해 선을 이룰 것이기 때문입니
다. 어떤 일이 닥친다 해도 그들은 하나님에 대한 실천적 믿음들 안
에서 안전할 수 있습니다. 그들은 기도의 근거를 지니고 있습니다.
왜냐하면 하나님은 기도를 들으시는 하나님이시며 이 세상에서 그
들의 모든 관심사에 대해 질문을 받아 주시는 분이시기 때문입니다.
또한 그들은 섭리가 일으키는 모든 사건들 속에서 가장 큰 용기와
위로를 얻을 수 있는 근거를 지니고 있습니다. 그 일들이 하나님과
은혜로우신 친구와 맺은 언약에 의해 다루어지고 있다는 사실을 기
억하면서 말입니다. 자기의 사랑하는 백성들의 염려가 무엇이든 그
분은 그들을 결코 외면하거나 못 본 체하지 않으실 것입니다. 왜냐
하면 히브리서 13장에서 이렇게 말씀하셨기 때문입니다. "그가 친히
말씀하시기를 내가 결코 너희를 버리지 아니하고 너희를 떠나지 아
니하리라 하셨느니라"(히 13:5).

섭리의 나타남에 대한 실제적 관찰(practical observation)

가장 먼저 섭리의 대상들과 관련하여 살펴볼 수 있습니다. 그 대

상은 모든 피조물과 그들의 모든 행위입니다. 이제 우리가 할 일은,

첫째, 보이지 않는 세계를 들여다보고 거기에서 섭리의 자취를 따라가 보는 것입니다. 그리스도인의 특성은 하나님의 손이 그들에게 임하기 전에 있었던 곳을 바라보고 알고 싶어 하는 것입니다. 다윗은 시편 139편에서 이렇게 말합니다. "내가 하늘에 올라갈지라도 거기 계시며 스올에 내 자리를 펼지라도 거기 계시니이다"(시 139:8). 하나님은 섭리의 손을 가지고 거기 계십니다. "거기서도 주의 손이 나를 인도하시며 주의 오른손이 나를 붙드시리이다"(시 139:10). 또한 사도는 고린도후서 4장에서 신자의 특성이 그러한 것임을 밝힙니다. "우리가 주목하는 것은 보이는 것이 아니요 보이지 않는 것이니"(고후 4:18).

우선 보이지 않는 그 세상의 낮은 곳을 바라봅시다. 어둠의 왕국 말입니다. 여러분은 거기에서 마귀들과 저주받은 인간들의 영과 그들에 대한 하나님의 섭리가 두려운 방식으로 있는 것도 보게 될 것입니다. 섭리의 두려운 거미줄이 그들을 휘감고 있습니다.

1. 마귀들과 관련하여, 그들을 다스리는 두려운 섭리를 바라보십시오. 거기서 주목할 것은 다음과 같습니다.

(1) 한 때 영광스러운 피조물이었던 그들이 지금은 어떻게 회복 불능으로 잃어버린 상태가 되어 확실하고 두려운 심판을 기다리게 되었는지 보십시오. 베드로후서 2장은 이렇게 말합니다. "하나님이 범죄한 천사들을 용서하지 아니하시고 지옥에 던져 어두운 구덩이에 두어 심판 때까지 지키게 하셨으며"(벧후 2:4). 유다서도 보십시오.

"또 자기 지위를 지키지 아니하고 자기 처소를 떠난 천사들을 큰 날의 심판까지 영원한 결박으로 흑암에 가두셨으며"(유 1:6). 하나님의 이러한 일하심으로부터 그의 공의의 엄위함을 바라보고 배우십시오. 또한 어떠한 본성적 탁월함도 죄로 한번 더럽혀진 후에는 그 피조물을 진노로부터 지켜줄 수 있는 방법이 없다는 것을 바라보고 배우셔야 합니다. 그들은 거룩한 율법의 경계를 깨뜨리는 모험을 행한 첫 장본인들입니다. 하나님께서는 그들을 온 창조 세계에 두려운 증표로 세우셨습니다. 하나님의 능력을 보십시오. 마귀들 스스로의 힘으로는 그의 손에서 빠져나올 수 없는 것입니다. 또한 히브리서 2장 16절[4]이 말하듯, 그들에게는 주지 않으셨지만, 인간을 위해서는 구주를 보내주신 주의 자비하심을 깨달으십시오.

(2) 그럼에도 불구하고 이 악한 피조물들이 옥에 갇히지 않고 세상을 두루 다니도록 허용되었다는 것을 보십시오. 그럼에도 불구하고 이 세상이 그들로부터 방해받지 않고 일반적으로 인간의 거주가 가능하게 된 것을 보십시오. 아주 가끔 매우 이례적인 경우에만 그들은 인간을 괴롭힙니다. 욥기 2장의 욥의 경우처럼 특별한 섭리적 허용이 있을 때입니다. 세상의 이러한 보편적 상황은 섭리가 지닌 변함 없는 놀라움입니다. 우리가 지금까지 집에서나 들판에서 그것들의 훼방 없이 이러한 평안을 누리는 것이 어떻게 가능합니까? 그들의 의지나 본성적 능력의 부족 때문이 아닙니다. 세상의 악함에도 불구하고, 그들 위에 머물고 항상 붙잡는 섭리의 통제하심 때문입니

---

4 히 2:16 이는 확실히 천사들을 붙들어 주려 하심이 아니요 오직 아브라함의 자손을 붙들어 주려 하심이라

다. 이러한 사실을 감사함으로 관찰하고 주의 자비를 깨달으십시오.

2. 하나님의 진노 아래 지옥에 있는 저주받은 영들에 관한 두려운 섭리를 주목하고 그들이 얼마나 불행한 상태에 있는지 바라보십시오. 누가복음 16장은 그들에 대해 이렇게 말합니다. "그가 음부에서 고통 중에 눈을 들어 멀리 아브라함과 그의 품에 있는 나사로를 보고"(눅 16:23). 데살로니가후서 1장에서는 "주의 얼굴…을 떠나 영원한 멸망의 형벌을 받은"(살후 1:9) 존재로 회복의 모든 소망을 영원히 상실한 자들이라 말합니다. 또한 우리가 해야 할 일을 신속히 할 수 있는 지금이 얼마나 귀한 시간인지 배우십시오. 죄와 세상의 속임수가 어떠한 지를 배우고, 하나님께서 죄인들을 오래 참으신다고 할지라도, 최종적으로 내리시는 심판이 얼마나 엄위한 것인지를 배우십시오. 여러분이 지금 은혜의 수단 아래서 영광의 소망을 가지고, 산 자의 땅에 살고 있다는 것이 주의 긍휼이라는 점도 깨달으십시오.

그 다음으로, 눈에 보이지 않는 세상의 윗 부분을 바라보십시오. 그곳은 축복의 영역입니다. 거기서 여러분은 섭리의 영광스러운 거미줄에 휩싸여 선함과 자비를 누리며, 빛을 발하는 온전케 된 의인들의 영과 천사들을 보게 될 것입니다. 섭리에 관한 대요리문답을 살펴보십시오.

복된 천사들에 관하여는 다음의 사실들을 주목하십시오.

1. 디모데전서 5장 21절[5]이 말하듯, 그들이 어떻게 거룩하고 행복하게 지음 받았는지를 주목하십시오. 그들은 타락한 천사들과 동일한 변화가 가능한 본질을 가진 존재들이었습니다. 그러나 하나님께서 그들을 붙드셨고 이제 타락할 수 없다는 점을 그들에게 보장하셨습니다. 여기서 전능한 은혜의 능력을 배우십시오. 그 능력은 다른 존재들이 타락할 때에도 한 위태로운 피조물을 세우실 수 있습니다. 하나님의 뜻을 기쁘게 행하는 그들은 얼마나 행복한 존재들입니까? 하늘에 있는 천사들이 바로 그러합니다. 교만이 빛나는 위선자들이 타락하여 멸망할지라도 두려워 떠는 성도들은 견고히 설 것입니다.

2. 하나님의 능력과 긍휼, 공의를 행하는 일에 그들이 어떻게 쓰임 받는지 주목하십시오. 열왕기하 19장 35절[6]을 보십시오. 하룻밤에 여호와의 사자가 나와서 앗수르 진영에서 군사 십팔만 오천 명을 치셨습니다. 히브리서 1장도 보십시오. "모든 천사들은 섬기는 영으로서 구원 받을 상속자들을 위하여 섬기라고 보내심이 아니냐"(히 1:14). 하나님께서는 자기 자녀들을 돌보시기 위해 그들을 보내십니다. 그 자녀들은 의심의 여지 없이 그들의 손으로부터 많은 도움을 받습니다. 그들이 의식하지 못하는 도움들입니다. 그 천사들을 보내시는 하나님의 자비와 그러한 임무를 수행하면서 나타내는 하나님

---

5 딤전 5:21 하나님과 그리스도 예수와 택하심을 받은 천사들 앞에서 내가 엄히 명하노니 너는 편견이 없이 이것들을 지켜 아무 일도 불공평하게 하지 말며

6 왕하 19:35 이 밤에 여호와의 사자가 나와서 앗수르 진영에서 군사 십팔만 오천 명을 친지라 아침에 일찍이 일어나 보니 다 송장이 되었더라

과 인간들을 향한 그들의 사랑을 깨달으십시오. 이 살아있는 피조물들은 그들 곁에 앞으로 진행하는 바퀴들을 지니고 있습니다.

복된 영혼들이 하나님을 즐거워하는 일에 있어서 얼마나 복되고 행복한 자들인지 주목하십시오. 그들과 그 얼굴의 빛 사이에는 어떤 구름도 가려서 방해할 수 없습니다. 히브리서 12장 23절과 누가복음 16장 22절을 보십시오.[7] 이 사실 속에서 이 세상의 헛됨을 배우십시오. 또한 이 세상이 없이 우리가 얼마나 행복할 수 있는지도 배우십시오. 그렇습니다. 우리가 이 세상 너머에 이르기까지 결코 온전히 행복할 수 없습니다. 영혼 속에 뿌려진 은혜의 씨앗에 대한 추수는 얼마나 풍성할 것이며, 거룩함이 어떻게 우리를 완전한 행복에 이르게 하는지를 배우십시오. 주의 넘치는 은혜는 얼마나 놀라운 것인지, 그 은혜는 여기서 그를 섬기는 자들을 그의 궁정에 이르게 하며 영광 가운데 그분 자신을 온전히 즐거워하도록 그들을 이끕니다.
　보이지 않는 세상에 나타나는 섭리의 증거는 이 정도 말하는 것으로 충분할 것입니다.

둘째, 눈에 보이는 세상을 바라보고 거기 나타나는 섭리를 추적해 보십시오. 주의 손이 그가 만드신 이 피조물들에게 어떻게 지속적으로 역사하는지를 보십시오. 요한복음 5장이 말하는 내용대로 말

7　히 12:23 하늘에 기록된 장자들의 모임과 교회와 만민의 심판자이신 하나님과 및 온전하게 된 의인의 영들과
　　눅 16:22 이에 그 거지가 죽어 천사들에게 받들려 아브라함의 품에 들어가고 부자도 죽어 장사되매

입니다. "내 아버지께서 이제까지 일하시니 나도 일한다"(요 5:17).

1. 활동성이 없는 또는 생명 없는 피조물들을 생각해보십시오. 다른 대상들 뿐 아니라 그것들 역시 섭리의 대상들입니다. 그것들은 자기를 다스릴 능력이 없습니다. 단지 그들을 만드신 분이 그것들의 목적에 이르도록 이끄실 뿐입니다.

천체와 태양, 달과 별들은 지혜로운 섭리의 다스림 안에 있습니다. 그것들은 창세기 1장에서 가장 먼저 명령을 받았습니다. "하나님이 두 큰 광명체를 만드사 큰 광명체로 낮을 주관하게 하시고 작은 광명체로 밤을 주관하게 하시며 또 별들을 만드시고"(창 1:16). 또한 그들은 그 이후로 여전히 이 명령들에 귀를 기울이고 있습니다. 시편 104편을 보십시오. "여호와께서 달로 절기를 정하심이여 해는 그 지는 때를 알도다"(시 104:19). 때때로 어떤 특별한 명령에 의해 그들은 자기들의 일반적인 경로를 이탈하기도 합니다. 여호수아 시대처럼 말입니다. 여호수아 10장 12-13절을 보십시오. 그때 하루 종일 태양이 기브온에 멈춰 섰고 달은 아얄론 골짜기에 머물렀습니다. 태양이 자신에게 할당된 경로를 지키는 것은 하나님의 명령 때문입니다. 왜냐하면 만일 그것이 제 마음대로 움직인다면 우리 지구는 타버리거나 얼어붙을 것이 분명하고 땅 위에서 우리가 살 수 없을 것이기 때문입니다. 바로 이 하늘의 천체들이 우리의 필요에 맞춰 정확하게 자기 경로를 지키게 하신 주의 자비는 얼마나 놀라운 것이며, 인간의 무질서에 대해 하나님께서 이 천체들을 무질서와 혼돈 속으로 떨어뜨려 보복하지 않으신 은혜는 또 얼마나 놀라운 것입니까!

포효하는 바다도 섭리의 활동 아래 있습니다. 하나님께서는 그
것을 유모가 갓난아기를 다루시는 것만큼이나 쉽게 다루십니다. 유
모는 아기를 포대기에 감싸서 요람에 누입니다. 유모가 아기를 거기
머물게 하는 동안 아기는 거기에서 나올 수 없습니다. 욥기 38장은
이렇게 말합니다. "이르기를(섭리가 이 요동치는 요소를 향하여 말합니다) 네
가 여기까지 오고 더 넘어가지 못하리니 네 높은 파도가 여기서 그
칠지니라 하였노라"(욥 38:11). 아, 하나님의 일하심을 바라보고 그의
자비를 배우십시오. 시편 104편을 보십시오. "여호와여 주께서 하신
일이 어찌 그리 많은지요 주께서 지혜로 그들을 다 지으셨으니 주
께서 지으신 것들이 땅에 가득하니이다 거기에는 크고 넓은 바다가
있고 그 속에는 생물 곧 크고 작은 동물들이 무수하니이다 그 곳에
는 배들이 다니며 주께서 지으신 리워야단이 그 속에서 노나이다"(시
104:24-26). 그의 위대하심을 생각하고 그를 경외하십시오. 마태복음
8장은 이렇게 말합니다. "이이가 어떠한 사람이기에 바람과 바다도
순종하는가"(마 8:27). 이사야 28장 2절[8]이 말하듯, 이토록 전능하신
이 앞에서 두려워하십시오. 여러분이 이 세상에서 만나는 온갖 요
동치는 문제들 아래 있을 때 이러한 사실들로 자신의 마음을 잔잔케
하십시오. 왜냐하면 그 문제들은 그분이 그저 "고요하라 잠잠하라"
라고 말씀하시는 것으로 충분하기 때문입니다. 시편 93편은 이렇게
말합니다. "높이 계신 여호와의 능력은 많은 물 소리와 바다의 큰 파

---

8 사 28:2 보라 주께 있는 강하고 힘 있는 자가 쏟아지는 우박 같이, 파괴하는 광풍 같이, 큰 물이
넘침 같이 손으로 그 면류관을 땅에 던지리니

도보다 크니이다"(시 93:4).

그 누구도 붙잡을 수 없는 공기와 바람도 전적으로 섭리의 통제 아래 있습니다. 사람이 볼 때는 "바람이 임의로 불매"(요 3:8)라고 하지만, 하나님과 관련해서는 앞서 인용한 마태복음 8장 27절 말씀과 같습니다. 그것은 얼마나 놀라운 일입니까(시편 147편 15-18절[9]에서 말하는 폭풍우나 우박, 비나 눈을 이야기하는 것이 아닙니다)! 그처럼 가늘고 눈에 보이지도 않는 몸체가 공중의 모든 새들을 떠받치고 무거운 구름을 지탱하며 그것들을 이곳저곳으로 옮길 수 있다는 점이 말입니다. 그래서 우리는 시편 18편처럼 말하게 됩니다. "그룹을 타고 다니심이여 바람 날개를 타고 높이 솟아오르셨도다"(시 18:10). 그렇습니다. 그분은 바람의 날개를 타고 날으십니다! 그렇다면 어떻게 하나님께서 우리를 도우실 수단을 잃어버리실 수가 있겠습니까? 그분은 공기로 가득한 세상에 충만하십니다. 공기와 바람은 우리 주변에 있고, 우리 안에 있으며, 우리 콧구멍과 우리 내장 속에 있습니다. 아니, 우리 몸의 모든 모공 안에 있습니다. 그렇습니다. 그것 없이는 우리는 호흡할 수 없을 것입니다. 단지 보이지 않을 뿐입니다. 그렇다면 그것을 만드신 하나님께서 모든 곳에 계신다고 생각하는 것이 이상한 일이겠습니까? 그렇지 않습니다. 그분은 우리 안팎에 계십니다. 보이지 않으실지라도 말입니다. 만일 그분이 공기 안에 전염성 기체를 섞어 놓으셨다면 우리는 죽은 송장에 지나지 않습니다. 마치 우리가

---

9 시 147:15-18 그의 명령을 땅에 보내시니 그의 말씀이 속히 달리는도다 눈을 양털 같이 내리시며 서리를 재 같이 흩으시며 우박을 떡 부스러기 같이 뿌리시나니 누가 능히 그의 추위를 감당하리요

마시는 물에 독약이 섞인 것처럼 말입니다. 그분은 우리가 들이쉬는 모든 호흡에 함께 계십니다. 따라서 우리는 전적으로 주님께 의존되어 있습니다. 아, 그러므로, 이러한 점에서 주님의 넘치는 자비를 깨달으십시오.

땅 역시 동일하게 지혜로운 섭리의 다스림과 돌봄 아래 있습니다. 그분이 그것을 만드셨고 그것은 위대한 작업이었습니다. 그가 그것을 보존하시고 다스리시되 또 다른 면에서 그러합니다. 그가 그것을 붙드십니다. 히브리서 1장 3절[10]이 말하듯 말입니다. 땅은 우리를 지탱합니다. 그렇다면 땅을 지탱하는 것은 무엇입니까? 여러분은 그것이 무한하거나 한계가 없이 넓은 것으로 생각할 수 없습니다. 따라서 그것은 우리가 서 있는 곳 반대쪽의 다른 면이 있어야 마땅합니다. 그렇습니다. 하나님의 능력 있는 섭리로 땅이 공처럼 허공에 떠 있는 것입니다. 욥기 26장은 말합니다. "그는 북쪽을 허공에 펴시며 땅을 아무것도 없는 곳에 매다시며"(욥 26:7). 아, 그렇다면, 우리 하나님께 너무 어려워서 하기 힘드신 일이 있겠습니까? 그분은 땅과 그 지면과 내부를 자신의 부요함으로 가득 채우십니다. 시편 104편 24절[11]을 보십시오. 그러나 인간이 쓰기에 가장 적합한 것들은 접근하기 쉬운 지면에 있습니다. 욥기 28장이 말하듯이 말입니다. 그분이 그것들을 자라게 하시고 그것들이 우리를 자라게 합니다. 신명기 11장 11절과 호세아 2장 21-22절을 보십시오.[12] 그것들의 힘이

---

10 히 1:3 그의 능력의 말씀으로 만물을 붙드시며

11 시 104:24 여호와여 주께서 하신 일이 어찌 그리 많은지요 주께서 지혜로 그들을 다 지으셨으니 주께서 지으신 것들이 땅에 가득하니이다

12 신 11:11 너희가 건너가서 차지할 땅은 산과 골짜기가 있어서 하늘에서 내리는 비를 흡수하는

쇠약해질 때 그가 하늘로부터 주시는 새 도움으로 새롭게 하십니다. 시편 104편 30절[13]을 보십시오. 대홍수 이후로 약속이 주어졌습니다. 창세기 8장이 말하는, "땅이 있을 동안에는 심음과 거둠과 추위와 더위와 여름과 겨울과 낮과 밤이 쉬지 아니하리라"(창 8:22)라는 약속은 정확하게 성취되어 왔습니다. 아, 이 모든 사실 안에서 주의 넘치는 자비를 깨달으십시오. 그분은 얼마나 은혜로우시고 풍성하신 하나님이십니까! 또한 자기 백성들에게 주신 그의 모든 약속들이 어떻게 성취될 것인지를 배우십시오.

2. 세상의 모든 식물을 생각해보십시오. 그것들은 생명을 지니고 있지만 감각은 없는 나무나 풀 같은 것입니다. 섭리는 그러한 것들을 어떻게 돌보고 살피고 있습니까? 우리 주님은 우리가 이러한 대상들을 바라보도록 부르십니다. 그것들을 통해 주의 자비를 깨달으라고 요청하십니다. 마태복음 6장은 이렇게 말합니다. "들의 백합화가 어떻게 자라는가 생각하여 보라 수고도 아니하고 길쌈도 아니하느니라"(마 6:28). 들판의 백합은 정원에서 피는 백합처럼 인간의 돌봄을 받지 않습니다. 하지만 섭리가 그들을 돌봅니다. 이 사실은 우리에게 염려를 내려놓고 하나님을 신뢰하라고 가르칩니다. 마태복음 6장 30절[14]을 보십시오. 섭리로 말미암아 땅이 어떻게 인간의 필요뿐

땅이요

호 2:21-22 여호와께서 이르시되 그 날에 내가 응답하리라 나는 하늘에 응답하고 하늘은 땅에 응답하고 땅은 곡식과 포도주와 기름에 응답하고 또 이것들은 이스르엘에 응답하리라

13 시 104:30 주의 영을 보내어 그들을 창조하사 지면을 새롭게 하시나이다

14 마 6:30 오늘 있다가 내일 아궁이에 던져지는 들풀도 하나님이 이렇게 입히시거든 하물며 너희 일까보냐 믿음이 작은 자들아

아니라 자기들의 편의와 기쁨에 따라 식물을 내놓는지 보십시오. 시편 104편은 그 내용을 이렇게 소개합니다. "그가 가축을 위한 풀과 사람을 위한 채소를 자라게 하시며 땅에서 먹을 것이 나게 하셔서 사람의 마음을 기쁘게 하는 포도주와 사람의 얼굴을 윤택하게 하는 기름과 사람의 마음을 힘있게 하는 양식을 주셨도다 여호와의 나무에는 물이 흡족함이여 곧 그가 심으신 레바논 백향목들이로다 새들이 그 속에 깃들임이여 학은 잣나무로 집을 삼는도다"(시 104:14-17). 이토록 선하신 하나님을 우리가 사랑하고 기쁘게 섬겨야 하지 않을까요? 모든 풀 무더기는 하나님의 넘치는 자비하심에 대한 설교자입니다.

3. 세상의 모든 동물을 생각해보십시오. 생명과 감각은 지니고 있지만 이성은 없는 존재들 말입니다. 새와 짐승, 그리고 물고기입니다. 얼마나 엄청난 크기의 가족들이 창조주의 섬김으로 부양되고 있는지를 주목하십시오. 우리가 섭리를 신뢰하지 않는다고 해도 얼마나 헤아릴 수 없이 많은 무리들이 순수하게 섭리에 의존하고 있습니까? 시편 104편은 이렇게 말합니다. "이것들은 다 주께서 때를 따라 먹을 것을 주시기를 바라나이다"(시 104:27). 이 제공을 생각해보십시오. 거기서 여러분이 볼 수 없는 것을 믿는 법을 배우시기 바랍니다. 마태복음 6장은 이렇게 말합니다. "공중의 새를 보라 심지도 않고 거두지도 않고 창고에 모아들이지도 아니하되 너희 하늘 아버지께서 기르시나니 너희는 이것들보다 귀하지 아니하냐"(마 6:26). 왜냐하면 섭리는 사람들을 위해 아무 일도 하지 않는 자들을 위해 일하

기 때문입니다. 시편 147편을 보십시오. "들짐승과 우는 까마귀 새끼에게 먹을 것을 주시는도다"(시 147:9). 또한 섭리가 어떻게 이들을 인간들에게 종처럼 복종하게 하는지를 생각해보십시오. 말이나 소가 주인들에게 힘이 되어 주는 것처럼 말입니다. 하지만 인간의 얼굴은 그들을 슬프게 합니다. 더 두드러진 특징은 인간이 죄로 말미암아 피조물에 대한 다스림을 박탈당했다는 점입니다. 하지만 이 부분은 섭리가 날마다 실행에 옮기는 창세기 9장 말씀의 은혜로 해결되어야만 합니다. "땅의 모든 짐승과 공중의 모든 새와 땅에 기는 모든 것과 바다의 모든 물고기가 너희를 두려워하며 너희를 무서워하리니 이것들은 너희의 손에 붙였음이니라"(창 9:2). 아, 하나님이 정하신 말씀의 지닌 능력은 얼마나 큰 것입니까!

4. 세상의 이성적 분야를 생각해보십시오. 생명과 감각, 그리고 이성을 지닌 인간들 말입니다. 이들 안에서 섭리는 가장 밝은 빛을 드러냅니다. 인간은 창조의 종합입니다. 천사처럼 영을 지니고 있고 나머지 피조물처럼 몸을 지니고 있습니다. 또한 그는 하늘의 특별한 돌보심 아래 있습니다. 바로 이 점이 우리가 살피는 핵심 내용입니다.

첫째, 우리는 사회를 향한 섭리의 나타남을 주목해야 합니다. 우리와의 관계가 가까운 것일수록, 우리는 그것들을 더욱 세밀하게 관찰해야 합니다.

(1) 나라, 교회, 회중, 가족 등과 같은 이 세상에 있는 사람들의 모임을 살펴봅시다.

1) 하나님의 능력, 지혜, 선하심과 공의로우심 등의 상당 부분은 나라들과 여러 지역에서 일어나는 혁명과 변화들로부터 배울 수 있습니다. 그 일들은 우리로 공공의 일에 대한 지식에 호기심을 자극하도록 만들어야 합니다. 최근 영국에 얼마나 영광스러운 섭리의 광경이 벌어졌는지 모릅니다. 파멸의 벼랑 끝에 서 있는 우리에게 구원을 안겨준, 나라와 교회에 임한 놀라운 자비로 빛나는 역사입니다. 적들의 교묘한 계획을 한순간에 무력화시키는 일로 지혜의 깊이가 나타났습니다. 높아만 가던 그들의 소망을 순식간에 무너뜨리는 전능한 능력도 나타났습니다. 돌을 굴리던 사람들의 머리에 그 돌이 떨어지게 만들고 여러 해 전에 흘린 성도들의 피 값을 묻는 빛나는 공의도 나타났습니다.

2) 하나님의 교회를 향한 섭리는 중점적으로 살펴봐야 합니다. 사무엘상 4장 13절[15]을 보십시오. 천사들도 교회를 통해 무엇인가를 배우기 위해 그 일을 주목합니다. 에베소서 3장 10절[16]도 보십시오. 교회가 관심을 기울여야 하는 일은 섭리의 수레바퀴 위에 나타나는 가장 위대한 일입니다. 세상에 나타나는 하나님의 모든 위대한 역사는 아니라고 할지라도, 하나님은 대부분의 역사 안에서 자기 교회를 바라보는 눈을 가지고 계십니다. 교회가 하나님을 위해 존재하듯, 다른 일들도 교회를 위해 존재합니다.

특별히 우리는 스코틀랜드 교회를 향해 일하시는 섭리를 주목해

---

15 삼상 4:13 그가 이를 때는 엘리가 길 옆 자기의 의자에 앉아 기다리며 그의 마음이 하나님의 궤로 말미암아 떨릴 즈음이라 그 사람이 성읍에 들어오며 알리매 온 성읍이 부르짖는지라

16 엡 3:10 이는 이제 교회로 말미암아 하늘에 있는 통치자들과 권세들에게 하나님의 각종 지혜를 알게 하려 하심이니

야 합니다. 우리가 구성원으로 속해 있는 교회입니다. 그 섭리는 경탄스러울 만큼 지금까지 자비와 심판이 섞여 나타났습니다. 아마도 사도 시대 이후로 존재해 온 모든 교회도 그러했을 겁니다. 교회가 평화와 순결의 모습으로 지극히 높임을 받았던 때도 있고, 또 한없이 낮아진 때도 있었습니다. 교회는 얼마나 자주 파멸의 위기를 맞이했으며 또 얼마나 자주 놀랍게 보존되어 왔습니까! 교회의 신실한 벗들이 얼마나 특별한 방식으로 하나님의 품에 안겼으며 교회의 원수들은 또 얼마나 하나님의 가증히 여기는 자라는 두드러진 증표를 얻었습니까! 하지만 우리가 주목해야 할 더 특별한 일들이 있습니다. 우리는 교회의 회중들을 향한 섭리의 방식과 여러 모습을 주목해야 하는 것입니다. 주께서 어떻게 우리를 다루어 오셨고 현재 다루고 계시는지를 주목해야 합니다. 그래서 우리가 그의 경륜에 순응하고 그의 부르심에 응답할 수 있게 해야 합니다.

3) 가족들을 향한 섭리도 주목해야 합니다. 때때로 주님은 가정에 번성의 따스한 햇빛을 비추도록 하시지만 때로는 하늘이 험악한 모습으로 그들 위에 머물게 하실 때도 있습니다. 세상의 모든 다른 사회기관들처럼 가정들 역시 부침을 겪습니다. 시편 기자는 그 점을 아름답게 묘사합니다. 시편 107편을 보십시오. "또 복을 주사 그들이 크게 번성하게 하시고 그의 가축이 감소하지 아니하게 하실지라도 다시 압박과 재난과 우환을 통하여 그들의 수를 줄이시며 낮추시는도다... 궁핍한 자는 그의 고통으로부터 건져 주시고 그의 가족을 양 떼 같이 지켜 주시나니"(시 107:38-39, 41). 욥이 자기 가족들에게 임한 섭리의 일하심을 슬픔 속에서 어떻게 바라보았는지 보십시오. 욥

기 29장 2-5절[17]의 내용입니다. 또한 다윗이 임종의 침상 위에서 자신의 가정사를 어떻게 겸손히 바라보았는지도 보십시오. 사무엘하 23장 5절[18]입니다.

하나님께서는 최근 이러저러한 방식으로 드물지만 몇몇 가정을 방문하셨습니다. 그의 음성이 이 땅뿐 아니라 그들의 집에 울려 퍼졌습니다. 거기 나타난 섭리의 동일한 내용을 주목하고 그 언어를 읽어내며 거기에 담긴 목적에 반응하는 것이 우리의 의무입니다.

둘째, 특정 개인을 향한 섭리의 나타남을 주목해 보아야 합니다. 왜냐하면 각 사람을 다루시는 하나님의 방법으로부터 우리는 무엇인가를 배울 수 있기 때문입니다.

1. 경건한 사람이든 악한 사람이든 다른 사람을 향한 섭리에서 배울 수 있습니다. 시편 37편을 보십시오. 거기서 시편 기자가 자기 나름의 시각을 가지고 세상에서 자신을 살피며, 자신을 바로 세우기 위해 다른 사람의 불행과 행복 모두로부터 무엇인가를 배우는데, 그것은 시편 기자의 실천이었습니다. "내가 악인의 큰 세력을 본즉 그 본래의 땅에 서 있는 나무 잎이 무성함과 같으나 내가 지나갈 때에 그는 없어졌나니 내가 찾아도 발견하지 못하였도다 온전한 사람을 살피고 정직한 자를 볼지어다 모든 화평한 자의 미래는 평안이로

---

17 욥 29:2-5 나는 지난 세월과 하나님이 나를 보호하시던 때가 다시 오기를 원하노라 그때에는 그의 등불이 내 머리에 비치었고 내가 그의 빛을 힘입어 암흑에서도 걸어다녔느니라 내가 원기 왕성하던 날과 같이 지내기를 원하노라 그때에는 하나님이 내 장막에 기름을 발라 주셨도다 그때에는 전능자가 아직도 나와 함께 계셨으며 나의 젊은이들이 나를 둘러 있었으며

18 삼하 23:5 내 집이 하나님 앞에 이같지 아니하냐 하나님이 나와 더불어 영원한 언약을 세우사 만사에 구비하고 견고하게 하셨으니 나의 모든 구원과 나의 모든 소원을 어찌 이루지 아니하시랴

다"(시 37:35-37). 성경이 사람들의 사상을 담은 교훈의 체계로서 기록된 것이 아니라는 점은 주목할 만합니다. 오히려 그것의 핵심은 모범의 한 집단을 보여주는 것으로서, 그 안에서 우리는 행복하고자 한다면 우리가 따라야 할 것이 무엇이며 피해야 할 것이 무엇인지를 유리창 너머로 볼 수 있습니다. 로마서 15장은 이렇게 말합니다. "무엇이든지 전에 기록된 바는 우리의 교훈을 위하여 기록된 것이니"(롬 15:4). 하나님을 기쁘시게 하고자 하는 사람은 누구든지 섭리 안에서 자기 눈 앞에 펼쳐지는 일들을 분명한 증거로 주목해야만 합니다. 특별히 우리 자신을 향한 섭리를 주목해야 합니다. 이 섭리들은 우리에게 가장 가까이 임합니다. 따라서 가장 세심히 살펴보아야만 합니다. 이 섭리들 안에서 우리는 하나님께서 직접적으로 말씀하시는 상대입니다. 그러나 안타깝게도, 너무도 자주 그 섭리들이 무시되고 있습니다. 욥기 33장을 보십시오. "하나님은 한 번 말씀하시고 다시 말씀하시되 사람은 관심이 없도다"(욥 33:14). 놀라운 섭리의 대상이 아닌 사람은 우리 가운데 아무도 없습니다. 특별히 모든 참된 신자들이 그 대상입니다. 그들은 시편 40편처럼 말할 수 있습니다. "여호와 나의 하나님이여 주께서 행하신 기적이 많고 우리를 향하신 주의 생각도 많아 누구도 주와 견줄 수가 없나이다 내가 널리 알려 말하고자 하나 너무 많아 그 수를 셀 수도 없나이다"(시 40:5). 우리는 하나님의 놀라운 역사의 이야기들로 책 한 권을 가득 채울 수 있을 것입니다. 심지어 우리 자신에게 일어난 일들로 제한해도 그러할 것입니다. 만일 우리가 그 사실들을 주목할 만한 지혜를 가지고 있다면 말입니다. 모든 순간 우리를 감싸는 섭리의 거미줄의 아름답고 다양한 색깔을 우리가 인식할 수만 있다면 우리는 매 순간 스스로 놀라움을 금할 수 없을 것입니다.

1) 우리가 섭리로 인하여 얼마나 능력으로 보존되고 있는지를 주목해 봅시다. 히브리서 1장 3절[19]을 보십시오. 또 시편 36편은 이렇게 말합니다. "여호와여 주는 사람과 짐승을 구하여 주시나이다"(시 36:6). 우리가 우리 영혼과 몸과 얼마나 다른지 숙고한다면 그 둘이 깨지지 않고 연합되어 있다는 사실에 대해 훨씬 더 놀라게 될 것입니다. 죽음이 우리에게 올 수 있는 통로가 얼마나 많은지 생각해보십시오, 우리 몸의 땀구멍들만큼이나 많을 것입니다. 또한 수천 개의 질병의 씨앗들이 우리 몸 안에 있다는 것과 그것들이 구성된 쇠약해지는 원리의 열차가 어떠하며, 이 땅에서 하나님의 피조물들 속에 우리가 살아가는 동안 불꽃이 얼마나 쉽게 그 열차에 옮겨붙고 흙으로 만든 그 집이 얼마나 신속히 타버리게 되는지를 생각해보십시오. 그때 우리는 우리가 죽는다는 사실보다 죽지 않고 살아 있다는 사실에 대해 놀라운 무엇인가가 있다고 말하게 될 것입니다. 우리의 생명을 보존하는 것은 능력 있는 섭리가 분명합니다. 우리의 생명이란 물이 가득한 대양 한복판의 불꽃과 같고 사방에 불꽃이 날아다니는 곳 중앙에 있는 밀가루 봉지와 같습니다. 우리 중 그러한 상황에 처한 사람은 적습니다. 하지만 죽음과 우리 사이가 머리카락 한 올에 지나지 않는 순간이 때로는 있습니다. 우리가 떨쳐버릴 수

---

19 히 1:3 이는 하나님의 영광의 광채시요 그 본체의 형상이시라 그의 능력의 말씀으로 만물을 붙드시며 죄를 정결하게 하는 일을 하시고 높은 곳에 계신 지극히 크신 이의 우편에 앉으셨느니라

없는 질병이나 보이지 않는 사고들을 생각할 때 그렇습니다. 따라서 우리는 우리가 보존되었다는 것을 생각할 때 "이것은 하나님의 손가락이다"[20]라고 말할 수 있을 것입니다. 하나님께서 어떤 사람들에게 보이신 특별한 수단들을 통한 구원은 얼마나 놀라운 것입니까! 고래를 통해 보존하신 요나의 경우와 까마귀를 통해 먹이신 엘리야처럼 말입니다.

2) 그의 뜻을 따라 움직이는 우리의 인격과 행위들이, 긍휼 안에 있든지 책망 안에 있든지 간에, 섭리로 인하여 얼마나 거룩하고 지혜롭게, 또한 능력으로 다스림을 받는지 주목해 봐야 합니다. 다니엘 4장은 이렇게 말합니다. "땅의 모든 사람들을 없는 것같이 여기시며 하늘의 군대에게든지 땅의 사람에게든지 그는 자기 뜻대로 행하시나니 그의 손을 금하든지 혹시 이르기를 네가 무엇을 하느냐고 할 자가 아무도 없도다(단 4:35)". 시편 135편도 보십시오. "여호와께서 그가 기뻐하시는 모든 일을 천지와 바다와 모든 깊은 데서 다 행하셨도다"(시 135:6). 우리가 이 세상의 바다에서 항해를 한다고 생각해보십시오. 그 배를 인도하는 것이 우리 자신이 아니라 거룩한 섭리라는 것을 금방 인식할 수 있을 것입니다. 예레미야 10장은 말합니다. "여호와여 내가 알거니와 사람의 길이 자신에게 있지 아니하니 걸음을 지도함이 걷는 자에게 있지 아니하니이다"(렘 10:23). 인간들은 거룩과 믿음, 하나님을 의지하는 삶에 헌신하면서도 이 점을 보지 못하지만, 종종 바위에 부딪혀 파선되지 않는다 해도 훼손되는

---

20 역자 주: 출 8:19 술객이 바로에게 고하되 이는 하나님의 권능(finger of God, KJV)이니이다

것을 통해 그 점을 느끼곤 합니다. 이사야 26장은 이렇게 말합니다. "여호와여 주의 손이 높이 들릴지라도 그들이 보지 아니하오나 백성을 위하시는 주의 열성을 보면 부끄러워할 것이라"(사 26:11). 이 점에 있어서 저는 두 가지 예를 들고자 합니다. 이로써 하나님께서 왕으로 좌정해 계시며 인간들 안에서 다스리신다는 사실을 보여드리겠습니다.

① 인간은 계획하지만, 하나님은 폐기하십니다. 예레미야애가 3장을 보십시오. "주의 명령이 아니면 누가 이것을 능히 말하여 이루게 할 수 있으랴"(애 3:27). 인간이 쌓아 올린 소망이 얼마나 자주 한순간에 땅바닥으로 무너져 내립니까? 그들의 계획들은 그들이 해낼 수 있는 온갖 지식과 노력과 더불어 세워지며 모든 정성과 신중함을 기울여 그것들을 실행에 옮깁니다. 그래서 그들은 우려할 만한 것을 발견할 수 없고 반드시 자기들의 소원대로 결과를 얻을 것이라고 생각합니다. 그러나 하늘에 계신 이가 한순간에 작은 나사 하나를 뽑아 버리면, 그 모든 형체는 땅바닥으로 무너져 버리고 그들의 계획은 무효화 되며 그들의 계획은 혼란에 떨어질 것입니다. 불경건한 사람들은 운이 나빴을 뿐이라고 말하지만, 섭리로 인한 여러 가지 충격은 모든 것을 망쳐 놓습니다. 이 점은 하만의 경우에 두드러지게 보입니다. 때때로 그것은 눈에 보이지 않는 손에 의해 진행되어 그 손에 의해 바퀴들이 벗겨지고 그 계획이 더 이상 굴러갈 수 없게 됩니다. 욥기 20장은 이렇게 말합니다. "큰 어둠이 그를 위하여 예비되어 있고 사람이 피우지 않은 불이 그를 멸하며 그 장막에 남은 것을 해치리라"(욥 20:26). 얼마나 자주 사람들이 가장 큰 위로를 기대했

던 곳에서 가장 무거운 십자가를 발견하며, 그들의 의도와는 정반대 방향으로 일이 흘러가곤 합니까!

② 인간의 최후는 하나님의 기회입니다. 창세기 22장 14절[21]을 보십시오. 인간이 자기의 일을 다 행하고 더 이상 아무것도 할 수 없는 곳에 이르렀을 때, 얼마나 자주 주께서 자기 일을 시작하십니까? 인간이 어찌할 바를 모를 때 하나님께서 문을 여십니다. 또한 그들이 발을 딛고 설 견고한 땅을 찾지 못할 때, 그분이 그들의 발을 반석 위에 서게 하십니다. 시편 107편을 보십시오. "그들이 이리저리 구르며 취한 자 같이 비틀거리니 그들의 모든 지각이 혼돈 속에 빠지는도다 이에 그들이 그들의 고통 때문에 여호와께 부르짖으매 그가 그들의 고통에서 그들을 인도하여 내시고"(시 107:27-28). 그들의 소망은 낙심거리가 되었습니다. 하지만 하나님은 그들의 두려움과 절망적 결론들을 막으십니다. 어떤 일이 그들에게 큰 충격의 위협을 가합니다. 그들은 그 충격을 어떻게 피해야 할지 알지 못합니다. 그러나 눈에 보이지 않는 팔이 그 충격에서 벗어나게 합니다. 또한 그들이 파멸이라고 생각했던 곳에서 모든 것을 다스리는 섭리로 말미암아 치유와 회복을 발견합니다. 에스더 9장 1절[22]을 보십시오. 가장 일어나기 힘든 일이 일어나듯, 가장 아름다운 소망은 진흙더미에서 피어나는 꽃과 같이 피어납니다. 하나님은 한편으로는 인간의 소망을 좌절시키지만, 다른 한편으로는 그들의 절망도 막으십니다. 그

---

21 창 22:14 아브라함이 그 땅 이름을 여호와 이레라 하였으므로 오늘날까지 사람들이 이르기를 여호와의 산에서 준비되리라 하더라

22 에 9:1 아달월 곧 열두째 달 십삼일은 왕의 어명을 시행하게 된 날이라 유다인의 대적들이 그들을 제거하기를 바랐더니 유다인이 도리어 자기들을 미워하는 자들을 제거하게 된 그 날에

리하여 모든 것을 움직이고 이끄는 수레바퀴 안에 또 하나의 바퀴가 있다는 사실을 발견하게 하십니다.

이제 두 번째로 앞에서 인용한 시편 40편 5절[23]이 말하는 섭리의 다양성에 관하여 숙고하려고 합니다. 하나님의 지혜는 다양한 종류의 지혜이며, 따라서 시편 104편 24절[24]이 말하듯이 일을 성취해 내십니다. 그 각각의 지혜는 반드시 살펴볼 필요가 있습니다. 저는 섭리의 세 가지 독특성을 설명하고자 합니다.

첫째, 섭리는 십자가인 동시에 미소와 사랑스러움을 지닙니다. 이 양면 모두 반드시 주목해야 하며, 이 일은 우리에게 매우 큰 유익을 줄 것입니다.

1) 우리는 우리나 다른 사람이 경험하는 십자가적 섭리를 주목해야 합니다. 그것은 우연히 다가오지 않습니다. 거룩하시고 전능하신 하나님의 지도로 찾아옵니다. 욥기 5장을 보십시오. "재난은 티끌에서 일어나는 것이 아니며 고생은 흙에서 나는 것이 아니니라"(욥 5:6). 아모스 3장도 이렇게 말합니다. "성읍에서 나팔이 울리는데 백성이 어찌 두려워하지 아니하겠으며 여호와의 행하심이 없는데 재앙이 어찌 성읍에 임하겠느냐"(암 3:6). 하나님께서는 이러한 일들을 통하여 자신을 알리십니다. 즉 자신의 공의, 진리, 거룩하심, 지혜와 능

---

23 시 40:5 여호와 나의 하나님이여 주께서 행하신 기적이 많고 우리를 향하신 주의 생각도 많아 누구도 주와 견줄 수가 없나이다 내가 널리 알려 말하고자 하나 너무 많아 그 수를 셀 수도 없나이다

24 시 104:24 여호와여 주께서 하신 일이 어찌 그리 많은지요 주께서 지혜로 그들을 다 지으셨으니 주께서 지으신 것들이 땅에 가득하니이다

력 등을 알리십니다. 시편 9편은 말합니다. "여호와께서 자기를 알게 하사 심판을 행하셨음이여"(시 9:6). 또한 그는 우리에게 그것들을 주목하라고 요구하십니다. 미가서 6장을 보십시오. "너희는 매가 예비되었나니 그것을 정하신 이가 누구인지 들을지니라"(미 6:9). 앞서 인용한 이사야 26장 11절이 말하듯, 이러한 일들을 주목하지 않고 그 일들을 허락하신 목적에 순응하지 않는 것은 하나님을 무시하는 끔찍한 태도입니다. 불평하기만 하고 그 아래서 잠잠히 탄식하지 않는 행위 역시 마찬가지입니다. 욥기 35장 9-10절과 36장 13절을 보십시오.[25] 때때로 사람들은 자신의 임무를 수행하는 길 위에서 십자가를 만납니다. 갈라디아서 6장 17절[26]을 보십시오. 때로는 요나처럼 죄의 길 위에서 만나기도 합니다. 이 두 종류의 일들이 가지는 목적은 죄를 정결케 하는 일입니다. 이사야 27장 9절이 말하는 것처럼 말입니다. 그러나 그 목적을 주목하지 않는다면 고약이 상처에 아무 효험도 없을 것입니다.

2) 시편 40편 5절이 말하는 것과 같은 우리 자신이나 다른 이들을 향한 미소와 사랑스러운 섭리입니다. 많은 이들이 섭리를 살필 때, 아름다운 장소는 그냥 지나치는 파리들과 같고 상처에 내려앉는 날벌레 떼들과 같이 여깁니다. 그들은 여전히 자기들의 십자가와 슬픔에 대해 원망하고 있습니다. 그 일들을 잊지 않고 생각할 것입니다.

---

25 욥 35:9-10 사람은 학대가 많으므로 부르짖으며 군주들의 힘에 눌려 소리치나 나를 지으신 하나님은 어디 계시냐고 하며 밤에 노래를 주시는 자가 어디 계시냐고 말하는 자가 없구나
욥 36:13 마음이 경건하지 아니한 자들은 분노를 쌓으며 하나님이 속박할지라도 도움을 구하지 아니하나니

26 갈 6:17 이 후로는 누구든지 나를 괴롭게 하지 말라 내가 내 몸에 예수의 흔적을 지니고 있노라

하지만 그들이 경험한 자비들에 대해서는 누가복음 16장 6절이 말하는 대로 빚진 기름 100말을 50말로 낮춰주는 불의한 청지기가 베푸는 자비의 정도로 이해할 것입니다. 하나님의 자비들은 그들 자신의 언어가 있습니다. 하지만 그것들은 주목하여 살피지 않으면 이해될 수 없는 언어입니다. 로마서 2장 4절[27]을 보십시오. 하나님을 의지하는 마음, 겸손한 마음만이 우리가 받는 자비를 어떻게 주의 깊게 살펴야 할지 우리를 가르칠 것입니다. 예레미야애가 3장은 이렇게 말합니다. "여호와의 인자와 긍휼이 무궁하시므로 우리가 진멸되지 아니함이니이다"(애 3:22). 창세기 32장도 보십시오. "나는 주께서 주의 종에게 베푸신 모든 은총과 모든 진실하심을 조금도 감당할 수 없사오나 내가 내 지팡이만 가지고 이 요단을 건넜더니 지금은 두 떼나 이루었나이다"(창 32:10). 심지어 우리가 무거운 십자가를 지고 있는 순간에도 그러합니다. 욥기 1장을 보십시오. "이르되 내가 모태에서 알몸으로 나왔사온즉 또한 알몸이 그리로 돌아가올지라 주신 이도 여호와시요 거두신 이도 여호와시오니 여호와의 이름이 찬송을 받으실지니이다 하고"(욥 1:21).

둘째로, 섭리에는 굵은 선들과 가는 선들이 있습니다. 그래서

1) 우리는 주목할 만한 사건들 속에서 섭리의 굵은 선들을 주목해야만 합니다. 어떤 섭리들은 하나님의 손이라는 두드러진 증표를 담고 있으며, 그것들은 사람들의 얼굴에 번갯불을 번쩍하고 비추는 것과 같습니다. 따라서 누구도 그 점을 부인할 수가 없고, 출애굽기

---

27 롬 2:4 다만 네 고집과 회개하지 아니한 마음을 따라 진노의 날 곧 하나님의 의로우신 심판이 나타나는 그 날에 임할 진노를 네게 쌓는도다

8장 19절처럼 '이것은 하나님의 권능이니이다'라고 말할 수밖에 없도록 만듭니다. 역대하 26장은 이렇게 말합니다. "웃시야가 손으로 향로를 잡고 분향하려 하다가 화를 내니 그가 제사장에게 화를 낼 때에 여호와의 전 안 향단 곁 제사장들 앞에서 그의 이마에 나병이 생긴지라 대제사장 아사랴와 모든 제사장이 왕의 이마에 나병이 생겼음을 보고 성전에서 급히 쫓아내고 여호와께서 치시므로 왕도 속히 나가니라"(대하 26:19-20). 이처럼 주목할 만한 섭리가 나타날 경우, 하나님께서 증인 없이 자신을 드러내시는 일은 드뭅니다. 그런데 이러한 큰 사건들조차 별것 아닌 것으로 여기는 태도는 인간의 부패한 마음 때문입니다. 그 마음은 마치 번갯불도 볼 수 없는 시각장애인과 같은 상태입니다. 사무엘상 6장 9절[28]을 보십시오.

2) 섭리의 가는 선들을 주목해야 합니다. 마태복음 10장 29-30절[29]이 말하듯, 가장 사소한 일들도 모든 것을 다스리시는 손길에 의해 인도함을 받습니다. 만일 하나님께서 그러한 것들을 돌보신다면, 우리도 그것들을 주목해야 합니다. 황제의 모든 동전들에는, 가장 가치 있는 금화에서부터 가장 작은 단위의 동전까지, 황제의 형상과 글이 새겨져 있습니다. 그러므로 가장 큰 단위뿐 아니라 가장 작은 단위의 동전 또한 상거래에 사용됩니다. 이처럼 섭리의 가장 가는 선들 역시 하늘과 거래를 이어가는 사람들과 함께 연결되어 있

---

28 삼상 6:9 보고 있다가 만일 궤가 그 본 지역 길로 올라가서 벧세메스로 가면 이 큰 재앙은 그가 우리에게 내린 것이요 그렇지 아니하면 우리를 친 것이 그의 손이 아니요 우연히 당한 것인 줄 알리라 하니라

29 마 10:29-30 참새 두 마리가 한 앗사리온에 팔리지 않느냐 그러나 너희 아버지께서 허락하지 아니하시면 그 하나도 땅에 떨어지지 아니하리라 너희에게는 머리털까지 다 세신 바 되었나니

습니다. 기드온은 사사기 7장 13절[30]에서 자기 동료에게 이야기하는 꿈을 들으면서 하나님의 섭리를 주목했습니다. 시편 88편 8절[31]에서 헤만은 자기와 친한 사람이 곁을 떠나는 일을 주목했고, 야곱은 창세기 33장 10절[32]에서 자기 형의 얼굴을 보는 것과 따뜻한 말에 주목했습니다.

셋째로, 일반 섭리와 특별 섭리가 있습니다.

1) 우리는 일반적이고 평범한 작정하심을 주목해야만 합니다. 섭리의 평범한 길 위에 날마다 내리는 어떤 것들입니다. 이것들은 너무나 평범한 것들이어서 거의 주목을 받지 못합니다. 하지만 시편 104편은 바로 그 주제에 대해 쓴 것입니다. 저는 여러분에게 이미 계절과 낮과 밤의 지속적인 변화들 속에 섭리가 어떻게 그 모습을 드러내는지 말씀드렸습니다. 계절을 통해서는 고단한 땅이 생기를 회복하고, 낮과 밤을 통해서는 고단한 인간이 회복을 경험합니다. 밤은 안식하기에 적합한 시간입니다. 인간에 대한 짐승들의 복종은 앞에서 인용한 창세기 9장 2절[33]의 하나님 말씀이 끼치는 영향력 때문입니다. 이 복종이 없었다면 인간은 자신의 필수적인 목적을 성취할 수 없었을 것입니다. 또 하나 첨부하고 싶은 사실은 얼굴과 형체

---

30 삿 7:13 기드온이 그곳에 이른즉 어떤 사람이 그의 친구에게 꿈을 말하여 이르기를 보라 내가 한 꿈을 꾸었는데 꿈에 보리떡 한 덩어리가 미디안 진영으로 굴러 들어와 한 장막에 이르러 그 것을 쳐서 무너뜨려 위쪽으로 엎으니 그 장막이 쓰러지더라

31 시 88:8 주께서 내가 아는 자를 내게서 멀리 떠나게 하시고 나를 그들에게 가증한 것이 되게 하셨사오니 나는 갇혀서 나갈 수 없게 되었나이다

32 창 33:10 야곱이 이르되 그렇지 아니하니이다 내가 형님의 눈앞에서 은혜를 입었사오면 청하건대 내 손에서 이 예물을 받으소서 내가 형님의 얼굴을 뵈온즉 하나님의 얼굴을 본 것 같사오며 형님도 나를 기뻐하심이니이다

33 창 9:2 땅의 모든 짐승과 공중의 모든 새와 땅에 기는 모든 것과 바다의 모든 물고기가 너희를 두려워하며 너희를 무서워하리니 이것들은 너희의 손에 붙였음이니라

의 놀라운 다양성입니다. 그것이 없었다면 인간은 자기 아내를 알아볼 수 없었을 것이고 부모들은 자기 자녀들을, 재판관들은 죄수를 알아볼 수 없었을 것입니다. 따라서 이러한 다양성이 없었다면 정상적인 사회나 정부, 상거래 등은 있을 수 없었을 것입니다. 이러한 내용들이 일반적 섭리의 실례들로써 그 부분을 연구한다면 큰 유익이 있을 것입니다.

2) 특별하고 비범한 섭리들도 있습니다. 자연의 힘을 넘어서는 기적 같은 일입니다. 놀라운 구원이나 심판, 은밀한 죄를 발견하는 것과 같은 일은 복잡하게 얽혀있는 섭리 안에 여기저기 흩어져 있는 밝게 빛나는 지점들이며 우리들에게 특별한 주의를 요청합니다.

이제 세 번째로 우리는 그것들이 나타난 시간과 관련한 섭리들에 관하여 숙고할 수 있을 것입니다. 섭리의 활동은 시간의 흐름과 세상의 존속과 나란히 나아갑니다. 요한복음 5장 17절[34]을 보십시오.

1) 우리는 섭리의 지나간 활동을 주목해야만 합니다. 시편 77편에서 아삽은 이렇게 말합니다. "내가 옛날 곧 지나간 세월을 생각하였사오며"(시 77:5). 섭리를 살피는 사람은 반드시 다른 사람을 살피고 자신을 들여다봐야 합니다. 또한 자신과 다른 사람의 과거를 생각해야 합니다.

① 다른 사람을 향한 과거의 섭리들은 주목할 만한 엄청나게 넓은 영역입니다. 창조로부터 현재에 이르는 전 영역이기 때문입니다.

---

34 요 5:17 예수께서 그들에게 이르시되 내 아버지께서 이제까지 일하시니 나도 일한다 하시매

시편 143편에서 다윗은 이렇게 말합니다. "내가 옛날을 기억하고"(시 143:5). 그는 주께서 어떻게 니므롯과 아비멜렉, 바로 왕 등을 다루셨는지를 기억했습니다. 얼마나 지혜로운 섭리의 연속이 세대를 이어가며 세상을 관통해 왔습니까! 또 얼마나 아름다운 형형색색의 섭리들이 항상 교회를 향하여 나타났습니까! 아직 다 끝난 것은 아니지만 하나님의 신비는 여전히 계속 이어지고 있습니다. 특정인들의 삶과 죽음 안에서 얼마나 두드러진 일들이 나타났습니까! 이 모든 특별한 일들로부터 우리는 영적 유익을 끌어낼 수 있을 것입니다. 모든 꽃들로부터 꿀을 빨아내는 벌처럼 말입니다.

② 특별히 우리 자신을 향한 과거의 섭리들 역시 큰 영역입니다. 처음 태어날 때부터 지금 이 순간까지 말입니다. 과거를 돌아보며 욥기 10장 10-11절[35]이 말하는 것처럼 어머니의 태로부터 여러분을 조성하신 놀라운 섭리를 숙고하십시오. 시편 기자는 139편 14절 이하[36]에서 이러한 묵상을 통해 경이의 연속을 맛봅니다. 그와 동일한 친절한 섭리가 어떻게 여러분을 어머니의 태에서 안전하게 나오게 했는지 숙고하십시오. 시편 22편 9절[37]이 말하듯이 그 태가 여러분의 무덤이 되거나 태어나면서 질식사하지 않도록 하셨습니다. 동일한 자비의 섭리로 인하여 여러분에게 어떻게 먹을 것이 주어지고,

---

35 욥 10:10-11 주께서 나를 젖과 같이 쏟으셨으며 엉긴 젖처럼 엉기게 하지 아니하셨나이까 피부와 살을 내게 입히시며 뼈와 힘줄로 나를 엮으시고

36 시 139:14-16 내가 주께 감사하옴은 나를 지으심이 심히 기묘하심이라 주께서 하시는 일이 기이함을 내 영혼이 잘 아나이다 내가 은밀한 데서 지음을 받고 땅의 깊은 곳에서 기이하게 지음을 받은 때에 나의 형체가 주의 앞에 숨겨지지 못하였나이다 내 형질이 이루어지기 전에 주의 눈이 보셨으며 나를 위하여 정한 날이 하루도 되기 전에 주의 책에 다 기록이 되었나이다

37 시 22:9 오직 주께서 나를 모태에서 나오게 하시고 내 어머니의 젖을 먹을 때에 의지하게 하셨나이다

유아기에 여러 위험들로부터 보존될 수 있었는지 숙고하십시오. 시편 22편 9-10절이 말하듯 여러분은 자신을 위해 아무것도 할 수 없는 상황이었습니다. 어린 시절과 청년기, 중년의 시기와 현재에 이르기까지 여러분을 향한 하나님의 섭리도 주목하십시오. 여러분은 반드시 나이 든 야곱이 창세기 48장에서 "나의 출생으로부터 지금까지 나를 기르신 하나님"(창 48:15)이라고 고백한 것처럼 고백하게 될 겁니다. 또한 시편 71편의 기자와 함께 "하나님이여 나를 어려서부터 교훈하셨으므로"(시 71:17)라고 고백하시게 될 겁니다. 하나님께서 여러분에게 어떠한 교육을 받게 하셨으며 자신의 땅 어디에서 여러분에게 분깃을 허락하셨는지 주목하십시오. 또한 그가 행하신 일들 속에서 어떻게 다양한 직장에 다니게 하시고 다양한 위험에서 건져 주셨는지를 주목하십시오.

2) 우리는 우리 자신과 다른 이들을 향하여 섭리가 현재 어떻게 나타났는지를 주목해야 합니다. 스가랴 6장 1-2절[38]을 보십시오. 그것은 여전히 우리 곁을 지나 흐르는 강물과 같습니다. 그 강물은 시편 65편 11절[39]이 말하듯 황금 원석들을 가지고 흘러 내려오는 강물입니다. 그것은 낮이나 밤이나 그치지 않고 흐릅니다. 시편 19편 2절[40]을 보십시오. 섭리는 한 손으로는 우리에게 허리를 숙여 하루의 축복을 주울 것을 요청하고, 다른 한 손으로는 그날의 괴로움의

---

38 슥 6:1-2 내가 또 눈을 들어 본즉 네 병거가 두 산 사이에서 나오는데 그 산은 구리 산이더라 첫째 병거는 붉은 말들이, 둘째 병거는 검은 말들이

39 시 65:11 주의 은택으로 한 해를 관 씌우시니 주의 길에는 기름 방울이 떨어지며

40 시 19:2 날은 날에게 말하고 밤은 밤에게 지식을 전하니

짐을 안겨줍니다. 시편 68편 19절[41]과 마태복음 6장 전체를 보십시오. 그러므로 시편 4편 4절처럼 '자리에 누워 심중에 말하고 잠잠'하면서, 그날을 돌아보며 우리의 여러 일들을 밤에 정리정돈 하는 것은 우리의 의무입니다.

섭리가 나타나는 데서 발견되는 조화

섭리는 말씀과 조화를 이룹니다. 즉 그것은 원본과 복사본처럼 일치합니다. 하나님의 법령을 담아 인 처진 그 책은 섭리들 안에서 펼쳐집니다. 그것은 요한계시록에서 인들이 떼어지는 모습과 같습니다. 성경책은 섭리 안에서 다시 쓰이며, 그 결과 물 위에 얼굴이 비치듯 하나님의 일하심 역시 그의 말씀에 비칩니다. 시편 48편 8절[42]을 보십시오. 섭리가 매우 균형 잡힌 건물이라면 말씀은 그 건물의 설계도입니다. 섭리가 자수품의 알 수 없는 한 조각이라면 말씀은 그것의 전체 문양입니다. 그래서 섭리 안에서 말씀은 그것이 주어진 이래 이제까지 성취됐고, 지금도 성취 중입니다. 하나님의 비밀이 종결될 때 전체 모습도 드러나게 될 것입니다. 하지만 그때까지는 모두 드러나지 않습니다. 마태복음 5장은 이렇게 말합니다. "진실로 너희에게 이르노니 천지가 없어지기 전에는 율법의 일점일획도 결코 없어지지 아니하고 다 이루리라"(마 5:18). 이처럼 섭리는 성취를

---

41 시 68:19 날마다 우리 짐을 지시는 주 곧 우리의 구원이신 하나님을 찬송할지로다 (셀라)

42 시 48:8 우리가 들은 대로 만군의 여호와의 성, 우리 하나님의 성에서 보았나니 하나님이 이를 영원히 견고하게 하시리로다 (셀라)

향해 나아가는 중입니다. 특별 섭리뿐 아니라 일반 섭리에 의해서도 진행됩니다. 만일 어떤 사람이 건물이나 자수품에 대해 이의를 제기한다면 반드시 그 의문을 그 집이나 자수품의 설계도나 전체 문양과 대조해보아야 합니다. 그렇게 할 때, 그는 만족을 얻을 것입니다. 시편 73편 16-17절[43]을 보십시오.

만일 여러분이 섭리가 말씀과 더불어 이루는 조화에 주목하지 않는다면, 여러분은 결코 섭리를 올바로 살필 수 없을 것입니다. 왜냐하면 이사야 59장 전체가 말하듯이 말씀은 제정된 영향력 전달 수단이기 때문입니다. 이것을 외면할 경우, 어떤 섭리가 나타나는 것은 걸려 넘어지는 돌이 될 것이며, 어떤 사람들은 거기에 걸려 넘어지면서 목이 부러질 것입니다. 말라기 3장 15절[44]을 보십시오. 많은 이들이 여러 일들에 대해 거칠고 불경건한 결론을 끌어냅니다. 하지만 거기서 그들은 단지 성경과 섭리의 방식에 대한 그들 자신의 무지만을 드러낼 뿐입니다. 누가복음 13장을 보십시오. "그때 마침 두어 사람이 와서 빌라도가 어떤 갈릴리 사람들의 피를 그들의 제물에 섞은 일로 예수께 아뢰니 대답하여 이르시되 너희는 이 갈릴리 사람들이 이같이 해 받으므로 다른 모든 갈릴리 사람보다 죄가 더 있는 줄 아느냐 너희에게 이르노니 아니라 너희도 만일 회개하지 아니하면 다 이와 같이 망하리라 또 실로암에서 망대가 무너져 치어 죽은 열여덟 사람이 예루살렘에 거한 다른 모든 사람보다 죄가 더 있는 줄 아느

---

43 시편 73:16-17 내가 어쩌면 이를 알까 하여 생각한즉 그것이 내게 심한 고통이 되었더니 하나님의 성소에 들어갈 때에야 그들의 종말을 내가 깨달았나이다

44 말 3:15 지금 우리는 교만한 자가 복되다 하며 악을 행하는 자가 번성하며 하나님을 시험하는 자가 화를 면한다 하노라 함이라

냐 너희에게 이르노니 아니라 너희도 만일 회개하지 아니하면 다 이 와 같이 망하리라"(눅 13:1-5). 요한복음 9장도 보십시오. "제자들이 물어 이르되 랍비여 이 사람이 맹인으로 난 것이 누구의 죄로 인함 이니이까 자기니이까 그의 부모니이까 예수께서 대답하시되 이 사 람이나 그 부모의 죄로 인한 것이 아니라 그에게서 하나님이 하시는 일을 나타내고자 하심이라"(요 9:2-3). 그들은 마치 욥의 매정하고 사 랑 없는 친구들과 같습니다. 욥기 5장 1절[45]을 보십시오.

사랑하는 여러분, 이 교훈을 배우십시오. 여러분이나 제가, 또는 그 누구나, 어느 사회나 직면하는 모든 종류의 섭리들은 성경의 성 취입니다. 그것들은 다음 다섯 가지 중 하나로 요약되고 설명될 수 있으며, 다음에 나열되는 것들의 성취입니다.

1. 성경에 기록된 교리의 성취입니다. 시편 48편은 이렇게 말합 니다. "우리가 들은 대로 만군의 여호와의 성, 우리 하나님의 성에 서 보았나니 하나님이 이를 영원히 견고하게 하시리로다(셀라)"(시 48:8).[46] 위대한 사람들 중에 소수만이 선한 사람이라는 점[47]은 누구 나 알 수 있는 사실이 아닙니까? 하지만 그로 인해 넘어질 필요는 없 습니다. 그 점은 성경의 성취에 지나지 않기 때문입니다. 고린도전 서 1장은 이렇게 말하고 있습니다. "형제들아 너희를 부르심을 보라

---

45 욥 5:1 너는 부르짖어 보라 네게 응답할 자가 있겠느냐 거룩한 자 중에 네가 누구에게로 향하겠 느냐

46 역자 주: 보스톤은 하나님의 말씀을 통해 '들은 대로' 그 내용이 성취되는 것을 '하나님의 성에 서 보았다'는 의미로 해석하였다.

47 역자 주: 도덕적인 선함이 아닌 경건한 믿음을 가진 사람을 의미한다.

육체를 따라 지혜로운 자가 많지 아니하며 능한 자가 많지 아니하며 문벌 좋은 자가 많지 아니하도다"(고전 1:26). 전도서 30장에 등장하는 아굴의 기도에 따르면 영혼을 위한 가장 안전한 조건은 지나치게 부하지도 않고 지나치게 가난하지도 않은 중간 상태입니다. "곧 헛된 것과 거짓말을 내게서 멀리 하옵시며 나를 가난하게도 마옵시고 부하게도 마옵시고 오직 필요한 양식으로 나를 먹이시옵소서 혹 내가 배불러서 하나님을 모른다 여호와가 누구냐 할까 하오며 혹 내가 가난하여 도둑질하고 내 하나님의 이름을 욕되게 할까 두려워함이니이다"(전 30:8-9). 사탄과 마음의 부패한 성품들은 사람들이 스스로 주를 섬기고자 결심할 때 가장 활발하게 활동하는데, 이 점 또한 바울의 경험과 일치합니다. 로마서 7장을 보십시오. "그러므로 내가 한 법을 깨달았노니 곧 선을 행하기 원하는 나에게 악이 함께 있는 것이로다"(롬 7:21). 또한 복음을 듣는 이들의 일반적인 태도는 이사야 53장에 따르면, 복음에 의해 구원에 이르지 못하는 것입니다. "우리가 전한 것을 누가 믿었느냐 여호와의 팔이 누구에게 나타났느냐"(사 53:1). 마태복음 22장도 보십시오. "청함을 받은 자는 많되 택함을 입은 자는 적으니라"(마 22:14).

2. 성경에 기록된 예언의 성취입니다. 디모데전서 1장은 이렇게 말합니다. "아들 디모데야 내가 네게 이 교훈으로써 명하노니 전에 너를 지도한 예언을 따라 그것으로 선한 싸움을 싸우며"(딤전 1:18). 이집트로부터 구원된 이스라엘이 가나안으로 들어감과 그 가나안 족속들의 축출 등은 얼마나 놀라운 섭리이며, 고레스에 의한 바벨론 제국의 멸망과 포로 귀환은 어떠했으며, 또한 로마에 의한 예루살

렘의 멸망 역시 얼마나 놀라운 섭리들입니까? 그러나 이 모든 일들은 성경 예언의 성취들일 뿐이었습니다. 그리고 적그리스도 왕국의 성장과 통치, 지속적 확장 등을 지나 여러 나라가 수백 년 동안 교황 시대의 어두움 아래 놓였다가 종교개혁을 경험하는 일은 또 얼마나 놀라운 섭리였습니까? 이 역사들도 요한계시록 예언이 성취되고 있는 것입니다. 영국 안으로 복음의 교훈이 침투해 들어오고 그것을 무너뜨리려는 온갖 시도들 속에서도 지금까지 그것이 보존 되어 온 것은 또 얼마나 놀라운 섭리입니까! 그것은 이사야 42장 4절 예언의 성취입니다. "섬들이 그 교훈을 앙망하리라".

3. 성경에 기록된 약속의 성취입니다. 여호수아 21장은 이렇게 말합니다. "여호와께서 이스라엘 족속에게 말씀하신 선한 말씀이 하나도 남음이 없이 다 응하였더라"(수 21:45). 시편 119편도 보십시오. "여호와여 주의 말씀대로 주의 종을 선대하셨나이다"(시 119:65). 여러분은 한 해와 계절이 질서 있게 순환하는 것을 볼 수 있습니다. 그것은 창세기 8장 22절[48]의 성취입니다. 또한 그리스도로 인하여 고난을 겪는 사람들이 그 손에 넘치도록 풍성한 복을 받아 그들 생애의 다른 어떤 시기보다도 더 행복하고 넘치는 내적 만족을 경험하는 것은 마가복음 10장의 약속이 성취 되는 것입니다. "예수께서 이르시되 내가 진실로 너희에게 이르노니 나와 복음을 위하여 집이나 형제나 자매나 어머니나 아버지나 자식이나 전토를 버린 자는 현세에 있어 집과 형제와 자매와 어머니와 자식과 전토를 백 배나 받되 박

---

48 창 8:22 땅이 있을 동안에는 심음과 거둠과 추위와 더위와 여름과 겨울과 낮과 밤이 쉬지 아니하리라

해를 겸하여 받고 내세에 영생을 받지 못할 자가 없느니라"(막 10:29-30). 의무를 따라 살아가는 삶이 가장 존귀할 뿐 아니라 가장 안전한 길이라는 점은 잠언 10장에 나오는 약속의 성취입니다. "바른 길로 행하는 자는 걸음이 평안하려니와"(잠 10:9). 잠언 16장도 보십시오. "사람의 행위가 여호와를 기쁘시게 하면 그 사람의 원수라도 그와 더불어 화목하게 하시느니라"(잠 16:7). 하나님과의 사귐은 규례를 따라야만 한다는 점도 출애굽기 20장의 약속과 일치합니다. "내가 내 이름을 기념하게 하는 모든 곳에서 네게 임하여 복을 주리라"(출 20:24).

4. 성경에 기록된 경고의 성취입니다. 레위기 10장은 이렇게 말합니다. "이는 여호와의 말씀이라 이르시기를 나는 나를 가까이하는 자 중에서 내 거룩함을 나타내겠고 온 백성 앞에서 내 영광을 나타내리라"(레 10:3). 호세아 7장도 보십시오. "내가 … 전에 그 회중에 들려준 대로 그들을 징계하리라"(호 7:12). 하나님의 백성들과 그 행위의 부패함에 끼어드는 행위가 얼마나 위험한 것인지 여러분은 다음의 구절을 통해서 알 수 있을 것입니다. "이제 많은 이방 사람들이 모여서 너를 치며 이르기를 시온이 더럽게 되며 그것을 우리 눈으로 바라보기를 원하노라 하거니와 그들이 여호와의 뜻을 알지 못하며 그의 계획을 깨닫지 못한 것이라 여호와께서 곡식 단을 타작마당에 모음 같이 그들을 모으셨나니"(미 4:11-12). 사무엘상 2장에서는 주를 멸시하는 자들의 얼굴이 어떻게 수치로 뒤덮이는지 알 수 있습니다. "그러므로 이스라엘의 하나님 나 여호와가 말하노라 내가 전에 네 집과 네 조상의 집이 내 앞에 영원히 행하리라 하였으나 이제

나 여호와가 말하노니 결단코 그렇게 하지 아니하리라 나를 존중히 여기는 자를 내가 존중히 여기고 나를 멸시하는 자를 내가 경멸하리라"(삼상 2:30). 에스겔 24장 말씀으로부터는 백성들이 자신들의 일시적인 위로를 구하기에 빠를수록 더 신속히 그것을 잃게 된다는 사실을 발견할 수 있습니다. "인자야 내가 그 힘과 그 즐거워하는 영광과 그 눈이 기뻐하는 것과 그 마음이 간절하게 생각하는 자녀를 데려가는 날"(겔 24:25). 사람들이 악의 길을 달려갈 수 있으나 결국 그들의 발이 미끄러지게 될 것이라는 사실은 신명기 32장 35절의 성취입니다. "그들이 실족할 그때에 내가 보복하리라 그들의 환난 날이 가까우니 그들에게 닥칠 그 일이 속히 오리로다"(신 32:35).

5. 섭리는 성경의 실제적인 예시들과 평행을 이루는 것이라고 할 수 있습니다. 시편 143편 5절은 이렇게 말합니다. "내가 옛날을 기억하고"(시 143:5). 섭리를 진지하게 관찰하는 사람은 현실 속에서도 성경에서 발견하는 것만큼이나 놀라운 충만함을 발견할 것입니다. 이러한 놀라운 섭리의 세 가지 경우를 예로 들고자 합니다. 이것들은 훌륭한 사람들을 궁지로 몰아넣는 섭리들로써, 그러한 일들을 어떻게 설명해야 할지를 알게 합니다. 성경의 실례라는 거울 앞에 현실적 섭리를 세울 때, 그 둘 사이에 놀라운 조화가 나타날 것이며, 그로 인해 만족하는 것 외에 달리 할 일이 없음을 알게 될 것입니다.

⑴ 때때로 우리는 하나님과 정반대의 길을 걷고 있는 사람을 만납니다. 그가 하나님과 정반대의 길을 걷고 있음에도 섭리가 그들에게 미소를 짓고 어루만져주는 것처럼 보일 때가 있습니다. 그들은 마치 하늘의 사랑을 입은 사람들처럼 보입니다. 이 점은 가장 신

실한 사람들에게는 수수께끼 같은 일이며, 예레미야도 이러한 일로 상처를 받았습니다. 예레미야는 이로 인한 상처로 그의 책 12장에서 이렇게 말합니다. "여호와여 내가 주와 변론할 때에는 주께서 의로우시니이다 그러나 내가 주께 질문하옵나니 악한 자의 길이 형통하며 반역한 자가 다 평안함은 무슨 까닭이니이까 주께서 그들을 심으시므로 그들이 뿌리가 박히고 장성하여 열매를 맺었거늘 그들의 입은 주께 가까우나 그들의 마음은 머니이다'"(렘 12:1-23). 또한 이것은 아삽을 거의 넘어질 뻔하게 만든 일이었습니다. 시편 73편을 보십시오. "내가 내 마음을 깨끗하게 하며 내 손을 씻어 무죄하다 한 것이 실로 헛되도다"(시 73:13). 그러나, 아, 이러한 성경의 예들과 놀라운 조화를 이루는 일이 여기에도 있지 않습니까? 어떻게 모든 이스라엘이 한마음이 되어 반역한 압살롬에게로 돌아섰습니까? 어떻게 하만은 왕의 자리를 제외한 최고의 자리에까지 올라갔습니까? 압제자 느부갓네살이 자기 소원을 따라 모든 것을 자기 앞으로 끌어가는 일도 보십시오. 성경의 가르침은 이 신비로운 수수께끼를 풀어냅니다. 시편 92편을 보십시오. "여호와여 주께서 행하신 일이 어찌 그리 크신지요 주의 생각이 매우 깊으시니이다 어리석은 자도 알지 못하며 무지한 자도 이를 깨닫지 못하나이다 악인들은 풀 같이 자라고 악을 행하는 자들은 다 흥왕할지라도 영원히 멸망하리이다"(시 92:5-7).

(2) 위의 예와 반대로, 하나님께 사랑스러운 자들 위에 얼마나 놀라운 충격이 가해집니까? 마치 하나님께서 그들을 세상 모든 사람 중에서 자신의 미움을 보여주기 위해 택하신 것처럼 보이는 일이 일어납니다. 전도서 8장은 이렇게 말합니다. "세상에서 행해지는 헛된

일이 있나니 곧 악인들의 행위에 따라 벌을 받는 의인들도 있고 의인들의 행위에 따라 상을 받는 악인들도 있다는 것이라 내가 이르노니 이것도 헛되도다"(전 8:14). 아, 성도 여러분, 이러한 일을 만난 이들에게는 그것이 정말 풀기 힘든 수수께끼가 되어 왔습니다. 그러나 성경의 실례와 조화를 이루는 것을 바라보십시오. 욥의 경우가 그것입니다. 엘리는 한꺼번에 두 아들과 며느리를 잃었고, 그 자신도 목이 부러졌습니다. 하나님의 제사장 아론은 두 아들이 하늘에서 내린 불에 타 숨졌습니다. 고린도전서 4장 9절[49]에서 사도는 죽이기로 작정된 자 같은 상태에 있었습니다. 시온이 파멸에 떨어질 때, 바벨론은 평안합니다. 예레미야애가 2장 20절[50]을 보십시오. 하지만 좀 더 있습니다.

(3) 하나님의 백성 중 상당수가 얼마나 자주, 주의 손으로부터 무거운 징벌을 받아왔습니까? 그들은 하나님께서 가라고 하신 길을 걷는 동안에 징벌을 당합니다. 이 점은 이러한 일들에 주목하도록 관심을 가지게 할 것입니다. 그러나 성경을 주신 하나님을 찬양합니다. 우리는 그 안에서 이 길이 누구나 걸어갔던 길이라는 점을 보게 될 것입니다. 창세기 31장 13절에서 야곱은 가나안으로 돌아가라는 명백한 지시를 받았습니다. 하지만 그가 만난 연속적인 시련들은 얼마나 무거운 것이었습니까? 라반은 도둑을 쫓듯이 그를 추격해 왔

---

49 고전 4:9 내가 생각하건대 하나님이 사도인 우리를 죽이기로 작정된 자 같이 끄트머리에 두셨으매 우리는 세계 곧 천사와 사람에게 구경거리가 되었노라
50 애 2:20 여호와여 보시옵소서 주께서 누구에게 이같이 행하셨는지요 여인들이 어찌 자기 열매 곧 그들이 낳은 아이들을 먹으오며 제사장들과 선지자들이 어찌 주의 성소에서 죽임을 당하오리이까

고, 에서는 그를 죽이려고 400명을 끌고 달려왔으며, 천사는 그의 환도뼈를 치고, 그의 딸은 세겜 사람에게 겁탈을 당하고, 그의 아들들은 세겜 사람들을 살육했으며, 리브가의 유모 드보라는 죽고 야곱의 사랑하는 아내 라헬도 숨을 거두었으며 르우벤은 빌하와 동침했습니다. 그가 창세기 47장 9절에서 "내 나이가 얼마 못 되니 우리 조상의 나그네길의 연조에 미치지 못하나 험악한 세월을 보내었나이다"라고 말한 것은 이상한 일이 아닙니다.

섭리를 지혜롭게 관찰할 때 얻는 유익한 교훈

섭리를 지혜롭게 관찰하는 것은 눈물로 탄식하는 데 도움을 줄 것입니다. 우리 중 누가 이러한 일을 살필 만큼 지혜롭다고 할 수 있겠습니까? 섭리를 지혜롭게 관찰하는 자들은 세상에서 조금 있을 뿐입니다. 왜냐하면 경건에 이르기에 훈련된 이들이 너무나 적기 때문입니다. 하나님께서는 공적인 영역에서나 개인적인 경우에서나 섭리를 충분히 살필 수 있도록 허락하셨습니다. 그는 섭리를 통해서 땅을 향해 말씀하고 계십니다. 오늘날 교회를 향해, 여러분과 저에게, 특별히 각 사람에게 큰 소리로 말씀하고 계십니다. 그러나 안타깝게도 그 음성은 고의로 묵살되고 있습니다. 은혜를 모르는 자들은 거만하여 그것을 주목하지 않을 것입니다. 많은 경건한 사람들조차 부주의하며 관심을 기울이지 않습니다. 섭리에 대한 지혜로운 관찰이 정말 보기 드문 일임을 보여주는 여섯 가지 증거들이 있습니다.

1. 하나님의 존재를 생각하지 않고, 섭리도 결코 없다고 생각하

는 무신론자 중에 자기들에게 임한 긍휼이나 지고 가는 십자가 안에서 하나님을 발견하는 사람이 몇이나 되겠습니까? 그들이 긍휼을 입는다고 해도 거기에 하나님은 없습니다. 그들은 자신의 이익에 희생 제물을 바칠 뿐입니다. 십자가를 지게 될 때 전능한 분의 팔을 생각하며 부르짖습니다. 그러나 그 누구도 자신을 지으신 하나님은 어디에 계신지 묻지 않습니다. 그들 삶의 모든 굴곡들 속에서 그들은 결코 바퀴 속에 있는 또 다른 바퀴[51]를 진지하게 주목하지 않습니다.

2. 하나님께서 달리면서도 읽을 수 있는 확실한 언어로 많은 이들에게 말씀하고 계심에도 그것을 이해하지 못하는 이들이 얼마나 많습니까? 시편 82편은 이렇게 말합니다. "그들은 알지도 못하고 깨닫지도 못하여 흑암 중에 왕래하니 땅의 모든 터가 흔들리도다"(시 82:5). 하나님께서는 법궤 때문에 블레셋 사람들에게 누구나 알 수 있도록 전염병이 임하게 하셨습니다. 하지만 그들은 당황하면서 '우연일지도 모른다'고 말했습니다. 발람의 당나귀는 그를 태우고 앞으로 나아가기를 거절합니다. 그러나 그는 당나귀에게 화를 낼 뿐입니다. 하나님은 말하는 섭리로 자기 길을 가는 죄인들을 만나십니다. 그러나 그들은 계속 앞으로 갈 뿐입니다. 그들은 듣지 않습니다. 멈추지도 않습니다. 개처럼 그들은 돌을 보고 짖지만, 그것을 던진 손은 바라보지 않습니다.

3. 자신이 만난 섭리의 목적을 아는 일에 훈련된 사람은 얼마나 소수입니까? 의미 있는 자비로운 일들을 그들은 때때로 만납니다.

---

51 역자 주: 일상의 현실들 속에 깃든 하나님의 섭리를 의미한다.

하지만 이렇게 질문하지 않습니다. "이 일들을 통해 하나님께서 나에게 말씀하시는 것이 무엇일까?" 많은 힘든 일들이 나타나기도 합니다. 어떤 일들은 그들의 머리 위에 떨어지고 어떤 일들은 몸에 떨어지기도 합니다. 하지만 그들은 욥의 경험을 진지하게 따르지 않습니다. 욥기 10장을 보십시오. "내가 하나님께 아뢰오리니 나를 정죄하지 마시옵고 무슨 까닭으로 나와 더불어 변론하시는지 내게 알게 하옵소서"(욥 10:2). 그들은 이러한 일들이 그저 왔다가 사라지게 합니다. 그것들의 목적을 알아보는 일에는 조금도 관심을 기울이지 않습니다. 마치 그 일들 속에 어떤 목적도 없다는 듯 대합니다.

4. 섭리의 목적에 반응하면서 그러한 하나님의 나타내심에 순종으로 반응할 만큼 훈련된 사람은 또 얼마나 적습니까? 욥기 33장을 보십시오. "하나님께서 사람의 말에 대답하지 않으신다 하여 어찌 하나님과 논쟁하겠느냐 하나님은 한 번 말씀하시고 다시 말씀하시되 사람은 관심이 없도다"(욥 33:13-14). 만일 사람들이 섭리를 지혜롭게 관찰한다면 거기에서 나타나는 다양한 부르심에 응답하는 일을 꾸준히 실천할 것입니다. 마치 태양의 몸체를 향하여 그림자가 시간에 맞춰 돌아가듯이 말입니다. 시편 27편은 이렇게 말합니다. "너희는 내 얼굴을 찾으라 하실 때에 내가 마음으로 주께 말하되 여호와여 내가 주의 얼굴을 찾으리이다 하였나이다"(시 27:8). 그러나 안타깝게도 사람들은 그들을 겸손하게 만드는 섭리를 만나도 그들의 교만을 죽이는 훈련을 하지 않습니다. 영혼을 깨우는 섭리를 만나도 자기들의 의무를 행하는 일에 스스로 분발하려 하지 않습니다. 세상의 일을 하면서 고난의 섭리를 만난다고 해도, 그들의 마음을 세상으로

부터 젖을 떼도록 하는 것처럼 연습하지 않습니다. 그들을 책망하는 섭리를 만난다고 해도 그것이 가리키는 죄에 대해 슬퍼하고 회개하는 훈련을 하지 않습니다. 오히려 그들은 그것들을 보내신 분과 힘을 다해 싸웁니다. 그는 섭리를 통해 끌고 가려 하지만 그들은 그것을 붙잡고 놓으려 하지 않을 것입니다. 예레미야 6장 29절[52]을 보십시오.

5. 사람들은 섭리를 판단하는 일에 있어서 형편없는 능력을 가지고 있습니다. 어떤 사람은 자기가 장사하는 일에 필요한 기술을 쉽게 익힐 것입니다. 하지만 자신의 사업과 상관없는 일에 익숙하지 않은 사람들을 만나는 것은 이상한 일이 아닙니다. 아, 섭리에 대한 해석들이 이 세상에 얼마나 많습니까? 그 해석들은 섭리 자체를 파괴시키는 일을 합니다. 특별한 섭리에 대한 교훈이 얼마나 끔찍하게 왜곡되고 있습니까! 하나님과 그의 가르침을 경멸하는 자들은 아주 평안합니다. 따라서 세상은 이렇게 결론 내립니다. "하나님을 섬기는 것이 헛되니 만군의 여호와 앞에서 그 명령을 지키며 슬프게 행하는 것이 무엇이 유익하리요 지금 우리는 교만한 자가 복되다"(말 3:14-15). 하나님과 조금도 관계가 없는 일들을 최고로 여깁니다. 선한 사람들은 심각한 어려움을 만납니다. 세상은 그 모습을 보고 그들이 위선자라고 결론 내리고 다른 사람을 능가하는 가증스러운 악을 저질렀음이 분명하다고 생각합니다. 욥기 5장 1절, 누가복

---

[52] 렘 6:29 풀무불을 맹렬히 불면 그 불에 납이 살라져서 단련하는 자의 일이 헛되게 되느니라 이와 같이 악한 자가 제거되지 아니하나니

음 13장 1-2절을 보십시오.[53] 그러한 한심스러운 자들이 너무도 많습니다.

6. 신앙 고백을 하는 사람들일지라도 체험적인 측면에 있어서는 가난뱅이 수준에 머물러 있습니다. 학식 있는 이집트인이 어떤 그리스인에게 한 말이, 하나님을 향하여 좋은 것을 품고 있는 많은 사람에게도 그대로 적용될 수 있을 것입니다. 믿음을 가진 여러분은 여전히 어린 아이라는 말입니다. 고린도후서 3장 1절[54]과 히브리서 5장 12절[55]이 그것을 말하고 있습니다. 그 이유가 무엇입니까? 우리가 섭리를 관찰하고 연구하지 않았기 때문이겠습니까? 앞의 본문을 읽어 보십시오. 섭리에는 날마다 장이 섭니다. 하지만 여러분은 그 안에서 거래를 하지 않습니다. 그래서 여러분은 항상 가난한 것입니다. 오늘도 아마 여러분 손에 깨달음이 주어졌을 것입니다. 또한, 여러 해 동안 반복적으로 주어진 깨달음도 있습니다. 하지만 여러분은 그것을 배우지 못했습니다. 그래서 그 교훈은 그때만큼이나 지금도 여전히 여러분에게 큰 신비로 남아 있는 것입니다.

---

53 욥 5:1 너는 부르짖어 보라 네게 응답할 자가 있겠느냐 거룩한 자 중에 네가 누구에게로 향하겠느냐
눅 13:1-2 그때 마침 두어 사람이 와서 빌라도가 어떤 갈릴리 사람들의 피를 그들의 제물에 섞은 일로 예수께 아뢰니 대답하여 이르시되 너희는 이 갈릴리 사람들이 이같이 해 받으므로 다른 모든 갈릴리 사람보다 죄가 더 있는 줄 아느냐
54 고전 3:1 형제들아 내가 신령한 자들을 대함과 같이 너희에게 말할 수 없어서 육신에 속한 자 곧 그리스도 안에서 어린 아이들을 대함과 같이 하노라
55 히 5:12 때가 오래 되었으므로 너희가 마땅히 선생이 되었을 터인데 너희가 다시 하나님의 말씀의 초보에 대하여 누구에게서 가르침을 받아야 할 처지이니 단단한 음식은 못 먹고 젖이나 먹어야 할 자가 되었도다

섭리에 관한 중요한 교훈

1. 섭리의 목적은 때때로 아주 깊이 감추어져 있곤 합니다. 그러므로 성급하게 달려들지 말고 기다리는 것이 좋습니다. 시편 77편 19절[56]을 보십시오.

2. 때때로 섭리는 약속을 잊은 것처럼 보입니다. 그러나 그렇지 않습니다. 약속의 시간이 아직 오지 않은 것일 뿐입니다. 창세기 15장 4절과 16장 2절을 함께 보십시오.[57]

3. 때때로 섭리는 약속과 완전히 어긋난 길로 가는 것 같고 그의 행하심이 말씀과 정반대로 가는 것 같습니다. 그러나 기다리십시오. 그 둘은 반드시 서로 만날 것입니다. 창세기 22장을 보십시오.

4. 섭리는 너무도 자주 어떤 목적을 이루는 것처럼 보이다가 마지막에 무너져버리고 맙니다. 왜냐하면 그것이 하나님의 목적이 아니었기 때문입니다. 요나 1장 3절[58]을 보십시오.

5. 섭리는 너무도 자주 외적으로 참된 목적과 반대로 달려갈 것입니다. 또한 작정의 계획표에서 점점 더 심하게 어긋나는 것처럼 보일 것입니다. 무덤 위에 비석이 놓인 것처럼 보일 때까지 말입니

---

56 시 77:19 주의 길이 바다에 있었고 주의 곧은 길이 큰 물에 있었으나 주의 발자취를 알 수 없었나이다

57 창 15:4 여호와의 말씀이 그에게 임하여 이르시되 그 사람이 네 상속자가 아니라 네 몸에서 날 자가 네 상속자가 되리라 하시고
창 16:2 사래가 아브람에게 이르되 여호와께서 내 출산을 허락하지 아니하셨으니 원하건대 내 여종에게 들어가라 내가 혹 그로 말미암아 자녀를 얻을까 하노라 하매 아브람이 사래의 말을 들으니라

58 욘 1:3 그러나 요나가 여호와의 얼굴을 피하려고 일어나 다시스로 도망하려 하여 욥바로 내려 갔더니 마침 다시스로 가는 배를 만난지라 여호와의 얼굴을 피하여 그들과 함께 다시스로 가려고 배삯을 주고 배에 올랐더라

다. 하지만 스가랴 14장 7절이 말하듯, "어두워 갈 때에 빛이 있을" 것입니다.

6. 섭리는 반복적으로 가장 적절해 보이는 수단들을 무력화 시키고 아무것도 기대할 수 없는 자신의 방법을 사용합니다. 열왕기하 5장 11-12절[59]을 보십시오.

7. 마지막으로, 때때로 섭리는 정반대로 일합니다. 마치 시각 장애인이 눈에 발려진 진흙으로 고침 받았듯이 말입니다.

믿음으로 사는 법을 배우십시오. 또한 묵상과 자기를 살피는 일을 자주 행하고 기도에 온 힘을 다하십시오.[60]

---

59 왕하 5:11-12 나아만이 노하여 물러가며 이르되 내 생각에는 그가 내게로 나와 서서 그의 하나님 여호와의 이름을 부르고 그의 손을 그 부위 위에 흔들어 나병을 고칠까 하였도다 다메섹 강 아바나와 바르발은 이스라엘 모든 강물보다 낫지 아니하냐 내가 거기서 몸을 씻으면 깨끗하게 되지 아니하랴 하고 몸을 돌려 분노하여 떠나니

60 "위대한 창조주의 특별한 돌보심이나 사람들을 연단하고자 하시는 특별한 의도도 없이 어떤 일들이 우연히 일어나는 것이라 가정하는 것은, 신적 섭리의 교리를 부정하는 것이다. 하나님을 믿는 신앙이란 섭리의 교리를 전제한다. 전능자는 자신이 존재를 부여한 세상일에 무관심한 관찰자가 되실 수 없다. 그의 선하심이 그 모든 존재들을 살피고 지도하는 일에 그의 마음을 쏟게 하며, 그 일은 그의 지혜와 능력이 그 일을 가능한 가장 효과적인 방법으로 수행할 수 있게 하는 일만큼이나 확실하다. 만물 위에 임재해 있는 최고의 지식과 사랑은 반드시 그 모든 것을 다스린다. 섭리하지 않는 신은 의심의 여지 없이 모순이다. 보잘것없고 무가치한 피조물들이 지존자의 관심 밖에 있다고 상상하는 것은 어리석은 일이다. 그것들을 존재의 무대 위에 세우는 일이 그분께 무가치한 일이 아니라면, 그들 위에 임재하고 그들의 관심사를 돌보시는 것 역시 그분께 무가치한 일일 수 없다. 태초에 우주를 지으신 경배 받으실 존재는 그 우주 안의 모든 곳에 현존하신다. 그것에 가장 가까이 계시며, 그것과 함께 계시고, 그것의 모든 부분 안에 거하시고, 가장 지속적이고 능동적인 관심을 품고 계신다."

존스 성경 백과 사전(Jones' Biblical Cyclopidia)